講談社選書メチエ
660

凱旋門と活人画の風俗史

儚きスペクタクルの力

京谷啓徳

MÉTIER

目次

第五章 大衆化する活人画——一九世紀後半

それぞれの道を歩みはじめる凱旋門と活人画／近代の凱旋門
「活人画」の誕生／ゲーテ『親和力』に登場する活人画／上流階級の娯楽
教育における活人画の使用／ウィーン会議を「踊らせた」活人画
公的な余興＝国家のスペクタクル／活人画になった絵画
活人画を企画・演出する画家たち／活人画を演じる役者たち
もう一つの活人画アティテューズ／忘れられた演劇モノドラマ
突然クライマックス

原作なき活人画／国家的、民族主義的イベントと活人画
「フィンランディア」作曲秘話／機会音楽としての活人画伴奏音楽
ミュシャの「スラヴ叙事詩」／活人画を作ろう
スカーレット・オハラとアン・シャーリーが演じた活人画
社交・集会の場としての活人画の催し／裸体見物の口実としての活人画
ショウ・ビジネスでの活人彫刻を用いた裸体展示／回転する台座
裸体活人画を演じるレヴュー・ガールたち／性風俗産業でも
絵画を模倣する写真／写真家と活人画イベント

はじめに

明治三九年の双六

まず一枚の双六を眺めることから始めよう。「時好双六《はやり》」という、明治三九年（一九〇六年）の正月に三越呉服店が配った双六である［図0－1］。この時代に流行っていた風俗・風物をめぐる双六になっており、振り出しは「体操遊戯」、上りは中央上部の「園遊会」である。「写真」「テニス」「女学校」「活花《いけばな》」「裁縫」「自転車」……と現代につながる様々な風俗がちりばめられていて面白いが、中には現在では廃れてしまった、あるいは普段あまり目にすることのなくなったものもある。一つは右上のコマにある「凱旋」、もう一つは左下の「活人画」である。

【凱旋】戦争に勝利して帰国すること。それを祝して凱旋門が作られ、凱旋式が行われる。凱旋門については、とりあえずはパリにあるエトワール凱旋門を思い浮かべていただければよいが、戦勝を記念するモニュメントである。この双六は明治三九年のものだが、日本はその前年の明治三八年に日露戦争に勝利しており、ここに「凱旋」のコマがあるのは日露戦争の凱旋を指している。描かれているのは、その折に三越呉服店の店先に作られた仮設の凱旋門である。明治時代、日清・日露の戦勝を祝賀して全国に建設されたのが凱旋門であった［図0－2］。その実態は、木造の骨組みに板や紙を張ったハリボテの凱旋門である。

時好雙六
三越呉服店立案
尾竹國觀畫
凱旋
大日本帝國萬歳。帝國陸海軍萬歳。
寫眞
良い景色だな兄さん撮つてもらいたいな
元祿
上り
園遊會
女學校
音樂
姉さんは琴が好き？妾はオルガンが好き。
裁縫
裁縫知らずじゃ女は玉の杯底なき心地。
テニス
振出し
體操遊戯
銃獵
空氣銃でも雀は大丈夫打てゝよ。
活花
西洋でも日本の活花が流行つてゐてね。

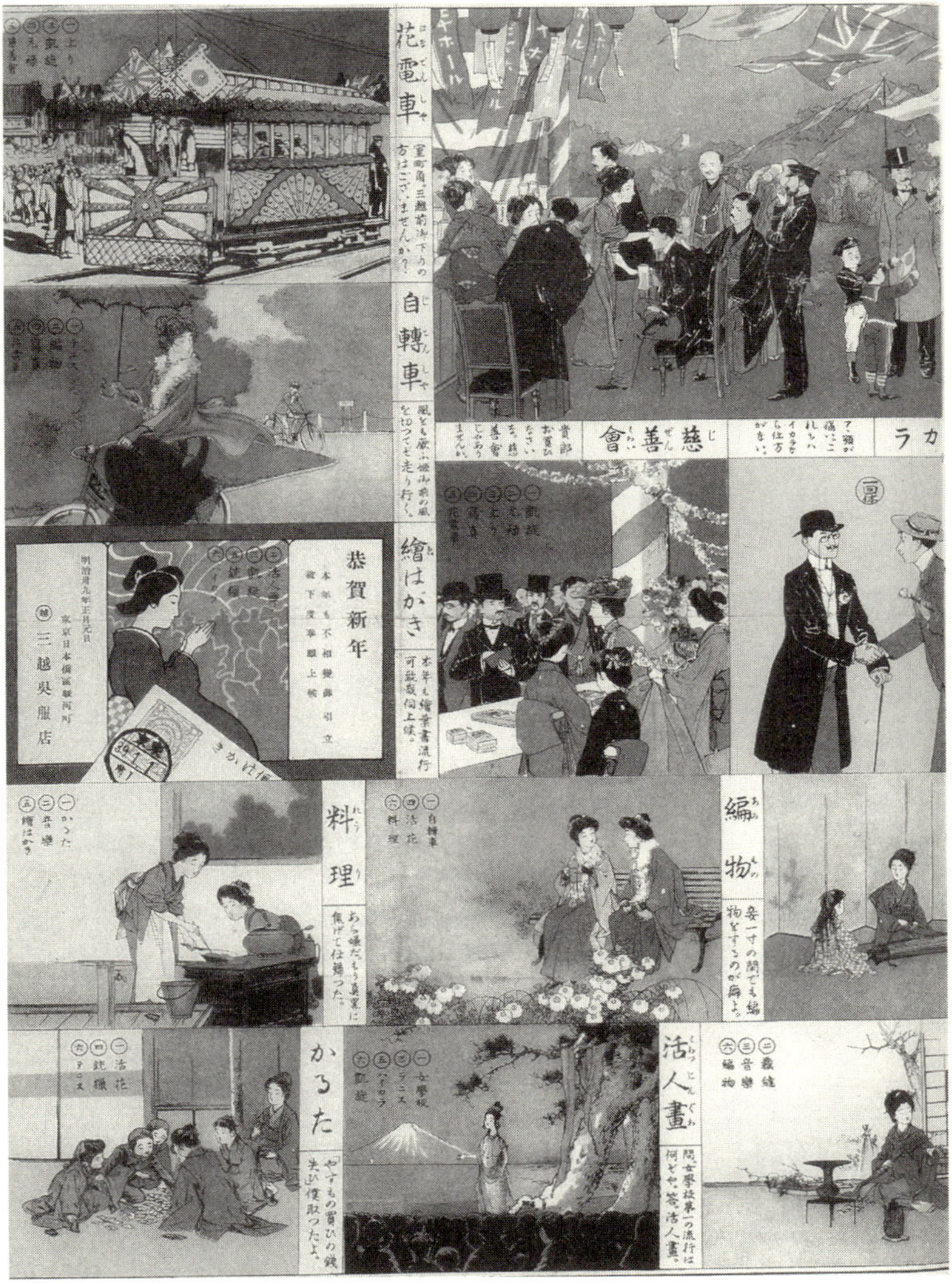

0－1　時好双六、三越呉服店、明治39年

0－2　上野凱旋門、明治38年

【活人画】フランス語「タブロー・ヴィヴァン（生きている絵画）」の翻訳語であり、衣裳を身に着けた人物が静止した状態で絵画を再現するパフォーマンスを意味する。[1] この双六に描かれているのは、女学校で女学生が「天の羽衣」の活人画を演じているところである（この双六には他にも「園遊会」や「慈善会」など、活人画とかかわりのあった、ハイカラな集会のコマも見られる）。実際に当時行われた活人画の様子を撮影した写真も見てみよう。第六章で詳述する明治三六年の園遊会からの一景でまさに額縁の中で歴史場面が演じられている［図0－3］。これは演劇の舞台写真でもなければ、映画のスチール写真でもない。写真としては現実の一瞬を切り取ったものだが、実際には登場人物は額縁の中でこのポーズをとって数分間静止していたのである。ずいぶん不思議に思われるかもしれないが、これが活人画というものである。

凱旋門と活人画

いずれも明治の時代に西洋から移入された、この全く無関係に思える二つの風俗は、実はかつてルネサンス期ヨーロッパの宮廷祝祭において関係性を有していた。

凱旋門は古代ローマ人の習慣にあった凱旋門が、ルネサンス期に甦り、君主の入市式の際に仮設建築のかたちで作られた。衣裳を着けた人物が静止したポーズで絵画を再現する活人画は、そもそも中世に教会で行われた宗教劇に端を発するともされるものだが、中世末にはアルプス以北の国々の君主の入市式を飾り、ルネサンス期には凱旋門を舞台に演じられることもあった。両者は一体となってルネサンス宮廷の君主のスペクタクルを形作っていたのだ。

凱旋門と活人画という出自を異にするものが、ルネサンスの宮廷祝祭で一緒に用いられたわけだが、それが近代市民社会においては別々に生き残った。活人画は上流階級の夜会の余興として用いられ、凱旋門も国家の戦勝を記念するために建築され続けた。そしてそれらが、ひいては明治期の我が国に移入され、冒頭の明治三九年の双六で再会するにいたったのだ。両者にとってこの双六は、久方ぶりの同窓会のような場であった。

0－3　癸卯《きぼう》園遊会の活人画「秋色女」、明治36年

本書では「凱旋門と活人画」という視点から、西洋のルネサンス文化と近代日本をつなぐ糸を探ってみたい。とりわけ活人画は、美術や演劇はもとより、文学、音楽、映画といった様々な芸術と接点を持ちながら、連綿たる歴史を綴ってきたのである。

エフェメラルの魅力、スペクタクルの力

凱旋門と活人画には共通点がある。それは、いずれもその本質がエフェメラル（束の間の、一時的な）であるということだ。凱旋門は仮設建築として建設され、祝祭が終われば解体される。ハリボテ凱旋門とは仮設の凱旋門ということである。活人

画は、まさに生きた人間が瞬間的に絵画を再現し、たちまち消えてなくなる。フランスでは「束の間の絵画（タブロー・フュジティフ）」と呼ばれることもあったくらいだ。

数日間のみ出現する建築物と、数分間で消えてしまう絵画。忽然と姿を現し、たちまちなくなってしまう両者は、そうであればこその力を発揮した。それはスペクタクルの力と称することができるだろう。スペクタクル(2)とは視覚に強い印象を与えるものの謂である。日常見慣れているものは、いまさら目を引くものではない。エフェメラルな事物はにわかに出現し、束の間存在し、儚く消えていく。人はその非日常的なスペクタクルに、いささかの胡散臭さも含め、多大な魅力を感じる。

このように儚い運命にあるハリボテ凱旋門と活人画は、スペクタクルの力によって、ルネサンスから現代までの長きにわたって用いられてきた。その役割は歴史を通じて一様であったわけではない。本書で詳しく論じるように、君主や国家のプロパガンダのために使用されることもあれば、人々の娯楽のために用いられることもあった。しかしプロパガンダに用いられたのも、それが魅力あるものだからこそ、人々が見たがるものだからこそである。

さて、本書の構成について述べておこう。本書は七章から構成されるが、全体は三部に分けられる。第一部はルネサンス期のヨーロッパを扱う第一～三章、第二部は西洋近代を扱う第四、五章、そして第三部は日本近代を扱う第六、七章である。第一部では、主に「入市式」と呼ばれる儀礼において凱旋門と活人画がどのように使用されたのかを論じる。第二部では、フランス革命以後の西洋近代において、凱旋門と活人画がいかに市民社会に受け継がれたのかを検討する。そして第三部では、それらが明治期以降の我が国に移入されていく経緯をたどる。

第一～三部でそれぞれ扱われる凱旋門と活人画は、時を超え、洋の東西を越えて、様々なジャンルの芸術と触れ合いながら、スペクタクルの力によってつながっていく。私たちはその様子を目撃する旅に出ることにしよう。それは、凱旋門と活人画というものを通して、スペクタクル文化の表裏、高尚なるものと下世話なものを縦覧する時空の旅になることだろう。

読者諸氏にも、凱旋門と活人画のエフェメラルの魅力、そしてスペクタクルの力を追体験していただければ幸いである。

なお、本書中に文献・資料からの引用をするにあたっては、読みやすさを考慮し、適宜句読点を付し旧字を新字に改めた。

また、引用文中の〔　〕で囲った部分は著者による補足である。

第一章　ルネサンスのハリボテ凱旋門

君主の祝祭――入市式とは何か

ルネサンス期のヨーロッパの諸都市では、入市式という儀式がしばしば執り行われた［図1－1］。入市式とは、何らかの人物が都市を訪れる際に、都市に入るという行為を儀礼化したものである。君主が自らの治める都市を訪れる際、君主が他国から配偶者を迎える際、あるいは外国からの賓客を迎える際などに催された。入市式では、城門から入城した後、町の中を行列し、最終的に宮殿なり、城なりに到着するまでが一連の儀式として行われたのである。現代でいえば、テレビ・ニュースなどで目にする、外国からの国賓を迎える折のパレードのようなものを想像してもらえばよいだろう。

入市式という言葉は、多くの読者にとって耳慣れない言葉と思うが、英語の「ローヤル・エントリー」の翻訳語である。日本語では入城式と訳されることもある。ヨーロッパの歴史ある都市は、市域が城壁で囲まれているため、都市に入るということは、城壁の城門をくぐって入ることにほかならず、よって入城式と訳されることもあるのだ（逆に城壁が市壁、城門が市門と訳されていることもある）。本書では便宜的に入市式という言葉の方を採用することにする。

さて、入市式を通じて、その都市を訪れる人物やその家門が、手を替え品を替えて称揚される。称揚のメッセージは入市する人物に対して、あるいはその入市式に参加する外国からの客人や市民らに向けて発せられる。入市式は、多方向に向けて膨大にして複雑なメッセージを発信していた。そのため、ちょうど君主の宮殿を彩った装飾壁画の図像解釈を行い(1)、その背後にある君主の思惑を解明するように（私も西洋美術史家としては、そのような研究をしている）、仮設建造物等の入市式の構成要素を飾った多くのイメージを分析解釈し、その入市式の意図を明らかにする研究が、歴史家たちによってなされてきた(2)。君主称揚のメッセージ伝達の媒体として入市式は、宮殿内の壁画に比べればよほど多

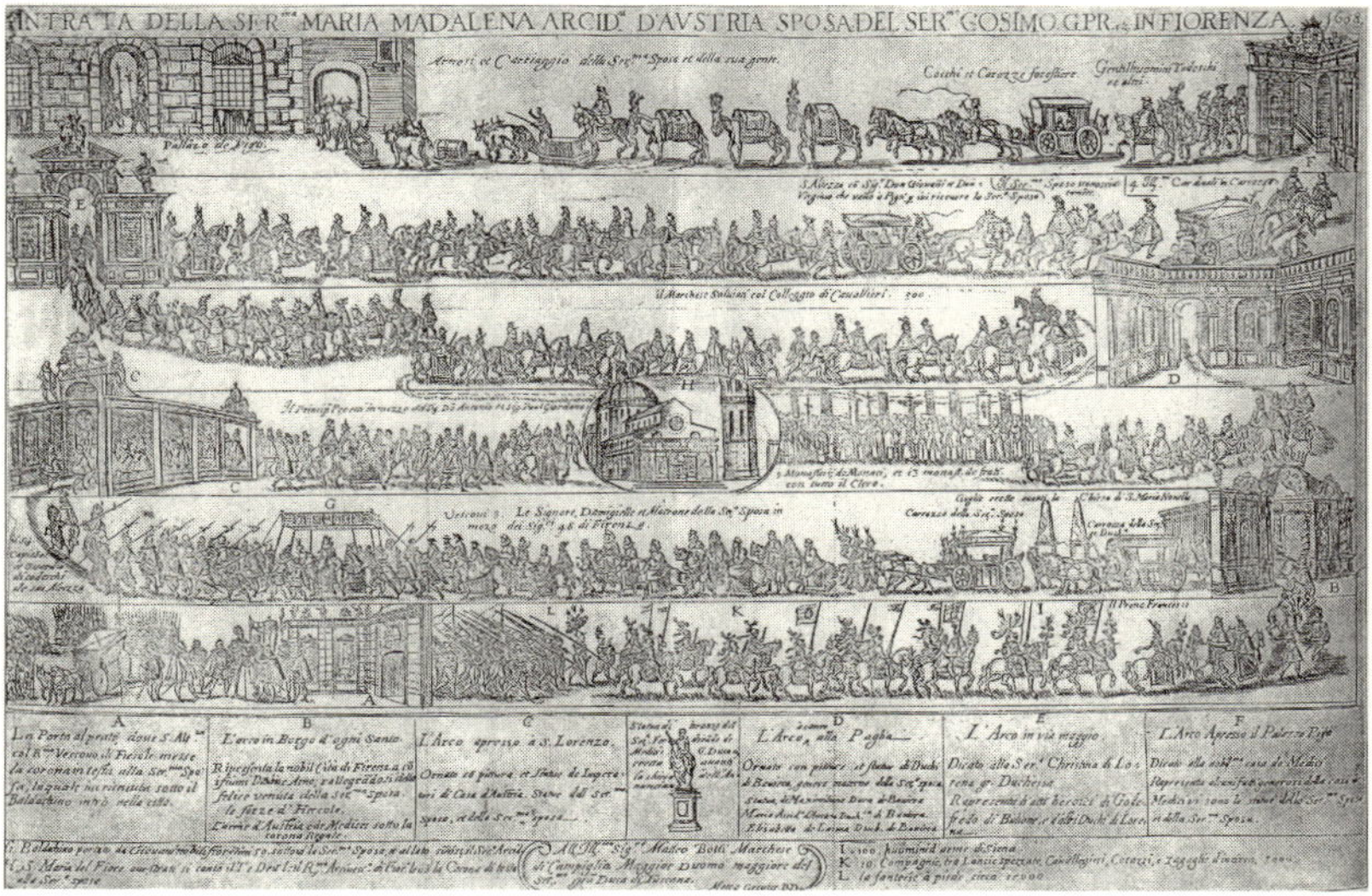

1－1　マリア・マッダレーナ・ダウストリアのフィレンツェ入市式、1608年

くの人々が目にするものであり、君主のイメージの宣伝という観点からはいっそう効果的であったといえる。

君主の入市式は、宮廷祝祭中、広く市民に開かれた部分であった。宮殿の中で開催される祝宴のたぐいは限られた人々のためのものだったが、入市式は多くの市民がひとしなみに享受することができたのである。それは都市全体が会場となる祝祭であり、主催者が伝えんとするメッセージを、もっとも多くの人々に知らしめる機会だった。いささか時代錯誤的ではあるが、入市式がプロパガンダ装置という用語で形容されることがあるのも故なきことではない。

君主称揚のメッセージを盛り込むに当たって、入市式の主たる構成要素である行列は非常に便利のよい象徴形式であった。凱旋門を通過する君主の行列が古代ローマの皇帝や将軍の凱旋式を想起させることはいうまでもないが、凱旋門をくぐって都市に入城する君主の行列は、福音書に書かれる「イエス・キリストのエルサレム入城」をも想起させるものであった。[3]

さらに行列は、縦のヒエラルキーを水平方向に視覚化して見せることもできる。多くの場合、君主に近いほど上席であったことが指摘されているが、市の要人、聖職者、宮廷人たちが次から次へと行列し、それは君主の支配する社会構造を分かりやすく図解していたものと思われる。我が国でいえば、参勤交代や朝鮮通信使の行列などの事例を思い浮かべてみるのもよいだろう。このように本質的に象徴形式であるところの行列が、以下に述べるような多くの仮設建造物を配した象徴的な舞台を移動する時、そのメッセージ性は頂点に達したことだろう。

本章では、古代ローマの凱旋式の復興に伴い君主の入市式が大きな変化を遂げた、一六世紀以降の事例に着目し、とりわけ特徴的なアッパラート（仮設建造物）であり、最大のメッセージ媒体であった仮設凱旋門について検討してみることにしよう。

ハリボテ凱旋門

アッパラートとはイタリア語で「装飾・装置」といった意味だが、祝祭の文脈で用いられる時、それは仮設の建造物、および既存の建築物を飾る仮設装飾を指す。[4]古代の凱旋式風に仕立て直された一六世紀以降の君主の入市式の際に、沿道に設置されたアッパラートとしては、凱旋門、円形神殿、記念柱、オベリスク、ピラミッド等が挙げられる。中でも必ずといってよいほど頻繁に製作されたのが凱旋門であった［図1－2］。

そもそも凱旋門（羅 arcus triumphalis）とは、古代ローマ人たちが戦勝を記念して建造したモニュメントである。[5]イタリア半島から発したローマは、周辺地域と戦争をしては勝利を重ね、版図を拡大し

1－3　ティトゥス凱旋門、82年、ローマ

1－4　セプティミウス・セウェルス凱旋門、203年、ローマ

1－5　コンスタンティヌス凱旋門、315年、ローマ

1－2　カール5世のジェノヴァ入市式の仮設凱旋門（ペリン・デル・ヴァーガ設計）、1529年

て地中海を取り囲む大帝国となった。その戦勝の記憶を語り継ぐ存在が凱旋門であった。現在でもローマ市内には古代ローマ時代に建造された凱旋門が、ティトゥス凱旋門、セプティミウス・セウェルス凱旋門、コンスタンティヌス凱旋門と、都合三つ残されている［図1－3、4、5］。しかしかつては、もっと多くの凱旋門が存在した。また、古代ローマの凱旋門は、戦勝のみでなく、コ

ンスタンティヌス凱旋門のように、皇帝の在位の長きにわたることを祝賀して建設されることもあった。その場合は記念門と呼んだ方がしっくりくるかもしれない。

ただし、注意しておかねばならないのは、古代ローマの凱旋門ももともとは仮設建築であったということだ。戦勝を受けて執り行われる凱旋式に合わせて仮設の凱旋門が建築されていたが、その中でも特に重要な戦勝であって、恒久化しようと決まったものに関して、改めて石造で作り直されたということなのである。たとえ遠方での戦争であっても、しかるべき日数でローマ軍はローマに帰ってくるのであるから、そう短時間で作ることができるはずもない石造本建築の凱旋門では間に合わないのが道理である。

古代ローマの凱旋式における凱旋門がそうであったように、ルネサンスの入市式におけるアッパラートの凱旋門も、文字通りのハリボテ建築であった。通常木材で本体が組み上げられたが、板やカンヴァスで覆われた外観は大理石製であるかのように彩色が施され、あたかも恒常的な建築物であるかのごとくに装われた。忽然と出現し、普段見慣れた街並みを一変させてしまうハリボテの凱旋門は、見る者に強い印象を与えたことだろう。そのハリボテの門が、それぞれの入市式が伝えるべきメッセージにしたがい、絵画、彫像、ストゥッコ（漆喰）装飾、銘文などで飾り立てられた。これらの凱旋門は、多くの場合は自立する仮設建造物として製作されたが、主催者である君主や都市の懐事情によっては、背後からつっかえ棒で支えただけの、芝居の書き割りのようなものもあったようだ(6)［図1－6］。吹けば飛ぶような凱旋門である。

ハリボテ建築に絵画や彫刻を飾った、入市式の仮設凱旋門がどのようなものだったかを私たちが想像するに当たり、うってつけの作例がヴェネツィアのドゥカーレ宮殿に存在する。ティントレットの巨大壁画「天国」の描かれた「大評議会の間」に隣接する「投票の間」にある、ヴェネツィア総督フランチェスコ・モロジーニに捧げられた凱旋門型モニュメント（一六九四年）である［図1－7］。それはこの部屋の壁面にしつらえられ、まさに凱旋門の形状をした漆喰性の枠組みの中に、銘文を記したパネルと絵画を描いたカンヴァスがはめ込まれている。

イタリアにおいて凱旋門をはじめとする入市式のアッパラートを製作したのは、宮廷美術を請け負っていた美術家たちであり、その企画を担当したのは、宮殿壁画の図像プログラムを案出したような人文主義者（古典の教養を有する学者）たちだった。一六世紀にジョルジョ・ヴァザーリが記した『美術家列伝』にも、著名な画家、彫刻家たちが仮設凱旋門を設計、製作した様子が記述されている。たとえば「アントニオ・ダ・サンガッロ伝」は、カール五世がローマで入市式を行った際にサン・マルコ宮殿に建設された仮設凱旋門について詳細に記録し、また同書第二版の末尾には、フランチェスコ・デ・メディチの婚儀の折に製作されたアッパラートについての長大な記述がある。(7)

このようにルネサンス期の

1－6　アンリ4世のリヨン入市式、1595年

1－7　フランチェスコ・モロジーニの凱旋門、1694年、ヴェネツィア、ドゥカーレ宮殿

画家彫刻家たちは、恒常的な作品とエフェメラルな（束の間の、一時的な）アッパラートの双方を手掛けたわけだが、通常の絵画彫刻制作とアッパラート製作との相違点の一つに、後者の製作期間が極めて短いということがあった。アッパラートの製作は、常に時間的に逼迫《ひっぱく》しており、事前に長い準備期間を経ての完成というわけにはいかなかったのである。君主の宮廷に仕える人文主義者たちは、君主の入市式の実施決定の報を受け、そのための図像プログラムを至急案出し、それを画家彫刻家たちが突貫工事で実現していった。また神聖ローマ皇帝カール五世のイタリア巡幸（一五三五～一五三六年）の時のように、短期間に多くの都市を回る場合は、アッパラート隊が君主の一行に先行して次の目的地に到着し、大急ぎでアッパラートを準備した。彼らによって繰り返されるアッパラートの組み上げと解体の作業は時間との闘いであった。(8)

古代風のしるしとしての凱旋門

何故に一六世紀の君主の入市式において仮設凱旋門が建造されたのだろうか。その理由として第一には、古代ローマの凱旋式の復活ということが挙げられる。(9)

ルネサンス期には、プルタルコスの『対比列伝』やリウィウス『ローマ史』などに記される古代ローマの凱旋式に関する知識が増大し、詩人ペトラルカからの作品にそれが歌われるようになる。そして一五世紀に入ると、絵画作品にも凱旋行列や凱旋門が描き出されるようになっていく。マンテーニャの「カエサルの凱旋」は縦横三メートル近いカンヴァス画九枚からなる、全長二七メートルにおよぶ凱旋行列で、最後のカンヴァスには凱旋車に乗り勝利の女神から戴冠されるカエサルが描かれるが、その背景には緻密に考証された凱旋門が見える［図1－8］。ジョヴァンニ・マルカノーヴァの「古代ローマの凱旋式」はマンテーニャのものに比べるとお伽噺の世界の出来事のようにも見えるが、凱旋門の側面に「ARCHVS TRIVMPHALIS（凱旋門）」との銘文がある［図1－9］。

そのような潮流の中、一五世紀後半にはルネサンス君主たちが実際に古代の凱旋式風の入市式を行い始めた。ルネサンス君主による古代風入市式の実践は、アラゴン家のアルフォンソ一世のナポリ入市式（一四四三年）を嚆矢《こうし》とし、その様子はナポリのカステル・ヌオーヴォ正面のレリーフに記憶をとどめている。そして古代の凱旋式を凱旋門が彩ったように、ルネサンス君主の入市式にも仮設凱旋門が作られるようになったのである。古代風の凱旋門の形状に関しては、ローマに残る凱旋門の遺構や古代の硬貨に刻まれたその姿などから正確に復元がなされていった。

仮設凱旋門の発展においては、教皇が新たに選出された際のポッセッソという儀式で建設された凱

1－8　マンテーニャ「カエサルの凱旋」、ロンドン、ハンプトン・コート宮殿

1－9　ジョヴァンニ・マルカノーヴァ「古代ローマの凱旋式」、1465年

旋門も意義深い。新教皇はヴァチカンからサン・ジョヴァンニ・イン・ラテラノ聖堂まで象徴的な行列をするのが慣わしで、それを「ポッセッソ」と称した。例えば一五一三年にジョヴァンニ・デ・メディチがレオ一〇世として新教皇に選ばれた際には、沿道に古代風の仮設凱旋門が建設された。[10]レオの行列はヴァチカンを出発した後、市街地の「教皇の道」を抜け、カピトリーノの丘を経由してサン・ジョヴァンニ・イン・ラテラノ聖堂にたどりついたことから、古代の凱旋門のある地区も通過することになる。その行程にいくつもの仮設凱旋門が作られたということは、古代の皇帝のごとく当代のローマを支配する者としての教皇のイメージ作りに、うまく機能したものと思われる。ポッセッソにおける凱旋門については、第三章で詳述する。

一五三六年にローマで入市式を行った神聖ローマ皇帝カール五世のための仮設凱旋門も、やはり古代の凱旋門の形に倣ったものであった[11]［図1－10］。この折にカールの一行は、まさに古代の「凱旋の道」を通って行列を行ったが、コンスタンティヌス凱旋門など本物の古代の凱旋門にも、この度の凱旋にふさわしい絵画や銘文の仮設装飾が施された[12]［図1－11］。神聖ローマ皇帝としてのカールにとっても、古代の凱旋門の形は重要だったのである。カールはこの旅の道すがら、あるいは一五三〇年のボローニャでの戴冠式の際など、イタリア内のいくつもの都市で入市式を行ったが、いずれの機会にも古代風の凱旋門が設置された[13]［図1－12］。

このように、古代の凱旋式風の入市式は、ローマ皇帝のごとき君主というイメージ形成に有効に機能した。その際、古代の形態に忠実な凱旋門の存在は、古代風の入市式であることを保証する重要な要素であったと考えられる。仮設凱旋門を飾る絵画には、陰影のみで色の着いていないモノクローム絵画が多かったが、その理由は製作時間の短縮ということだけでなく、古代凱旋門に施されたレリーフ（浮き彫り）を模したということもあったのだろう。

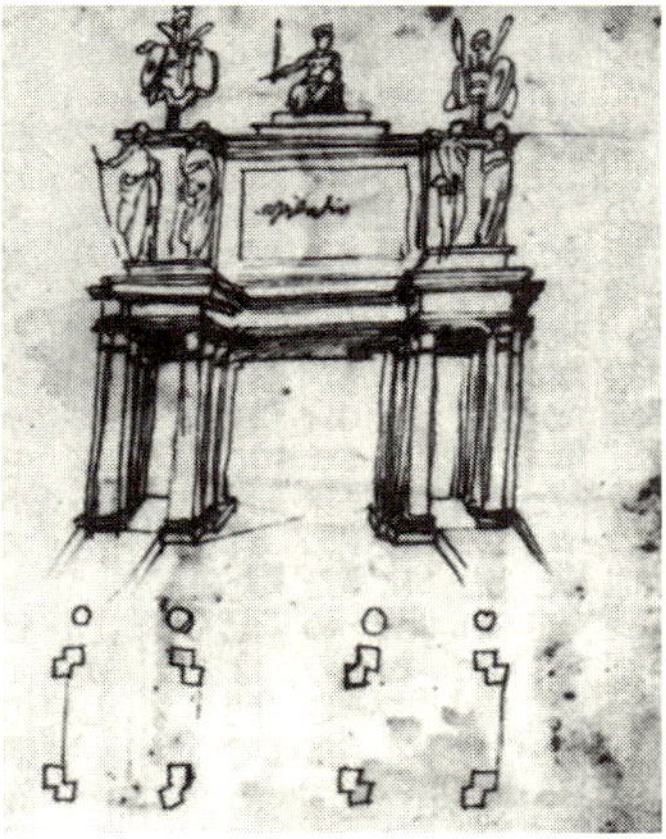

1－10　カール5世のローマ入市式の仮設凱旋門（アントニオ・ダ・サンガッロ設計）、1536年

1－11　カール5世のローマ入市式、コンスタンティヌス凱旋門装飾計画、1536年

1－12　カール5世のミラノ入市式の仮設凱旋門（ジュリオ・ロマーノ設計）、1541年

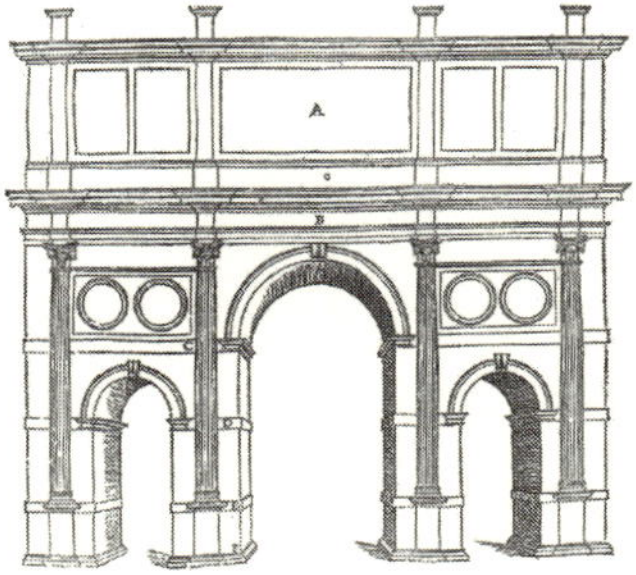

1－13　凱旋門（セルリオ『建築四書』、ヘント、1546年）

アルプス以北への伝播

一六世紀初頭にローマの町を仮設凱旋門が飾るようになると、時を空けずにイタリア半島内、そしてアルプス以北の入市式でも古代風の凱旋門が立ち並ぶようになる。フランスでは一五一五年、フランソワ一世のために作られたものが最初の例とされるが、本格的に古代風の凱旋入市式が行われるのは世紀半ばの一五四八年、アンリ二世によるリヨン入市式を待たねばならない。(14) アルプス以北の美術家たちは、ローマを訪れて古代の凱旋門を研究することもあれば、ヤコポ・ダ・ストラスブルゴによるマンテーニャの「カエサルの凱旋」の版画（ヴェネツィア、一五〇三年）のような美術作品からも凱旋門のイメージを学ぶことができた。(15) また世紀半ばには、セルリオの『建築四書』（ヘント、一五四六年）に付された凱旋門の挿図が、正確な古代凱旋門の姿を伝えた［図1‐13］。

アルプス以北でも、これら古代風の凱旋門を飾る柱には正確なオーダーが与えられ、複数の凱旋門にそれぞれ異なったオーダーを使用した例も知られる。オーダーとは、西洋古典建築における柱とエンタブラチュアのかたちおよび比例の規則のことである。例えば一五四九年のフェリペ二世のヘント入市式では、五つの凱旋門がそれぞれイオニア式、ドーリス式、コリント式、コンポジット式、トスカーナ式で建設された。(16) また一五九五年のアンリ四世のリヨン入市式では、第一の凱旋門にルスティカ式、第二の凱旋門にはイオニア式とドーリス式、第三の凱旋門にはイオニア式、第四の凱旋門にはコンポジット式、そして最後の凱旋門にはコリント式のオーダーが使用された。(17)

ちなみに、ルネサンス期に甦った古代の凱旋門のかたちは、このようにハリボテ凱旋門としてヨーロッパ各地の君主の入市式を飾ったのみならず、以後ほかにも様々の用いられ方をした。本書では深入りはしないが、例えばその形状が教会建築の正面に採用されることもあれば、教会内部に設置される祭壇画の枠組みや墓碑モニュメントのかたちに用いられることもあった。また、書物の表紙に、書名や著者名、著者の肖像画等を配置するためのフォーマットとして使われることもあった（ご存じ『解体新書』やその底本『ターヘル・アナトミア』の表紙が好例である）。

複合建築としての凱旋門

アルプスの南北を問わず、多くの入市式の際には、凱旋門のみならず、神殿や記念柱、オベリスク、ピラミッドなども建てられ、沿道にはにわかに古代都市ローマが出現することとなった。これらはいずれも、遺跡として都市ローマに見られるものである。一五一五年に教皇レオ一〇世がフィレンツェで入市式を行った際のアッパラートが早い例で、この入市式では、記念柱やオベリスクのほか、マルクス・アウレリウス騎馬像を想起させる騎馬彫像やロムルスの標柱（メタ・ロムリ）などのアッパラートも建設された(18)。この入市式が、ローマにおけるレオ一〇世のポッセッソ行列の再現、ないしは「新たなローマ」としてのフィレンツェ称揚の意図を有したからである。

入市式では町全体が舞台となり、その舞台をローマと化すためにローマを想起させる大道具が町中に配されたといえる。アンリ四世によるリヨン入市式（一五九五年）の時の刷り物を見ても、五つの凱旋門に加え、オベリスクや記念柱が林立している様子が分かる［図1－14］。

興味深いことに、この時期の仮設凱旋門には、これら古代風建築物を合成した例が散見される。例えば図1－15は、アンリ二世のリヨン入市式の際のもので、凱旋門が上部に小円形神殿を戴いている。またフェリペ二世のアントウェルペン入市式の際にスペイン人たちによって作られた凱旋門では、凱旋門の屋上四隅にオベリスクが設置され、中央に円形神殿がそびえる(19)［図1－16］。それどころ

1－14　アンリ4世のリヨン入市式、1595年

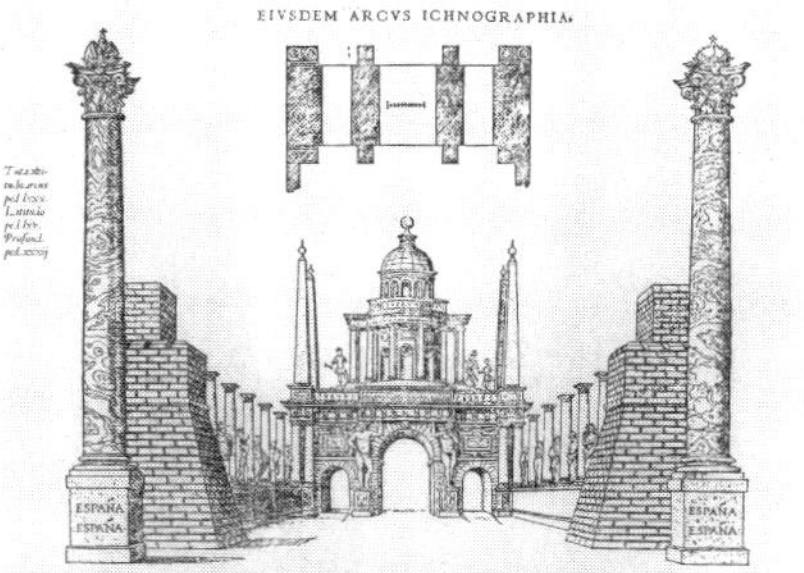

1－16　フェリペ2世のアントウェルペン入市式の仮設凱旋門、1549年

1－15　アンリ2世のリヨン入市式の仮設凱旋門、1548年

かこの凱旋門は、前方にコリント式とドーリス式の柱が列をなしている。これらの事例は、沿道のアッパラートがひとところの凱旋門に合体させられたものと考えられるが、このような操作によって、凱旋門は古代（もしくは都市ローマ）の象徴としてのメッセージ性を増すこととなった[20]。古代建築の自由な組み合わせという発想の着想源の一つには、この種の挿図を多数収載する『ヒュプネロトマキア・ポリフィリ』（仏語版、一五四六年）があったかもしれない。ただし複合性という性格は、もとより本建築としてのマニエリスム建築の属性でもあった。

ルネサンスの複合的なアッパラートを眺めていると、いささか唐突ではあるが大阪の通天閣を思い出してしまう。パリのごとく放射状の街路による都市計画の行われた、大阪新世界のランドマークたる初代の通天閣（明治四五年竣工）は、凱旋門（この場合はエトワール凱旋門）の上にエッフェル塔を載せたデザインを選択していた[21]［図1－17］。「新世界」にふさわしいハイカラの象徴を作り上げたわけである。

1－17　初代通天閣

以上のように凱旋門は、それを飾る絵画や彫像がメッセージを語る以前に、古代ローマ風であることのしるしとして、その存在自体が多くを物語っていた。

メッセージの展示スペース

このようにそもそもは古代風の入市式であることを特徴づける記号として建造されたと考えられる仮設凱旋門だが、役割はそれのみにとどまらなかった。凱旋門の最大の機能は、メッセージの展示スペースとしてのそれだったのである。

入市式は単に見物人を楽しませることを目的とするものではなく、メッセージを伝えることこそが最大の開催理由であった。その際沿道に設置される凱旋門は、古代において既にそうであったように、格好のメッセージの発信源であった。仮設凱旋門は、君主像、君主の系譜、紋章、家門の歴史、神話モチーフによる寓意といったものを表すヴィジュアル・イメージ（絵画、彫刻）およびテクスト（銘文）によって、見る者にメッセージを語りかけたのだ。そして次第に増加するメッセージを収容するために、古代の形を逸脱する凱旋門さえ出現する。

ここで仮設凱旋門によって多くのメッセージを語っている例として、フィレンツェのメディチ家が催した入市式を見てみよう。[22] メディチ家は一六世紀に入ると、先に言及したレオ一〇世（ジョヴァンニ・デ・メディチ）が同家出身者として初めて教皇の座に就き、さらにアレッサンドロ・デ・メディチ、コジモ一世・デ・メディチがトスカーナ公、ついでトスカーナ大公として登位、名実ともにフィレンツェの君主となる。そして、新興君主として家門のステイタスを上げていくために、フランス王家やハプスブルク家など、ヨーロッパの名家と婚姻を取り結んだ。いわゆる婚姻外交である。

一五三九年、コジモ一世はナポリのエレオノーラ・ディ・トレドと結婚したが、これは神聖ローマ皇帝カール五世の決定によるものであった。一五六五年、コジモ一世の息子フランチェスコ・デ・メディチは、神聖ローマ皇帝マクシミリアン二世の妹であるオーストリアのヨアンナと結婚。そして一五八九年にはフェルディナンド・デ・メディチがフランス皇女クリスティーヌ・ド・ロレーヌを妻に迎えた。このように、ハプスブルク家とフランス王家との間でバランスを取りながら新婦を迎えている。この政治的な配慮は、当然祝祭において宣伝すべき最重要のメッセージとなり、アッパラートにもそれらの家柄との結びつきが表明された。またコジモ一世はメディチ家の傍流であった弟脈からの登位であったため、この弟脈の称揚を意図した図像プログラムもしばしば組まれた。

入市式は一般的には君主の入市に伴う儀式だが、フィレンツェでは花嫁の入市にあっても盛大なる入市式が執り行われ、その際には仮設凱旋門が建設されたのである。これらの結婚がメディチ家にとっていかに重要なものであったかが分かる。

メディチ家結婚式の七つの凱旋門

メディチ家君主の結婚に伴う入市式の中でも、一五八九年に行われたものは、フィレンツェのこの種の入市式としてももっとも詳細な記録が残されており、規模的にも最大級であった。[23] この度の祝祭をもってメディチ家の祝祭の頂点とみなす歴史家もいるほどである。一五八九年、メディチ家当主フェルディナンド・デ・メディチは、クリスティーヌ・ド・ロレーヌ（アンリ二世とカトリーヌ・ド・メディシスの孫娘）と結婚した。その婚儀の際の入市式では、沿道に都合七つの仮設凱旋門が設置された。以下それぞれの凱旋門について見てみよう。

第一の凱旋門（プラート門）には、建国より一四世紀にいたるフィレンツェの歴史およびトスカーナの諸都市が表されていた［図1－18］。八角形の形状をしたこの凱旋門は、両翼が大きく前に張り出し、前方を取り囲み、閉ざされた空間を作り出している。

第二の凱旋門（カッラーイア橋の袂）には、メディチ家とロレーヌ家双方のこれまでの婚儀諸場面、および「クリスティーヌのマルセイユ出港」など入市式に先立つ新婦のエピソードが表された［図1－19］。「クリスティーヌのマルセイユ出港」は、ルーベンスの著名な「マリー・ド・メディシスのマルセイユ上陸」に似た画面である。ちなみにこの凱旋門の直前、アルノ河沿いには四体の彫像が設置された。うちわけは、古代ローマのアウグストゥス帝、フランク王国のカール大帝、メディチ家の大コジモ（イル・ヴェッキオ）、そしてコジモ一世・デ・メディチである。言いたいことはよく分かるが、なんとも大仰なことである。

第三の凱旋門（カルネセッキの辻）には、花嫁の実家ロレーヌ家の第一回十字軍以来の軍功が表現された［図1－20］。この凱旋門は両翼が前に突き出し、それが絵画で飾られている。

第四の凱旋門は、当時未完であったサンタ・マリア・デル・フィオーレ大聖堂の正面に仮設の装飾が施されている［図1－21］。頂部にメディチ家とロレーヌ家のそれぞれの紋章を組み合わせた巨大

1－18　クリスティーヌ・ド・ロレーヌのフィレンツェ入市式（1589年）、第1の仮設凱旋門

1－19　同、第2の仮設凱旋門

1－20　同、第3の仮設凱旋門

な盾形紋章が設置され、ほかに、フィレンツェにおける教会の歴史およびトスカーナの諸聖人が表された。

第五の凱旋門（ビスケーリの辻）には、神聖ローマ帝国のカール五世とフェリペ二世の彫像に加えて、レパントの海戦図等、ハプスブルク家の称揚が表現されていた［図1－22］。この度の婚儀はカール五世の意思にそむいたものであったこともあり、アッパラートの中で詫びを入れるかのように、ハプスブルク家を称揚するという配慮を見せているのである。

第六の凱旋門（アンテッレージの辻）には、コジモ一世の祖父の代からのフィレンツェの歴史が表されており、構造としては両翼が前に張り出し、その部分も絵画や彫像で飾られている［図1－23］。

1－21　同、第4の仮設凱旋門

1－22　同、第5の仮設凱旋門

1－23　同、第6の仮設凱旋門

1－24　同、第7の仮設凱旋門

そして第七の凱旋門（ヴェッキオ宮殿正面）には、「トスカーナの擬人像に戴冠するコジモ一世」等の場面が表された［図1－24］。これは行列の終点であったヴェッキオ宮殿の正面に仮設の装飾を施したものである。このように七つの凱旋門の図像プログラムは、結婚による名家との結びつきを宣伝しつつ、全体としてメディチ家とトスカーナの栄光を歌い上げるものとなっていることが読み取れる。

これら一五八九年の仮設凱旋門を概観して気がつくのは、その形状が多種多様であるということ、そして必ずしも古代の凱旋門と同じ形をしているわけではないということである。例えば、第二の凱旋門は、アルノ河沿いを進んできた一行がその前で迂回する地点にあり、くぐるための門という本来の機能を果たしてはいない。第五の凱旋門にいたっては、通りの両側の建築物を覆う構造物が向かい合っているだけで、アーチですらない。これらの凱旋門は古代ローマ風であることの記号としての役割というよりもむしろ、純粋にメッセージの展示場として機能しているのだ。

一五八九年の入市式の凱旋門は、両翼を前方に長く張り出したり、凱旋門前の通り両側の建築物正面をも利用するといった工夫により、壁面を増大させ、そのことによってメッセージを伝えるべき絵画や彫像の展示スペースを確保している。古代の規範を逸脱しながらも水平方向に増殖するこれらの形態には、ハリボテの門の構造的な安定性を獲得するという意義もあろうが、それ以上に、膨大なメッセージを収容する展示スペースとしての壁面確保の必要性があったものと思われる。

垂直方向にイメージを積み上げて展示するという方法も選択肢としては想定されるが、高所のイメージは意味の読み取りが困難であるため上策とはいえない。よって垂直ではなく水平方向に展示スペースを拡張する必要性が生じ、このような様々な形が生み出されたものと考えられる。また凱旋門が一つならず、沿道に複数設置されたのも、同様に膨大な図像プログラムのゆえだろう。[24] 入城のためにくぐるという役割のみであるならば、城壁にうがたれた城門を飾る凱旋門ただ一つで事足りるからである。

凱旋門を沿道に多数設置するということと、個々の凱旋門の壁面を増大させることにより、入市式における凱旋門はいかなるメッセージにも対応できる大容量のメディアとなった。

君主と儀式の舞台空間

古代の凱旋式風入市式のしるし、そしてメッセージの展示スペースであることに加えて、仮設凱旋門にはさらなる役割があった。君主の行列が進む沿道を飾る様々のアッパラートは、しばしば都市を舞台に見立てた舞台装置に例えられるが、そのような比喩的な意味ではなく、君主の行列における仮設凱旋門は、文字通りの舞台背景、あるいは舞台そのものだった。

実際のところ、君主の入市式においては凱旋門の前で多様な儀式が執り行われた。それは、君主自身が当事者となる舞台空間であった。例えば、先に見たように一五八九年のメディチ家の入市式における第一の凱旋門は、両翼を伸ばし周囲を取り囲む形で舞台のような閉ざされた空間を創出しているが、ここで新婦クリスティーヌ・ド・ロレーヌが新郎フェルディナンド・デ・メディチから戴冠されたのである［図1－25］。

また、とりわけアルプス以北において顕著なことだが、凱旋門は音楽家たちに演奏のためのスペースを提供した[25]。例えば、神聖ローマ皇帝ルドルフ二世が一五七七年に行ったブレスラウ入市式の仮設凱旋門を表した版画では、古代風の凱旋門の屋上に、さらに円柱が立ち並び破風を支えているが、そのことにより生み出されたスペースで楽師たちが楽器を演奏している様子が観察される[26]［図1－26］。

同様に、凱旋門の上部が活人画のための舞台となることもあった。中世以来、アルプス以北の君主の入市式に付き物だった活人画は、ルネサンス期以降も主題を変化させつつ生き残り、一六世紀半ば

1－25　ヴェントゥーラ・サリンベーニ「クリスティーヌ・ド・ロレーヌの戴冠」、シエナ、国立古文書館

1－26　ルドルフ2世のブレスラウ入市式の仮設凱旋門、1577年

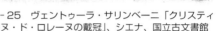

以降、沿道の仮設舞台から凱旋門上に舞台を移したのである(27)［図1―27］。

このように、活人画の舞台あるいは楽師たちの演奏スペースを確保するために、アルプス以北の凱旋門では、規範となる古代の凱旋門の上にさらに上層を設けることが多く、結果として二階建て、三階建てと垂直方向に成長していった。

なお、アルプス以北の凱旋門で、上層を活人画の舞台としているこの構造は、中世以来盛んに行われた聖遺物展観の際に、仮設の櫓が組まれ、その上部で聖遺物を展観、集まった人々がそれを見上げるという展示方式に類似するものであるともいえる(28)［図1―28］。

凱旋門のメッセージはいかにして理解されたのか

以上のように入市式の仮設凱旋門は、場合によっては古代の規範を逸脱しつつも、種々の形態を取

1－27　フェリペ2世のヘント入市式の仮設凱旋門、1549年

1－28　帝国宝物展観の櫓、ニュルンベルク聖遺物書の挿絵

ることにより、君主称揚のメッセージを収容展示し、儀式や活人画のための舞台としても間に合った。ただ、そういうことになると、かくも複雑かつ膨大なメッセージが人々に本当に理解されていたのか気になるところである。

中世の君主の入市式における、多くの場合聖書から取られた物語やキリスト教的な美徳の擬人像の活人画であれば、理解は比較的容易であったろう。しかし、ルネサンス期の凱旋門を飾るイメージの多くは、神話学やローマ史、あるいはエンブレムやインプレーザ（個人的な紋章）等の寓意的紋章学に関する知識がなければ解読できない。メッセージが寓意によって練り上げられた難解なものになり、もはやエリートにしか理解できない代物に変化していたのである。また凱旋門に刻まれた銘文もラテン語によるものであったゆえ、すべての者が理解できたとは考えられない。そして案の定、フィレンツェで一五六六年に行われた入市式では、凱旋門の意味が理解できないという苦情が出されたことが報告されている[29]。また一五九五年のムーラン入市式の際、アンリ四世は凱旋門の意味の説明を求めた[30]。

それでは凱旋門が発する複雑にして膨大なメッセージを、祝祭に参加した人々はいかにして理解することができたのであろうか。このことに関しては、涙ぐましいまでのいろいろな努力が記録されている。例えば一五三六年のカール五世のローマ入市式には解説者が同行した[31]。解説者はそれぞれの凱旋門の前で皇帝に意味の説明を行ったのである。アンリ四世のアヴィニョン入市式の際には、凱旋門ごとに付属の仮設建築物が割り当てられ、そこに凱旋門の意味内容の梗概とラテン語による銘文のフランス語訳が掲げられた[32]。また先に凱旋門は活人画のための舞台としても機能したことを述べたが、その活人画が動き出し、意味を説明するケースもあったというし[33]、楽人たちによってメッセージを解説するような歌詞の楽曲が演奏されることもあった(34)。しかしすべての参加者に解説者がつくわけではないし、活人画（を演じる者）も始終説明しているわけにもいかない。

このようないくつかの方策よりもいっそう多くの人々の便宜に供されたのが、事前に印刷され当日配布される解説であった。すべての入市式において準備されたというわけではないが、これらの印刷物の中でアッパラートを飾る絵画や彫像、紋章などの意味が説明された。観衆はアッパラートと解説を対照させながらその意味を理解したのである。これらの刷り物は、いわゆるフェスティヴァル・ブックの範疇に含まれるものである。

祝祭の公式記録＝フェスティヴァル・ブック

フェスティヴァル・ブックとは何か。それは祝祭を主催した当局が出版する公式な記録である(35)。フェスティヴァル・ブックという呼び方は、このジャンルを示すために研究上便宜的に与えられた呼称であり、個々のフェスティヴァル・ブックのタイトルは、例えば「某の入市式の報告」とか、「某の入市式の記述」となっているものが多い。

フェスティヴァル・ブックは、入市式当日に配布されることもあれば、後日に出版されることもあった。当初は一枚の刷り物もしくは小冊子（パンフレット）であったものが、次第に立派な書物の体裁を取るようになるが、その規模や内容は様々である［図1－1］。またフェスティヴァル・ブックはテクストだけのこともあれば版画による図版が付されることもあり、当然、活版印刷術の発明や版画技術の発展がその成立にとって本質的な要因であったろう。多くの入市式においてフェスティヴァル・ブックが発行され、それらは現在もヨーロッパ中の図書館に伝存している(36)。

1－29　「トスカーナの擬人像に戴冠するコジモ1世」（クリスティーヌ・ド・ロレーヌのフィレンツェ入市式、第7の凱旋門の部分）

例えば先に紹介した一五八九年のメディチ家の婚儀の際の入市式に関しては、ラファエッロ・グァルテロッティによる詳細な記録が残っている。(37)そこには凱旋門を飾った絵画や彫刻の説明から、凱旋門の前で行われた儀式の式次第、行列の構成、参加者等が事細かに記述されている。またこのフェスティヴァル・ブックは六〇点以上の図版を含んでおり、視覚的にもこの度の入市式についての情報を伝えている。図版はアッパラートの全体図とそこに嵌められていた装飾画の部分図からなる。例えば図1－29は、七番目の凱旋門［図1－24］の中央上部の装飾画「トスカーナの擬人像に戴冠するコジモ一世」の図柄を示すものである。

このようにフェスティヴァル・ブックにおける図版は、まさに美術展覧会のカタログにおける全図に部分図といったようなものだった。フェスティヴァル・ブックのあり方には、図版とテクストを用いた記録方法など、他にも現代の博覧会や美術展覧会のカタログと共通する点が多い。考えてみれば、沿道にアッパラートを設置する入市式、会場にパヴィリオンを配置する博覧会、そして展示室に美術作品を並べる美術展覧会は、一時的に何かを展示するイベントという意味では同じカテゴリーに入れるべきものであり、その記録メディアであるフェスティヴァル・ブックや博覧会の報告書、展覧会カタログが似通ったものになっているのも道理なのである。似通っているというよりも、フェスティヴァル・ブックはより直接的に、それらのルーツであったといってよいのかもしれない。

先に述べたようにフェスティヴァル・ブックは、入市式の事前に印刷され、当日に配布されることもあったが、その場で意味を解説するためにのみ作成されたわけではない。これはあくまでも祝祭の記録である。にもかかわらず、記録が事前に確定しているところがたいへん興味深い。そのため祝祭研究においては、しばしばその史料性への注意が喚起されるところだが、主催者の側からしてみるならば、何が実現されたかということよりも、計画された祝祭あるいはそのメッセージの方が重要であり、記録として残されるべきだった。

実際、フェスティヴァル・ブックに記された内容には実現されなかったことも多い。予算不足で直前に計画が変更されることはままあったし、時間切れでアッパラートが未完成であることも多かった。[38] 入市式の当日を迎えたにもかかわらず、折柄の荒天で凱旋門が倒壊してしまうこともあったという。[39] ひどい場合は何らかの事情で君主が出席しないことさえあったとか。[40] しかしそのような現実ではなく、すべてが予定通りに運んだ場合の理想的なあり方がフェスティヴァル・ブックには記録されている。そういえば美術展覧会のカタログでも、諸般の事情で掲載作品が現実には展示されていなかったなどというのはよくあることだ。

誰のためのメディアなのか

祝祭の記録たるフェスティヴァル・ブックは、祝祭当日にその場に不在であった者に祝祭の姿を知らしめるためのメディアである。不在であった者に伝えるべきは祝祭が物語った（物語るはずであった）メッセージである。フェスティヴァル・ブックにはアッパラートの意味のみならず、それがいかに豪華絢爛であったかも詳細に記述されることがある。当然その背後にある富、権力の象徴としての豪華さであるから、これもプロパガンダ的な意義を持つ記述であるといえる。君主称揚のメッセージを満載したフェスティヴァル・ブックは遠隔地の他の君主のもとに送られ、宣伝の機能を果たしたが、入市式の当日不在であったのは、なにも地理的に遠隔の者のみではない。時間的に不在であった者、すなわち後代の人々にも入市式のメッセージが伝えられる。フェスティヴァル・ブックは、後の入市式のための参考資料として用いられることもあった。(41)

本書とて、これらの残されたフェスティヴァル・ブック、あるいはそれらに基づく研究の蓄積があればこそ成立しているのである。考えてみれば、研究者が何百年も前のフェスティヴァル・ブックを繙《ひもと》き、過去の入市式の意義を明らかにして論文を書くなどという行為は、まさに入市式企画者の思う壺である。そのとき研究者は、雇い主でもない君主の死後の名声を伝えるため、自ら御先棒を担ぐことを買って出ているようなものなのだ。

このように入市式当日に不在だった者のためのメディアであるフェスティヴァル・ブックは、しかしながら、実際に入市式に参加した者にとっても有益であった。先に述べたように、入市式に参加したからといって、そのメッセージがすべての人に理解できたわけではなかったからだ。凱旋門に込められたメッセージは難しすぎて、多くの人々にとって理解は困難だった。またそのような、メッセージの意味が難解であるがゆえの理解の困難さに加え、実は物理的にも、その場で君主の入市式のすべてを理解することには無理があった。

入市式の様子を想像してみればよい。沿道を埋め尽くす市民は、眼前を進み行く君主の行列の全体を目撃することになるが、アッパラートのすべてを見ることはできない。それに対して、君主をはじめ、隊列をなして行列に参加している人々は、次々とくぐりゆくすべてのアッパラートを見ることになるが、行列全体を見渡すことはない。またあらゆるアッパラートを目にするとはいっても、限られた時間内に複雑な構成の凱旋門を隅々まで実見し、意図されたメッセージを細大漏らさず理解することは困難であったろう。つまりメッセージ媒体としての入市式が伝えようとする意味内容は、プロジェクト企画者の脳内イメージとしてのみ、その全体像が存在したのである。

ことほど左様に理解が難しく、現場ですべてを目にすることすらも困難であった入市式のメッセージを、俗語テクストとヴィジュアル・イメージで説明、記録し、そして宣伝したのがフェスティヴァル・ブックであった。こうなると、現実に行われた入市式と、フェスティヴァル・ブックに記録された入市式のどちらが本当の入市式なのかが曖昧になってくる。記録は必ずしも現実を記録していないかもしれないが、記録によってのみ入市式に触れる者にとってはそれこそが真実である。主催者が入市式を執り行った目的がメッセージを伝えることにあったのならば、保存がなされ持ち運びも可能、大量複製もできる紙媒体に記録した姿こそが、入市式の真の姿であったのかもしれない。

マクシミリアン一世の紙上凱旋門

そうなると、何も現実に入市式を開催しなくとも、いっそフェスティヴァル・ブックの出版だけで済ませてもよかったのではないかとも思ってしまうが、実はそういうことだったのではと邪推したくなるような著名な事例が存在する。マクシミリアン一世の「凱旋門」と「凱旋行列」の木版画である(42)［図1－30、31］。

1－30　デューラー「マクシミリアン1世の凱旋門」、1515年

　これらの作品は、ドイツ・ルネサンス最大の画家アルブレヒト・デューラーらが神聖ローマ皇帝マクシミリアン一世の注文により制作したものである。「凱旋門」は一九二枚もの版木からなる組み版画で、全部を貼り合わせると三四〇×二九二センチメートル、一三七枚の版木による未完の「凱旋行列」にいたっては全長約五四メートルという巨大なものである。多くの研究が明らかにしてきたように、この連作は複雑な図像プログラムを駆使して、マクシミリアン一世そしてハプスブルク家の栄光を称えており、そのメッセージを遠隔の地の者にも、あるいは後代の者にも伝えることができた。マクシミリアンは手元不如意で現実の祝祭を開く余裕がなかったために、その代替として紙上祝祭を行ったのだと考える向きもあるが、宮廷祝祭では、何をおいても先ずメッセージが重大事であったことを勘案するならば、それを効果的に宣伝する手段としては、版画の形で必要十分だったのかもしれない。

　それにしてもデューラーの凱旋門は、その巨大さといい、凱旋門というよりもむしろゴシック大聖堂の正面を思わせるような異形の姿といい（実際ニュルンベルク大聖堂の正面に類似する）、凱旋門の歴史において前代未聞の存在である。このドイツ人画家の想像力にはまったくおそれいる。

1-31　デューラー「マクシミリアン1世の凱旋車」（「凱旋行列」の一部）、1518年

ハリボテ凱旋門の運命

うたかたの祝祭が幕を閉じれば、アッパラートは取り壊されて消えて無くなる。アッパラートは屋外で風雨にさらされ数日から数週間放置されるため、相応の損傷を被り、祝祭が終われば解体されるのである。

しかし本体の解体の際に、絵画部分は回収して保存されることもあったらしい。例えば、一五八九年のメディチ家の入市式の凱旋門を飾った絵画はピッティ宮殿に保存されていたが、後に火災に遭い焼失してしまった(43)。またヴァザーリの「ポントルモ伝」によれば、「ある年かさの彫刻家がバッチョ・ダ・モンテルーポと組んで、モンテルーポがパラージョ通りの入口、ベネディクト派のバディーア修道院の階段横に木造の歓迎用凱旋門を製作した時も、〔ポントルモは〕アーチに美しい情景を描いたのだが、管理者がいい加減だったので駄目になってしまった。情景の一つだけが残存している(44)」。

同様に、アッパラートの運命という観点から注目したいのは、仮設物として作られたものを、ともすれば常設化させようという動きがあったことだ。例えば、一五八九年のメディチ家の入市式の際、サンタ・マリア・デル・フィオーレ大聖堂の正面を飾った凱旋門［図1-21］に関して、当時この聖堂の正面が未完成であったため、凱旋門の設計者のジョヴァンニ・アントニオ・ドーシオは、それを聖堂正面のモデルにしてはいかがかと提案したという(45)。建築家にとってアッパラートの製作は、本建築のためのコンペのような役割も果たしていたということか。たしかに、仮設建築において先進的な試みがなされ、それがいずれ本建築にも場を移していくというのは、現代においても見られることである。

さて個々の仮設凱旋門の行末についてはともかく、宮廷祝祭の生み出したアッパラートというメディア自体は、絶対主義の季節が過ぎ去った後、どのような運命をたどることになるのだろうか。

本章で検討したような宮廷祝祭を支えた社会構造は、いずれ歴史の表舞台からの退場を余儀なくされる。しかし宮廷の作り出した文化は、その担い手を替えて生き残ったのである。そのありさまは第四章で扱うことにするが、若干先取りしておけば、例えばフランス革命を記念する理性の祭典や最高存在の祭典といった祝祭においても、山車も出れば仮設凱旋門も作られた。産業革命以降最大の祝祭空間ともいえる各種博覧会のパヴィリオンは、仮設建築という意味においても、かたちを変えたアッパラートといえるだろう。博覧会の入場門も凱旋門が生まれ変わったものである。そして帝国主義の進展とともに、君主の祝祭のフォーマットは列強のプロパガンダに使用され続け、二〇世紀そして現代の軍事パレードにも私たちは君主の行列の記憶を透かし見ることができるのだ。

第二章　ルネサンスの活人画

入市式のページェント

第一章ではハリボテ凱旋門を用いたイタリアの入市式と、その影響を受けた一六世紀半ば以降のアルプス以北の国々の入市式について検討した。時代が前後するが、本章では一六世紀半ばより以前のアルプス以北の国々、中でもブルゴーニュ公国の入市式について考える。古代風仮設凱旋門の登場する前の入市式である。

ここでまず注意しておく必要があるのは、フランス国王やブルゴーニュ公らを迎え入れる諸都市での入市式は、中世以来それぞれの都市の主催で行うものであり、市民たちによって準備がなされたということである。政府が祝祭を管理し、メディチ家自らが準備をした、トスカーナ大公国期のフィレンツェの入市式とはそこが異なる。

ブルゴーニュ公国は、一三六九年のフランス・ヴァロア王家のフィリップ豪胆公とフランドル伯の娘マルグリット・ド・フランスの結婚により、フランス東部の本来のブルゴーニュ公領に加え、フランドル伯領（現在のベルギー・オランダ）を領土に加えることとなる。(1) このようにしてブルゴーニュ公国は領邦国家となったが、国家内部にはそれぞれ固有の伝統を有する諸都市が存在し、それらを中央集権的な君主が訪れたのだ。その君主は、フランドル地域の諸都市からすれば、いわゆる余所者君主だった（一五世紀末のヴァロア家ブルゴーニュ公の断絶の後は、ハプスブルク家君主の支配に移る）。このような背景から、市当局が母体となって考案された入市式のプログラムも、単純な君主称揚というよりは、市民が期待する君主像という性格を具えたものとなり、それを入市する君主に提示する機会が入市式であった。要するに企画の主体は君主やその宮廷というよりも、君主を迎え入れる都市の方だったのである。

さて、アルプス以北の国々における君主の入市式は、一四世紀後半に大規模化し、とりわけ一五世紀後半以降、君主の行列が進む沿道の各所で繰り広げられるページェント（祝祭時の屋外を舞台とした大規模な見世物）がその豪華さを競うようになる。

この時期の入市式のページェントを特徴付ける要素として、多くのページェントの主要部分をなした活人画が挙げられる。(2) 第一章で紹介した仮設凱旋門が作られるようになってからの入市式でも、凱旋門を舞台に活人画が演じられることはあったが、それは絵画を描いたり彫刻を設置したりする方法と同様の、選択肢の一つに過ぎなかった。それに対して、一六世紀半ば以前の北方の入市式の中心的な存在は活人画だったのである。

まず一つの例を紹介しておこう。当時の入市式に関する記録の大方がテクストのみによるものである中で、多くの挿絵を伴う数少ない事例の一つとしてつとに知られているのが、一四九六年、カスティリアのフアナ王女（神聖ローマ皇帝カール五世の母）のブリュッセル入市式である。(3) その一場面を見ると分かるように、足場を組んだ上に箱状の舞台がしつらえられ、その中に何人かの人物がそれぞれ衣裳を身にまとい、静止した状態でポーズを取っていた［図2－1］。

2－1　「3人の乙女」（カスティリアのフアナ王女のブリュッセル入市式、1496年）

活人画らしい活人画？

図2－1のような入市式の活人画は、まこと「活人

画（タブロー・ヴィヴァン）」らしい活人画であるように見える。というといぶかしく思われるかもしれないが、そもそも活人画というのは近代の用語であり、「生きている絵画《タブロー》」というわけであるから、額縁に入った絵画を指す美術用語として「タブロー」の概念が未だ成立していないルネサンス期の祝祭における、無言の人物が静止して景をなしているものを指してこの言葉を用いる時、それは時代錯誤的な用法であり、厳密には「活人画的なもの」として類推的な使用をしているに過ぎないのである。(4)

一八世紀半ばに上流階級の娯楽として誕生したいわゆる「活人画」については、第四章で詳しく述べるが、それは基本的に広間にしつらえた舞台で演じられ、絵画を模するからには願わくは額縁があり、絵画の態をなしていることがのぞましい。そこでは、しかるべき衣裳を身に着けた人物が数分間無言で静止して絵画の場面を演じた。これと比較するに、アルプス以北で中世末期から初期近世にかけて執り行われた君主の入市式で用いられた活人画には、形式上、近代的な意味でのそれに近いものがあったことが分かる。

プロセニアム（舞台の額縁）を有する劇場はもとより、常設の劇場自体が出現する以前の時代でありながら、先に見たように、箱型舞台の中に人物を配するタイプの活人画では、場面が額縁の中に収まっているようにも見え、それは「活人画」の語感にふさわしいものになっているというわけである。しかし繰り返し確認しておくが、当時の記録がそれを活人画と呼んでいるわけではないし、もとより絵画の模倣を第一目的としていたものでもない。(5)

本章ではこのようなアルプス以北の入市式のページェントにおける「活人画（本章では以下、慣習に従いこの語を用いる）」の使用を、とりわけフェスティヴァル・ブックに活人画の様子を描いた挿絵のある事例を中心に考えてみたい。入市式の報告書の挿絵が現実をどれだけ忠実に記録しているかについては慎重たるべきだが、報告書のテクストが物語場面の内容に関心を示し、必ずしも舞台の形状等については言葉を費やさぬことが多いので、これらの挿絵が貴重な情報源であることも事実である。

さて、第一章で論じたイタリアのルネサンスの入市式における活人画が、もっぱら古代復興の文脈に位置付けられるものであるのに対し、[6]アルプス以北の活人画は、幾重にも聖俗の狭間に位置するといえる。君主の入市式自体が、世俗君主の到来をキリストの降誕（アドヴェントゥス）に見立てた構成をとることが多いことからして、宗教的枠組みを利用しているといえるのだが、[7]そこに用いられた活人画も、しばしば聖俗の物語場面を綯交《ないま》ぜにしてプログラムを構築している。またイメージの提示法においても、祭壇画のような宗教美術、神秘劇や聖史劇といった宗教劇、あるいは聖遺物展覧等、宗教的な文脈における聖なるものの提示法を援用ないしは共有していたのである。

活人画の図像プログラム

君主の入市式では、市門や橋、主要な広場など、君主の行列の進む道程の各所でページェントが繰り広げられた。ページェントには種々のタイプがあったが、おおむね、組み上げられた仮設建造物（アッパラート）の一部に箱型の舞台スペースが設定され、そこで活人画が演じられた。アルプス以北の国々でも一六世紀半ば以降は、前章で論じたイタリア式の仮設凱旋門が入市式を席巻することになるが、それより以前は、様々な形状の仮設建造物が作られていたのだ。

そしてそれらの活人画においては、入市式を準備する市当局の思惑を反映した、周到な図像プログラムが仕組まれた。「図像プログラム」という言葉は、一般に美術史研究で使用されるもので、礼拝堂壁画や祭壇画において、図像の配置やその組み合わせから生み出される意味構造を指す。入市式の活人画は、場面の配列や見せ方による意味の創出というレベルでも、まさに絵画をめぐるシステムを援用していたのである。

まず活人画の舞台面は、様々なかたちで宗教美術の図像を利用している。例えば、一五一五年のフランス国王フランソワ一世のリヨン入市式や一五一七年クロード女公（クロード・ド・フランス）のパリ入市式における活人画が示すように、キリストの家系を表す「エッサイの木」の図像が、君主の家門の由緒正しさを称揚するための格好の枠組みとしてしばしば用いられた[8]［図2－2、3］。「エッサイの木」図像では、横たわるエッサイ（ダヴィデの父）から生えた木に旧約聖書の諸王が配され、頂部には聖母子がいるが、それを世俗君主の家系図に置き換えたのである。そこでは、主要人物を生身の人間が演じ、副次的な人物や高所のため危険な箇所には人形が置かれたという[9]。

フランドルの画家ヘールトヘン・トート・シント・ヤンス周辺で制作された同主題作品では、活人画の説明者を思わせる預言者イザヤがエッサイの木の傍らに立っており、このタイプの活人画の上演の様子を偲ばせる［図2－4］。またこの作品では、図2－3のような伝統的な同主題の表現に比して、登場人物が統一的なスケールのもとに描かれていることから、活人画による上演を絵画に置き戻したものであるようにも思われる[10]。

このような、宗教図像を世俗図像に変換するという方法に加え、その入市式にふさわしい物語場面が聖俗織り交ぜて選ばれることも多かった。例えば一四六八年のシャルル豪胆公とヨークのマーガレットの婚儀を祝うブリュージュ入市式では、「アダムとエヴァの結婚」「クレオパトラとアレクサンドロスの結婚」[11]「ヨセフと聖母の結婚」「カナの婚礼」「モーゼの結婚」といった活人画が準備され、それは聖俗の結婚尽くしの様相を呈していた。[12] 一四九六年、カスティリアのフアナ王女のブリュッセル入市式の活人画は、一二場面の旧約聖書の物語の後に一三の神話場面が続くというものだったが、そ

2－4　ヘールトヘン・トート・シント・ヤンス周辺「エッサイの木」、アムステルダム、王立美術館

2－2　シャトレ広場でのページェント（クロード女公のパリ入市式、1517年）

2－5「ソロモン王とシバの女王」（カスティリアのフアナ王女のブリュッセル入市式、1496年）

2－3「エッサイの木」

の多くが聖俗の著名な女性たちにまつわる場面であることによってフアナを称えていた。[13] 例えば図2−5の活人画では、旧約聖書から名高いシバの女王が引用されている。

また、一四五八年、フィリップ善良公のヘント入市式のページェントは、ヘント市の「悔悛」と公の「慈悲」や「赦し」を示す活人画を中心として構成されていた。ブルゴーニュ公領の諸都市の中でもとりわけ公に反抗する傾向の強い都市であったヘントも、一四五三年のガヴェルでの敗北以来、フィリップとの和解を期していたからである。[14] そこには「放蕩息子の帰還」「アビガイルを赦すダヴィデ」といった聖書に取材した場面のみならず、「カエサルの赦しを求めるマルクス・トゥリウス」や「アルメニア王ティグラネスを赦すポンペイウス」のようにローマ史から取られた場面も見られた。これらの主題の選ばれた理由は言うまでもないだろう。

予型論的活人画

入市式のページェントでは、以上に紹介した事例のように、それぞれの舞台に一場面の活人画が設定されるのが通例だったが、一五一五年、カール五世のブリュージュ入市式の際にブリュージュ市民によって準備されたそれは、一つの舞台に二場面の活人画が設定されるという特徴を有している。また、聖俗の場面の間に予型論的枠組みを導入し、複数のページェントが相互に連関しつつメッセージを紡ぎ出していたという点でもとりわけ興味深い事例となっている。

予型論（タイポロジー）とは、旧約聖書のうちに新約聖書の予型を見出すという考え方である。新約聖書で語られることになる内容は、旧約聖書の中で予型として前もって語られていたとされる。例えば、旧約聖書「ヨナ書」の魚に飲み込まれて三日後に吐き出されたヨナを、死して三日後に復活し

2-6　システィーナ礼拝堂壁画、ヴァチカン

たキリストの予型と見るといった例が分かりやすいだろう。この予型論的な聖書解釈は、美術作品の図像プログラムの構築にしばしば用いられた。開閉式祭壇画の閉じた扉の外側に旧約聖書、開いた内側に新約聖書の、予型論的に対応する場面を描くこともあれば、教会の礼拝堂空間を用いて、壮大なる予型論的壁画装飾が描かれることもあった。一五世紀、ヴァチカンのシスティーナ礼拝堂の創建当初にボッティチェッリらによって描かれた壁画装飾がその有名な例で、左壁面には旧約聖書からモーゼの生涯、右壁面には新約聖書からイエス・キリストの生涯が、予型論的関係性を維持しつつ、複数場面によって描かれたのである[15]〔図2-6〕。この予型論という考え方が、入市式の活人画ではどのように用いられたのだろうか。

さきほど紹介したカスティリアのファナ王女の息子であるカール五世〔図2-7〕は、御年わずか六歳の一五〇六年にブルゴーニュ公に即位していたが、一五一五年にブルゴーニュ公国の諸都市で入市式を行った。中でも最大規模を誇ったブリュージュ入市式の様子に関しては、彼の宮廷歴史家であったレミ・デュ・ピュイによる詳細な報告書が残されている。さらにそこには多くの挿絵が付されていることから、入市式の活人画研究においても、一五一五年のブリュージュ入市式は格別の注目を集めてきた[16]。

2-7　ベルナールト・ファン・オルレイ「カール五世の肖像」、パリ、ルーヴル美術館

この入市式では、市門から公爵宮殿にいたる沿道の各所に、ブリュージュ市民による都合一一のページェントが、外国人商人らによる多くのページェントやスペクタクルの間に挟まれて設置された。[17]

ブリュージュ市民によるページェントでは、フランドル地域における商業上の中心としての地位をライヴァル都市アントウェルペンに奪われ、経済的に衰退しつつあったブリュージュ市当局の思惑を如実に反映した図像プログラムが仕組まれた。すなわち、カールに先立つ君主たちによってブリュージュが興隆し、金の時代を迎えた後、銀の時代、鉄の時代と衰退し、新たな救世主カール五世の到来によって再び蘇ることを期待するという図像プログラムが演出されていたのだ。[18]

中世末から宗教教育に用いられた『貧者の聖書』や『人類救済の鑑』と呼ばれる書物では、予型論的関係にある旧約聖書と新約聖書の物語場面が並べて提示されたが、一五一五年の入市式では、それらの書物の挿絵のように、ブリュージュの歴史の場面と聖書その他に取材した対応する場面を併置することによって図像プログラムを強調してみせた。基本的に、ブリュージュの歴史が右側、それに対応させるべく聖書等から採られた場面が左側に示されたのである。

活人画がカール五世に切実かつ過剰なる期待を伝える

例えばブリュージュ市民による二番目のページェントでは、右の活人画が、初代フランドル伯ボードワンがブリュージュの町に聖ドナティアヌスの聖遺物を与える場面、左はダヴィデが、彼自身がエルサレムにもたらした「契約の箱」（十戒の刻まれた石板を収めた箱）の前で竪琴を奏でる様子が表された［図2－8］。また三番目のページェントの活人画は、右にフランドル伯ティエリー・ダルザスが第二回十字軍の軍功の故にエルサレム大主教から聖血の聖遺物を拝受する場面、左はビザンチン皇帝ヘラクリウスが聖十字架をエルサレムに戻す場面であった［図2－9］。ちなみにこの聖血の聖遺物（イエス・キリストがゴルゴダの丘で処刑された際に流した血が染み付いた布きれ）は、ブリュージュ市の誇る聖遺物であり、広く崇敬を集めていた。

さらに四番目のページェントでは、右にフランドル伯ルイ・ド・ヌヴェールがブリュージュに特権を認める場面、左はモーゼがシナイ山から下りイスラエルの民に十戒の石板を示す場面となっていた［図2－10］。この四番目のページェントでは極めて明瞭に、選ばれた民とその指導者という理念が視覚化され、銘文において、カールこそが選ばれた民ブリュージュ市民にとっての救世主であることが表明されていた。

また逆に、ブリュージュの町から君主に恩恵が与えられることも表現された。六番目のページェントは二本の塔から構成されたが、右の塔の活人画には二本の金の柱が置かれ、その上にブリュージュの擬人像が立ち、彼女の乳房からは赤葡萄酒がほとばしっていた［図2－11］。その下でフランドル伯ルイ・ド・マールが葡萄酒を金の杯で受け取るが、それはブリュージュの町がその支配者に対して与える恩恵を表していたのである。対応する左の塔の活人画は、モーゼがイスラエルの民から、臨在の幕屋を飾るための贈物を受け取る場面で、ここでも聖俗の場面の間の分かりやすいアナロジーが用いられている。

基本的にブリュージュ史との対応場面は旧約聖書に取材されたが、場合によっては古代ローマ史や異教神話からの場面も登場した。例えば七番目のページェントでは、右の活人画が、フィリップ豪胆

2-8　ブリュージュ市民による第2のページェント（カール5世のブリュージュ入市式、1515年）

2-9　同、第3のページェント

2-10　同、第4のページェント

2-11　同、第6のページェント

公が六人の長によってブリュージュの政治が行われるよう定める場面であり、対する左の活人画はローマ史に取材した、ロムルスが元老院議員に政治を命じる場面となっていた［図2－12］。

他にも例えば、ブリュージュの金の時代を表す八番目のページェントでは、橋の上に、世界を意味する球体を戴く仮設の塔が設置され、その中の舞台では、ユピテルとユノが玉座に座し、一二人の若い女性が控えていた（デュ・ピュイの意見では彼女たちは九人のムーサたちと三美神を表していた）［図2－13］。塔の上部の球体の中には、フィリップ善良公とフィリップ豪胆公に挟まれたブリュージュの擬人像が見え、その頭部は一七本の金の光線を発しつつ輝いていた。左扉の内側は「利益」の擬人像、右扉の内側は「貿易」の擬人像だったが、この部分に設置されていたのはおそらく蠟人形であって、扉は機械仕掛けで開閉した。デュ・ピュイはその細工の見事さに驚嘆している。

ブリュージュの金の時代を表現した第八のページェントの後に、銀の時代、鉄の時代が続く。銀の時代を表す第九のページェントでは、ブリュージュの擬人像はもはや頭部の輝きを失い、「利益」と「貿易」の擬人像はいまや彼女を見捨てようとしている［図2－14］。第一〇のページェントは鉄の時代で、玉座のブリュージュの擬人像は鉄の衣を身にまとい、自分の足では立ち上がることも出来ない［図2－15］。「利益」と「貿易」は彼女から遠く離れたところに立っている。このようにブリュージュ、「利益」「貿易」の三者を擬人像で表現することによって、金の時代から鉄の時代への推移を見事に描いていたのである。

そして大詰め、一一番目のページェントは、公爵宮殿の城門に設置され、巨大なギャラリーの形態をとっていた［図2－16］。右の活人画の中心には機械仕掛けの運命の車輪が置かれ、そこにはブリュージュの擬人像、「施し」と「利益」の擬人像、そして軍神マルスが乗っている。運命の車輪の手

2－12　ブリュージュ市民による第7のページェント

2－13　同、第8のページェント

左列上より
2－14　同、第9のページェント
2－15　同、第10のページェント
2－16　同、第11のページェント

前には「貿易」の擬人像と子役が演じるカール五世が立つ。左の活人画は、旧約聖書に取材した「アルタクセルクセス王にエルサレムの再建を嘆願するネヘミア」である。

このように、ブリュージュの歴史の場面と旧約聖書その他に取材した対応する場面を併置することにより、歴代君主の恩恵を受けるブリュージュと神の恩寵を得るイスラエルの民をアナロジカルに提示し、カール五世が歴代の良き君主に連なるとともに、今や鉄の時代を迎え、衰えてしまったブリュージュにとっての救世主たることを要請していたのであった。

2－17　「キリストの鞭打ち」と「アキオルを木に縛り付けるホロフェルネスの兵士たち」（『人類救済の鑑』の挿絵）

一五一五年の入市式では、報告書の挿絵を見るかぎり、聖俗の二場面を対置する際に、物語内容のみならず構図等も類似させる工夫により、この対比が強調されている場合があることに注目すべきだ。これも、『貧者の聖書』や『人類救済の鑑』のような書物の挿絵では常套的な手段だった［図2－17］。特に二番目のページェントの挿絵において、エルサレムのソロモン神殿の「契約の箱」を聖ドナティアヌスの聖遺物容器と同様のものとして描いていることが面白い［図2－8］。本来、「契約の箱」がブリュージュ市が所有する中世の聖遺物容器と同じ形であるはずがないのだが、予型論的関係を視覚的に強調するべく、意図的に時代錯誤的な図像操作を行っているのである。

さらにそれら左右の場面の物語内容やその対応関係、カールへのメッセージなどは銘文によって説明されていた。例えば三番目のページェントでは、扉の外側に、内側の活人画の物語内容が銘文で記され、扉の内側にはシビュラの巫女と預言者が、カールへのメッセージを記した巻紙を手にした姿で描かれていた［図２－９］。

何はともあれ、よくぞここまで壮大な予型論的図像プログラムを考え出したものだと感心してしまう。過剰な期待ともいえるメッセージを盛り込んだ、これら一連の活人画を目にしたカール五世の気持ちはどのようなものだったのか、正直気になるところである。

舞台の形状、カーテンおよび扉の使用

入市式のページェントでは、それぞれの舞台に一場面ないし複数場面の活人画が設定された。二場面が設定される場合は、場面が上下に積み重ねられるタイプと、水平方向に併置されるタイプがある。前者は、必ずしも箱型舞台を積み重ねるものばかりではなく、上段が奥に後退する形で二段構造になった階段状舞台もあった。市門の上部に仮設建造物を組み上げる場合や、通りに仮設のアーチを渡してその上部を利用するような場合は、奥行きを確保することが困難であることから、積み上げ型が有効であったろうが、広場などを舞台とする時には、階段状舞台の方が建設も容易だったものと思われる。一五一四年のチューダーのメアリーのパリ入市式や、一五一七年クロード女公のパリ入市式の活人画がその例に当たる［図２－18、19］。このタイプでは、上段と下段の場面の間で何らかの動作を伴うつながりを演出することもできた。図２－20は、少し時代は下るが、このタイプの活人画を真横から描いたものである。その様子はどこか、二段重ね、三段重ねの雛壇に載った雛飾りや五月人形飾りを思わせる。

対して、舞台が左右に二分割されるタイプとしては、先に紹介した一五一五年のカール五世のブリ

ュージュ入市式の活人画が好例である。また一四九六年、カスティリアのファアナ王女のブリュッセル入市式を飾った活人画のうちの一つでは、上段に「聖母戴冠」の場面を戴き、その下段に「イサクとリベカの物語」を表す三場面が併置されていた〔図2－21〕。

先にも触れたように、これらは予型論的な意味内容の提示も含め、ただちに『貧者の聖書』や『人類救済の鑑』といった書物の挿絵を想起させるものである[19]〔図2－22〕。ただしそれらの書物では当然のことながら、頁を開いた時、同時にすべての場面を目にすることになるが、活人画は、君主の一行が近づくまではカーテンか扉で覆われており、君主の通過に合わせて、図像プログラムに従い一場面ずつ、カーテンや扉が開かれることが多かった[20]。

カーテンや扉による隠蔽と開示という場面の提示法は、同時代の開閉式多翼祭壇画や、カーテンの利用が知られる聖遺物展覧を想起させる[21]。扉絵の付いた祭壇画では、通常は閉じた扉の外側のイメージが提示され、特別の祝日にのみ扉が開かれて、内部の絵画が披露されたのである。このように、活人画におけるイメージの提示法は、教会の内外での聖なるイメージの提示法と相通ずるものといえる。カーテンや扉の存在がすべての入市式の活人画で記録されているわけではないものの、多くの入市式で用いられたことは事実であり、これらの仕掛けは様々な意味で有効に機能した。一七世紀の事例ではあるが、マリー・ド・メディシスのアムステルダム入市式（一六三八年）の凱旋門を見てみると、凱旋門の上部の区画に幕が引かれており、同じ凱旋門を描いたもう一点の図では幕が開かれ活人画が出現している〔図2－23、24〕。

活人画は通常の芝居とは異なり、無人の舞台に舞台袖から役者が登場するといった形態をとるのではなく、出来上がった場面全体が一時に提示される必要があるため、準備の様子を隠すためにカーテ

2-20　フェルディナンド・デ・アウストリアのアントウェルペン入市式、1635年

2-18 「聖ルイにとりなしをするブランシュ」（クロード女公のパリ入市式、1517年）

2-21 「聖母戴冠」と「イサクとリベカの物語」（カスティリアのファアナ王女のブリュッセル入市式、1496年）

2-19 「フランスの庭園のメアリー・チューダー」（メアリー・チューダーのパリ入市式、1514年）

2-22 「受胎告知とその予型」（『貧者の聖書』の挿絵）

2－23　マリー・ド・メディシスのアムステルダム入市式の凱旋門、1638年

2－24　同上

2－25 「ソロモン王としてのカール5世」（カール5世のブリュージュ入市式、1515年）

2－26 「三美神」（メアリー・チューダーのパリ入市式、1514年）

ンや扉が必要であったことはいうまでもない。それに加えて、複数場面からなる活人画にあっては、隠されていた予型論的関係が順次明らかにされるという、図像プログラム演出上の効果もあったものと思われる。

そしてその演出に一役買ったのが説明者の存在である。[22] 扉の開閉による活人画提示の前後に、説明者によってそれぞれの場面の説明がなされたり、預言者を演じる役者により自らが持つ銘文の釈義や君主への要望が語られたりすることもあった。

活人画の背景画

入市式の活人画には、扉を具えた開閉式の祭壇画など、宗教的なメッセージをイメージによって伝達する媒体と共通する部分を指摘することができるが、そこには大きな相違もあった。

同時代のフランドルの祭壇画が、背景にいたるまで細かく描き込まれた細密描写を誇るのに対して、この時期の入市式の活人画の一般的な傾向として、登場人物の背後に背景画が用いられることはまれであり、多くの場合はタピスリー（綴れ織り）が空間を閉じていた。[23] 一五一五年のブリュージュ入市式でイタリア人商人の制作した活人画では、玉座のカール五世（子役）が美徳の擬人像たちに囲まれているが、舞台を含め仮設建造物全体がタピスリーで飾られていた［図2－25］。また一五一四年のチューダーのメアリーのパリ入市式の挿絵では、舞台背景のタピスリーの向こうに現実のパリの建物が望まれる［図2－26］。

高所に設置されることの多い活人画では、仮に背景画を用いたとしても、その細部描写は認識するのが困難だったであろう。また、比較的小さな箱型舞台に多数の人物が居並ぶ活人画の舞台空間では、背景画を配するべきスペースもたいへん限られたものであったことが想像される。そのために、使い回しのきくタピスリーや布地によって背景その他が覆われたのだ。そして人物像以外のモチーフで場面を説明する必要のある場合、ハリボテの大道具を設置したり、あるいは必要最低限のモチーフを扉に描くことによりその用に供したりすることもあった。

その意味で注目されるのは、一五一五年のカール五世のブリュージュ入市式における七番目のページェントで、左右の扉にそれぞれの場面の場所ないし属性を表すモチーフが分かりやすく描かれている。先にも紹介したように七番目のページェントの左場面はローマの建国者ロムルス、対する右場面はフィリップ豪胆公にまつわる場面だが、左扉にはサンタンジェロ城が見えることによりそれと示される都市ローマが描かれ、ロムルスの物語の舞台設定を説明している(24)［図2－27］。右扉には王冠を伴う小文字のbが描かれ、ブルゴーニュ公を象徴的に表していた。考えてみれば、この時期北方では未だ古代の物語を考古学的考証に基づいて正確に描いていたわけではない。挿絵を見ても、古代ローマと一四世紀ブリュージュのいずれの登場人物も同じような衣裳で描かれている。よってその区別をつける目的もあって、左扉にローマ、そして右扉にブルゴーニュ公の象徴を描いたものであろう(25)。ただし、古代のハドリアヌス帝廟に巨大な天使像を付け加えることにより、中世以降それが城塞に転用されたサンタンジェロ城（聖天使城）を、ロムルスの場面を説明するものとして描いている左扉は、それ自体が時代錯誤であるともいえる。

なお他に、一一番目のページェントの左の活人画は、「アルタクセルクセス王にエルサレムの再建を嘆願するネヘミア」の場面であるが、扉には廃墟と化したエルサレムの町が描かれていた［図2－16］。

2 - 27　ブリュージュ市民による第7のページェント（カール5世のブリュージュ入市式、1515年）

2 - 28　ブリュージュ市民による第3のページェント（カール5世のブリュージュ入市式、1515年）

2 - 29　ブリュージュ市庁舎

2 - 30　ブリュージュ市民による第5のページェント（カール5世のブリュージュ入市式、1515年）

ヴァラエティ豊かな仮設建造物のかたち

活人画の舞台そのものは多かれ少なかれ同様の形態だったが、舞台が設定される仮設建造物は様々な形をしていた(26)。一五一五年のカール五世のブリュージュ入市式でも、仮設建造物の特徴的な形態が特別の意味を持っていたり、それが内部の活人画を説明していたりすることがあった。例えば二、三番目のページェントの仮設建造物は、それぞれシント・ドナース聖堂と市庁舎というブリュージュ市に実在する聖俗の主要な建築物を模しており、それぞれに納められたブリュージュ市の誇る聖遺物の由来を語る活人画の舞台が組み込まれているという点からも、じつに意義深い形態であったといえる(27)(聖ドナティアヌスの聖遺物はシント・ドナース聖堂に、聖血の聖遺物は市庁舎に隣接する聖血の礼拝堂に納められていた)［図2－28、29］。

他にも、ページェントを担当したギルド（同業者組合）の職種に関係のある装飾が施された仮設建造物も散見され、例えば肉屋や魚屋のギルドが準備した五番目のページェントでは、挿絵に見るように、壁面に動物や魚が浮き彫りや絵画で表されていた［図2－30］。そこには何と、人魚の姿も見える。また金工細工師のギルドによる七番目のページェントは、チボリウム（聖体容器）型という特殊な形状をしていた(28)［図2－31、32］。果たして自立しえたのか覚束ないほど、相当に奇抜な形状であったことが挿絵からも想像される。

このように活人画の舞台面は、『貧者の聖書』や『人類救済の鑑』の挿絵や開閉式祭壇画など、宗教的なコンテクストにおける聖なるイメージの提示のあり方を援用しつつ、入市式の実態に即した工夫や図像プログラムに適った演出がなされていた。入市式の企画立案や図像プログラムの考案は、例えばフランドルであれば都市修辞家と呼ばれる人たちの集団によって行われたが、その実現を請け負

2-31　ブリュージュ市民による第7のページェント（カール5世のブリュージュ入市式、1515年）

2-32　チボリウム

ったのは幅広い職掌を担った美術家たちである。日常的に教会の美術に携わっていた美術家たちと都市修辞家集団の対話の中で、宗教的コンテクストにおけるイメージ提示のあり方が援用されていったのは自然なことであるといえる。(29) もとより、ヘントの画家ヒューホー・ファン・デル・フースなど、著名な画家が入市式に関わった例も知られているのだ。

無数の松明で照らし出される活人画

ところで、以上に論じたような、入市式における図像プログラムやその提示法は、何も活人画を用いずとも、同様の場面を描いた絵画を該当箇所に設置することによっても可能だったはずだ。実際、前章で紹介したように、イタリアにおける古代の凱旋式風の入市式では、もっぱらハリボテの仮設凱旋門に絵画や彫刻を設置することで済ませている。それに対して北方の君主の入市式においては何故にメッセージを伝える媒体として活人画が利用されたのか。ここで、活人画の効用がいかなるところにあったのかについても考えてみよう。

絵画ならぬ活人画を用いる利点として、まずは、絵画制作の手間が省けることや、比較的距離をもって眺められることの多い入市式のページェントのためのメディアとして活人画がふさわしかったこと等、実際的な要素が考えられるだろう（高所に設置された活人画の様子をよく伝える図2－33を参照）。とはいえ、活人画は絵画以上の鮮烈さをもって君主にメッセージを印象付けることのできるものであったということが、最大の利点として挙げられる。

入市式は、君主の到来をキリストの降誕に重ね合わせることもあったため、しばしば降誕にふさわしい時刻である日没後に開催された。例えば一四五八年のフィリップ善良公のヘント入市式は一七時から四時間をかけて行われ、二万二五一七本の松明で照らされた[30]。同様に一五一五年のカール五世のブリュージュ入市式も夜間に実施されたため、ページェントの舞台となる仮設建造物は多くの松明や蠟燭で照明された。図2－11、13、21では、仮設建造物の上端にずらりと松明が並んでいるのが確認できる。このように、日も落ちて余計なものは闇の帳《とばり》に隠された街頭で、生身の人間が松明の炎によって照らされ深く陰影を刻む活人画はさぞ印象的なものであったに違いない。一五一五年四月一八日の入市式はカールに大きな感銘を与えたようであり、実際彼は、二日後に同じものを繰り返すことを所望した[31]。

2－33「イザボー・ド・バヴィエールのパリ入市式」（ジャン・フロワサール『フランス年代記』の挿絵）

君主も活人画に参加する

さらに活人画であれば、君主も部分的に場面に参加することが可能となる。それは例えば、君主が美徳の擬人像から捧げ物を受け取るといったような場合である。活人画から天使あるいは美徳の擬人像が降下して王に王冠を授けるという趣向は、早くからしばしば行われたものだ。活人画を伴う入市式の最初期の例の一つとされる、一三七七年、イングランド王リチャード二世戴冠式の際のロンドン入市式では、金色の天使がリチャードに王冠を捧げたことが記録されている。[32] また一四三一年のヘンリー六世(イングランド王とフランス王を兼ねた)のパリ入市式では、サン・ドニ門に設置された活人画で、ヘンリーは各々の擬人像から挨拶を受けた。[33] 本章冒頭の図2-1に見える、王冠を運ぶ聖霊の鳩にも注目されたい。ヨーロッパの活人画においては、古来の擬人像の伝統が非常に有効に機能した、ないしは擬人像の伝統があったからこそ活人画が積極的に用いられたということもできるかもしれない。

一四四〇年のフィリップ善良公のブリュージュ入市式では、「キリスト降誕」の活人画が出されたが、上部に設置された神の玉座は煌々と照り輝くのみで無人、また降誕場面に関しても、イエスの存在が記録に記されていない。[34] つまり、活人画の前に救世主たるフィリップが到着して初めてこの景が完成をみるという仕組みになっていたのだ。フィリップが行列を離れて活人画の空の玉座についたというわけではないだろうが、その図像上の仕掛けが救世主としてのフィリップの存在を構造的に前提していたということになる。

また、入市式そのものが、君主の行列を含めた形で非常に演劇的に構成・演出されていたということも指摘できる。例えば、同じ一四四〇年のフィリップ善良公のブリュージュ入市式では、市門の外で市長をはじめ無慮一三〇〇人の市民が白下着に無帽、裸足で公の一行を迎え、跪いて、数年前のブリュージュ都市反乱の赦しを請うた。[35] 先に一四五八年のフィリップ善良公のヘント入市式においても「赦し」をテーマとした活人画が設置されたことを紹介したが、外来君主であったブルゴーニュ公の集権的統治に反抗し、ブルゴーニュ公国の諸都市は度々反乱を起こした。そしてそれが失敗に終わった後に執り行われる入市式においては、寛大なる「赦し」を願うテーマが設定されたのである。

このフィリップ善良公のブリュージュ入市式でも、市門から入城の後、各所で繰り広げられる活人画のうちいくつかの場面は赦しを主題としたものであった。[36] 例えば「イエスとマグダラのマリア」の活人画には、「あなたの多くの罪は許される。何故なら主はあなたをとても愛するからである」という銘文が付されていた。この入市式では、当のフィリップとブリュージュ市民が城壁外で儀礼的・演劇的に演じた場面を、活人画が繰り返していたと捉えることができる。赦しの物語は、現実と活人画との間を自由に行き来したのだ。その往還は、物語が描かれたものではなく、生身の人間が演じていたればこそ、より容易なものとなったのであろう。

さらにいうならば、入市式において君主は、「入市式における君主」なる役割を演じていたのであって、彼はそれぞれの活人画の前で、しかるべき反応を言葉や身振りで示した。都市が一方的に君主を称揚するのではなく、都市が君主のあるべき姿を提示し、視覚化された都市と君主との相互関係を互いに確認しあう対話の場としての北方の入市式の本義においては、活人画という形態が効を奏していたものと思われる。

圧縮された演劇

絵画を設置した場合との比較によって活人画の効用について検討してきたが、別の方向からも考察が可能である。何故、演劇ではなくて活人画だったのかという問いである。各ページェントにおいて、それぞれの主題の寸劇を演じてもよかったのではないか。冒頭に述べたように、入市式の活人画は、近代的な意味でのそれとは一致しない。近代の活人画は生きた人間が絵画を模倣し、その妙味を愛でる娯楽だが、入市式のそれは何も絵画の模倣を第一目的としていたわけではなく、しかるべき理由により活人画的なものになっていたという方が正確である。よって、絵画の模倣としての活人画という観点からの考察のみならず、所作を伴い科白《せりふ》を発する芝居から役者が無言で静止する活人画へという方向性においても検討が必要であろう。この点については次のようなことを考えることができる。

まず、長い行程からなる入市式では、君主の一行はひとところに長時間停止することはできないので、それぞれのページェントを一定の時間に収めるために活人画が用いられたと考えるのは理にかなったことと思われる。(37) 個々の場面を短くまとめるといっても、既に紹介したようにページェントは、時に予型論的な図像プログラムを踏まえて複数場面からなるので、各々を芝居として演じたならばある程度の時間はかかってしまう。そのページェントが入市式には一〇も二〇もあるのだから、時間短縮のメリットはあったはずである。

それに加えて、入市式の活人画で重要なのは、個々の場面がどのような物語であるかという各場面の詳細ではなかったことが挙げられる。入市式におけるメッセージとして重要なのは、それらの場面が君主称揚においていかなる意味を持つのか、あるいは都市と君主との関係においていかに解釈されうるのかということだった。そしてその意味は多くの場合、銘文や説明者によって説明されるべきものだった。また、予型論的枠組みを用いる入市式の活人画が着想源の一つとした、教会内の神秘劇や聖史劇の構成自体が、新約聖書のある物語と、それと予型論的に対応する旧約聖書の物語が、解説役の口上ないし説明を挟んで交互に提示されるというものであることがあった。よって、宗教劇における聖書の物語場面が、入市式では活人画へと極端に短縮化されたとみなすこともできるのである。物語が圧縮された活人画であれば、一瞬でその場面を示し、銘文や説明者による解説に時間を割くことが可能になるのだ。

このように、入市式の活人画を、人間が絵画を演じ三次元化したものとみるだけではなく、演劇的なシークエンスを極端に短縮し、静止した一場面に封じ込めたものと捉えてみるのも、演劇史的コンテクストからは合理的であるように思われる。そのことは、近代の活人画であれば役者が動いたり言葉を発したりすることは基本的にありえなかったのに対し、入市式の活人画では、場合によっては短い科白を話したり、一定の演技所作を伴うことがあったりしたことからも理解されるだろう。[38]

さらに別の側面からも考えてみよう。誰が活人画を演じたのかという問題である。活人画の上演には、役者が雇われることもあれば、市民がかり出されることもあった。市が君主を迎えるという入市式の建て前からしても、市民自身が演じることが望ましかったことは疑いなく、とりわけ大人数が必要となる場面の場合には市民が舞台に立つことも多かっただろう。[39]入市式の支払い文書では、役者への支払いの見えない例もあれば、役者に支払いがなされた例もあるが、支払い文書における役者が必ずしもプロの役者を指していたとは限らない。そもそも当時、未だ専門職としての役者が一般化していた時代ではないのである。

そして市民が参加する場合、長い科白や細かな所作を伴う芝居と比べて、活人画であれば素人であっても何とか様になるという利点があった。それらしい衣裳を身に着けて、指示されたとおりのポーズでじっとしていれば事が済む活人画は、誰にでも簡単に演じることができたのだ。

2－34　ロヒール・ファン・デル・ウェイデン「フィリップ善良公の肖像」、ディジョン美術館

美術史上の傑作を活人画に

君主の入市式の活人画は、必ずしも現実に存在する絵画を再現しているというわけではなかった。ただ希《まれ》な事例として、たいへん著名な絵画作品の活人画が企画された入市式をここで紹介しておこう。それは一四五八年四月二三日、フィリップ善良公［図2－34］のヘント入市式である。

本書でも何度か言及してきたこの入市式では、クライマックスに、四半世紀ほど前にファン・エイク兄弟によって制作されたヘント祭壇画［図2－35］の活人画が設置された[40]。会場となった広場から程近いシント・バーフ聖堂に所蔵されている、美術史上の傑作といってもよいこの祭壇画が、活人画として再現されたのだ。三層に構成されたその舞台は、幅約九メートル、奥行き約一五メートルにおよぶ巨大なもので[41]、アダムとエヴァを除くヘント祭壇画の内側の場面が表されていた。そこにはおよそ九〇人の登場人物が動員されたという。また入市式について記録する年代記によると、この活人画では、各所に施された銘文までがヘント祭壇画から引用されていた。

上下二段構成の祭壇画との相違点は、活人画が三層構造だったことである。上段は、王冠をかぶり手に王笏《おうしゃく》を持つ父なる神と聖母マリアに洗礼者聖ヨハネ、少し後方に奏楽の天使たちという配置で祭壇画と同様だったが、神秘の子羊の礼拝を表す祭壇画の下段は、活人画では二段に分割されていた。記録によれば、中段右側には聖女たち、使徒たち、隠者たち、殉教者たち、巡礼者たちが、左側には証聖者《しょうせいしゃ》たち、ユダヤの首長たち、預言者たち、キリストの騎士たち、そして士師たちが立ち並び、それぞれのグループには六人の役者があてられていた。下段の中央に設置された祭壇上に神秘の子羊が置かれたが、子羊は作り物の輝く光線で取り囲まれ、胸から流れ出る血が聖杯に注がれていた。上方から聖霊の鳩が吊るされ、祭壇の周囲には香炉や受難具を持つ天使たちが配された。そしてその手前に位置する独立した前舞台の上、白と緑の大理石製を模した生命の泉からは、赤ワインがほとばしっていた。

オリジナルの祭壇画では、上段の父なる神と聖母マリア、洗礼者聖ヨハネのスケールを下段の登場人物に比べて巨大なものに設定しているが、生身の人間が演じる活人画では、当然のことながら上段

2-35　ファン・エイク兄弟「ヘント祭壇画」、ヘント、シント・バーフ聖堂

2-36　作者不詳「生命の泉」、マドリッド、プラド美術館

も中段も人物像の大きさは同じであり、祭壇画における人物のスケールの対比までも再現するわけにはいかなかっただろう。現在プラド美術館に所蔵される作者不詳の「生命の泉」に関して、ある研究者が一四五八年の活人画との何らかの関係を想定しているが、ヘント祭壇画を下敷きにして統一的なスケールのもとに人物像を配置した本作品は、確かにこの時の活人画の様子を私たちに想像させてくれる(42)［図2―36］。また三層構造の舞台に関しても、上層が奥に後退する階段状舞台であったという記憶を伝えてくれているもののように思われる。実際、幅約九メートルに対し、奥行きが約一五メートルというこの活人画の寸法は、この形式の舞台であったと考えなければ理解しにくい。

なおこの活人画も、一度にすべてが提示されるのではなく、フィリップの到着時までは全体が白い幕で覆われており、まず上段の幕が開かれ、次いで中下段というように順次場面が示された(43)。

「キリストの騎士」としてのフィリップ善良公

一四五八年のヘント祭壇画の活人画は、ヘント市がフィリップ善良公のお気に入りの画家であったファン・エイクの作品によって彼を歓迎する、ないしはそのような作品を所有していることの自負を表明せんとしていたと捉えられることから、積極的に特定の絵画作品の活人画たらんとした事例であるといえる(44)。

加えて、その入市式全体の図像プラグラムにおける意義であるが(45)、神秘の子羊のもとに聖なる人々が集う活人画の舞台面は、完璧なる神の都市のイメージであり、ヘントが君主フィリップのもとでかくあれかしと願う都市のイメージであった(46)。そして、ヘント市がフィリップの赦しを得て愛顧を取り戻すことを目的としていたこの入市式では、祭壇上の犠牲の子羊のごとくフィリップがヘント市の罪過を贖《あがな》ってくれることを期待したのである。[47]

またこの神秘の子羊は、金羊毛騎士団を想起させるものでもあった。金羊毛騎士団とは、異端を排してキリスト教を守ることを目的として、一四三〇年にフィリップ善良公自身が設立した世俗騎士団である。よってブリュージュ市は、神秘の子羊を含む活人画を見せることによって、金羊毛騎士団の統括者でもあるフィリップに、キリスト教を守護する「キリストの騎士 miles Christi」として、教会と臣下（すなわちヘント市）を護る役割を胸に刻んでもらおうとしたのである。[48] 羊をあしらった金羊毛騎士団の勲章は、図2-34のフィリップ善良公が首からかけているものである。またブルゴーニュ公として彼の後継者ともいえる後のカール五世の肖像画［図2-7］にも、同じ勲章が見られることに注目しておこう。

「キリストの騎士」としてのフィリップというイメージは、当時、対トルコの新たな十字軍遠征に深く関心を抱いていたフィリップの姿に重なるものでもあった。[49] とき折しも、ビザンチン帝国がオスマン・トルコに滅ぼされて間もない頃である。西方の君主にとって、トルコの脅威は喫緊の問題であった。実際フィリップ善良公は、一四五四年にリールで「雉の饗宴」と呼ばれる大宴会を行い、トルコに対する十字軍の結成を誓っていたのだ。一四五八年のヘント入市式では、十字軍を暗示するモチーフが他の活人画にも見られた。例えば古代ローマ史に取材した「ティグラネスを赦すポンペイウス」では、本来古代のアルメニア王であるティグラネス二世はトルコ風の衣裳を身にまとっていたのである。

ヘント祭壇画の活人画に登場するキリストの騎士たちに関する年代記の記述も見逃せない。活人画の中段には、一〇の集団からなる聖なる人々が、下段の神秘の子羊を載せた祭壇のもとに参集する様子が表されていたが、そのうちのキリストの騎士たちに関しては、いずれもフィリップ善良公あるいはフランドル伯と関わりの深い聖人が選ばれていたのだ。活人画中段を構成する一〇の集団のうち、キリストの騎士たちのみが、銘文によって名前を与えられていたということだが、年代記はここに登場した六人の騎士聖人として、聖ゲオルギウス、聖ヴィクトル、聖モーリス、聖セバスティアヌス、聖ガンドルフ、聖ジェリーを挙げる。とりわけ聖ガンドルフはかつてのブルゴーニュ王であり、ブルゴーニュ公の紋章をあしらった旗を手に持っていたと記している。[50] 聖ゲオルギウスはフィリップ善良公および後継者のシャルル豪胆公にゆかりの聖人、聖セバスティアヌスは十字軍の守護聖人、聖ヴィクトルの聖遺物はブルゴーニュ王ステファンを癒したと伝えられ、聖モーリスはブルゴーニュ王シギスムント四世の甥と考えられていた。カンブレー司教であった聖ジェリーは、竜退治の伝説がある聖人で、地元では聖ゲオルギウスと同様の役割を担っていた。

この活人画を目にしたフィリップは、その中に自分や金羊毛騎士団にゆかりのあるキリストの騎士たちの姿を認め、ないしはそのことの説明を受け、自らもその掉尾《とうび》に連なる「キリストの騎士」、とりわけ対トルコの十字軍を率いる「キリストの騎士」として、心構えを新たにしたことだろう。[51]

活人画の前に君主が相対したその刹那、世俗君主、そして彼を含む行列の一団も活人画に取り込まれ、神秘の子羊のもとに参集するキリストの騎士を自ずと演じることとなった。この時にわかに、広場全体が活人画の舞台へと転じたことだろう。これこそが、活人画の効用の最たるものと思われる。先に推測したような雛壇型の階段状舞台であったとすると、フィリップの一行は四段構造の最下段(すなわち広場の地面のレベル)に位置したことになり、舞台と行列の一体感はいとも自在に獲得されたにちがいない。

ヘント祭壇画の活人画を前にしたフィリップ善良公が、「異教トルコに対するキリストの騎士」に自らを同一視したであろうことはほぼ疑いないが、ヘント市の目論んだように、この活人画がフィリップに「ヘント市を守るキリストの騎士」としての自覚をも促しえたかというと、結果は上々吉とはいかなかったようだ。少なくともこの入市式の後、ヘント市に科されたガヴェルの敗北以降の政治的罰則はほとんど減免されることはなかったからである。

一四九六年の裸体活人画「パリスの審判」

中世末から初期近世の君主の入市式をはなやかに彩った活人画だが、一六世紀も半ばを過ぎると、アルプス以北の入市式も前章で紹介したような古代の凱旋式風のそれに変容してしまう。そして従来の活人画の役割は、おおむね仮設の凱旋門に引き継がれることになる。引き続き活人画が用いられることはあっても、それは限定的な使用に限られるようになるのだ。また入市式の性格そのものが、従来のような、時に君主当人もその一部を演じた、都市と君主との相互契約内容の視覚的認証の場から、豪華ではあってもお仕着せの、画一的君主称揚の場へと推移する。時代の流れの中で、君主の絶対化が進行していったということである。そこでは凱旋門を飾る絵画や彫刻が一方的に君主を称揚し、かつてのような活人画と君主の相互コミュニケーションは、もはや必要とされなかった。

本章で紹介したような入市式での使用の後、「人が演じる絵画ないし彫刻」は、一八世紀半ばにようやく、文字通り「活人画」の名付けとともに「誕生」する。そして、当初上流階級の娯楽であった活人画は、一九世紀の後半以降、ショウ・ビジネスに導入されるにいたり、俗なるメディアに変容を遂げる。すなわち女性そのものを鑑賞する場、果ては裸体見物の場になっていくのである。近代の活

2－37 「パリスの審判」（カスティリアのフアナ王女のブリュッセル入市式、1496年）

人画については第四、五章で論じることにするが、一五世紀のギリシア・ローマ神話を題材にした入市式の活人画に、すでに裸体が登場していたことには注目しておきたい。

一四九四年にフィリップ美公がアントウェルペンで入市式を行った際、「パリスの審判」の活人画が出されたが、「人びとはその女神たちが裸で、しかも本物の生きた女であるのを見た」という記録が残っている。[52]「パリスの審判」は、羊飼いに身をやつしたトロイア王子パリスが、ユノ、ミネルヴァ、ヴィーナスの三人の女神の中で誰が最も美しいかを判定するという、トロイア戦争の遠因となったエピソードだが、その三人の女神が裸体活人画として演じられたのである。

また、本章冒頭で触れた一四九六年、カスティリアのフアナ王女のブリュッセル入市式の際にも、同じ「パリスの審判」の活人画があった。こちらは報告書に挿絵が残されている［図2－37］。その時の三人の女神も裸体で、女神たちは機械仕掛けで回転する台の上に乗り、天文時計の像のように出入りしたという。[53]いわば機械仕掛けの裸体展示装置であったそれは、活人画形式によるヌード・ショウの鼻祖でもあったのだ。

さて、前章で紙上凱旋門の作者として言及したドイツの画家アルブレヒト・デューラーに、この種の裸体活人画の目撃者として再登場願うことにしよう。一五二〇年のカール五世のアントウェルペン入市式の活人画について、デューラーの友人である学者フィリップ・メランヒトンは、それを見物したデューラーから聞いた話として、「美しい娘たちの活人画」が若い娘たちによって構成され、彼女たちは「ほとんど裸で」、絽《ろ》の薄物を透かして肉体が見えていたと記している。(54) デューラーは、画家としての職業上、「いささか恥知らずになって」活人画を見まわす特権を行使したと、メランヒトンに弁明したらしい。

第三章　ポッセッソ——新教皇のスペクタクル

聖なる君主ローマ教皇

すでに旧聞に属する事柄ではあるが、二〇一三年三月一三日、ベネディクトゥス一六世の退位に伴い開催された教皇選挙（コンクラーベ）は、ホルヘ・マリオ・ベルゴリオ枢機卿を新たな教皇として選出した。翌四月七日、ローマのサン・ジョヴァンニ・イン・ラテラノ聖堂において新教皇フランシスコ一世の「ポッセッソの儀式」が行われた。カトリックの教皇は様々の称号を有するが、その第一のものはローマ司教である。よって、ヴァチカンのサン・ピエトロ聖堂での戴冠の儀式に引き続き、新教皇がローマ司教座聖堂であるラテラノ聖堂を「占有（ポッセッソ）」する儀礼により、その即位儀礼は完了するのだ。フランシスコ一世のポッセッソに関する報道は、同日、多くの信者がラテラノ聖堂前の広場を埋め尽くし、ポッセッソ儀礼を行う教皇を迎えたと伝える。

ポッセッソに際してラテラノ聖堂前で教皇を迎える群衆の写真や映像は、現代において新たな教皇が選出されるたび、繰り返し報道されてきた。しかし近代以前、ポッセッソの様子を伝える印刷物には、教皇のラテラノ聖堂到着より前の部分が描かれていた［図3－1］。実際のところ、ラテラノ聖堂内部での儀礼を見ることのできない多くの群衆がポッセッソの当日に目にしたのは、教皇がラテラノ聖堂にたどりつくまでの行列――サン・ピエトロ聖堂を出発し、ローマ市中を通過してラテラノ聖堂にいたる半日がかりの大行列――だったのである。

ポッセッソは、単に教皇がローマ司教座を占有するという一点にのみ、その意義があったのではない。ポッセッソは、新教皇がローマ市民、ひいては世界に対して自らを披露するイベントであり、ローマの都市社会を構成する各種集団（元老院、ローマ貴族、庶民、外国人、ユダヤ人）がそれぞれ、教皇との最初の関係を取り結ぶ場でもあった。よって、ラテラノ聖堂内で行われるローマ司教座占有儀

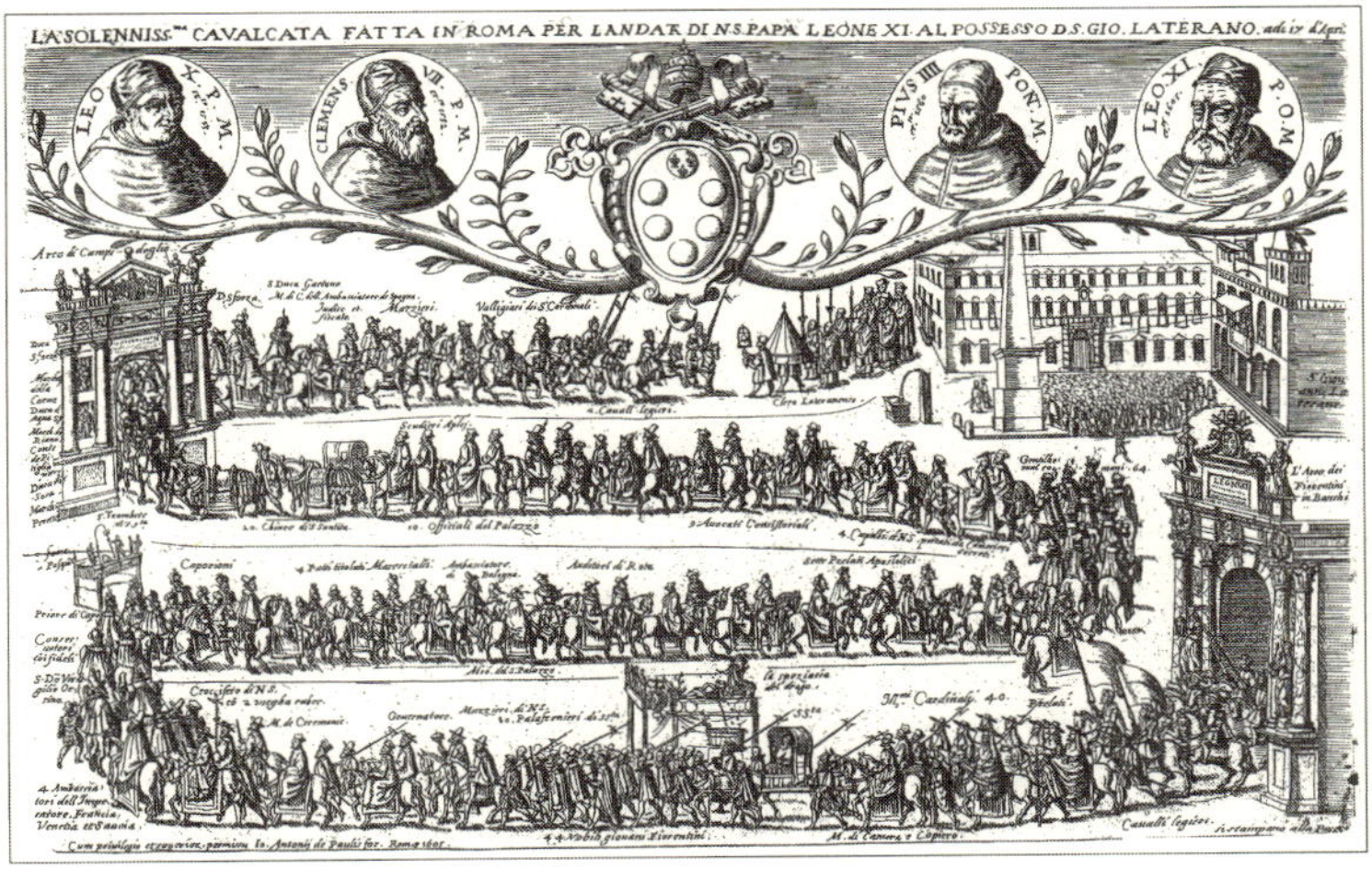

3-1　レオ11世のポッセッソの行列、1605年

礼はまさしく宗教儀礼にほかならないが、ローマ市中を縦断するポッセッソの行列は、新教皇によるローマ市への入市儀礼であったともみなせるのだ。かつて教皇は教皇国家の君主でもあったため、ポッセッソは比喩的な意味においてではなく、まさしく君主たる教皇のローマ入市式であった。第一、二章で見た世俗君主の入市式と何ら変わるところはないのである。宗教儀礼であるとともに世俗的な君主の入市儀礼としての性格もあわせ持つという二重性は、ポッセッソの大きな特徴である。

本章では、新たに選出された教皇の「ポッセッソ」の行列について、ルネサンス期を中心に見てみよう。ルネサンス期は、古代復興の潮流にあって、第一章で見たような一般の君主の入市式と同様に、教皇のポッセッソも一段とスペクタクル化した時期である。ポッセッソにおいては、教皇とローマの個人ないし各種集団の間で、メッセージのやり取りが行われたが、ここでもまた、中心的な祝祭装置として凱旋門と活人画が用いられたのだ。

「ポッセッソ」とは何か

先に記したように、「ポッセッソ」とは「ラテラノ聖堂の占有（presa di possesso della Basilica Lateranense）」を略した呼称であり、ポッセッソ儀礼とは、ローマ司教である新教皇がラテラノ聖堂すなわちローマ司教座を「占有（possesso）」する儀礼である。(1) 現在のところ適切な定訳がないため、本書では便宜的にカタカナ表記「ポッセッソ」を用いる。

まずラテラノ聖堂の中で行われるポッセッソ儀礼について触れておこう。(2) 簡略に記すと、それは座を中心とする儀礼であり、ラテラノ聖堂入り口の「芥の椅子（sedes stercorata）」［図3－2］への着座（教皇の謙譲を示す）、聖堂内陣の椅子（司教座）への着座、そしてラテラノ宮殿入り口に置かれた二つの「紫斑岩の椅子（sedes porphireticae）」［図3－3］への着座からなる。

座を中心とする儀礼というのは興味深いもので、「権力の座」という言葉があるように、椅子というのは象徴的な権力を可視化したものなのだ。カトリック教皇の座の争奪戦も、まさに「椅子取りゲーム」であると思い知らされる。日本語ではしばしば大聖堂と訳されるカテドラルも、司教座聖堂というのが正確な訳語であって、カテドラ（司教の座る椅子）のある場所ということである。

さて、この「紫斑岩の椅子」への着座の間に、新教皇は教皇の杖、ラテラノ聖堂とラテラノ宮殿の二つの鍵を受け取る。これらポッセッソ儀礼の後、教皇はサンクタ・サンクトールム（至聖所）にて祈りを捧げ、ついでラテラノ宮殿において祝宴が開かれる。

ポッセッソという言葉が指し示すものは、このように本来、ラテラノ聖堂内での儀礼である。しかし本章で扱うヴァチカンからラテラノ聖堂への行列に関しても、一四七一年、シクストゥス四世即位の時に、それまで「行列（processione）」と呼ばれていたものが、「ポッセッソ」と称されるようになった(3)。このことは、行列も儀礼の主要部分とみなされるようになったということを示している。あるいはローマを支配する君主としての教皇が、ローマ市の「占有」を実現する儀礼、すなわち「ポッセッソ」としての側面が重視されるにいたったことを表しているのかもしれない。

また一五〇三年、ユリウス二世（在位一五〇三～一五一三年）の即位時より、従来同日に行われていた、サン・ピエトロ聖堂における教皇の戴冠の儀式と、ラテラノ聖堂におけるポッセッソの儀式が分離され、別々の日に執り行われるようになった。ユリウス二世はお抱えの占星術師の勧めに従い、ポッセッソを戴冠式から切り離したのだという(4)。

このように元はユリウス二世の個人的な理由に端を発するとはいえ、このことによって結果的に時間的猶予が確保され、より周到なポッセッソの準備を行うことが可能になった。教皇の死は突然訪れるものであるから、教皇選挙が比較的短期間で決した際は、ポッセッソの準備期間が短いことにな

3-2　芥の椅子、サン・ジョヴァンニ・イン・ラテラノ聖堂

3-3　紫斑岩の椅子、サン・ジョヴァンニ・イン・ラテラノ聖堂

る。ラテラノ聖堂における儀礼のみであればさほど準備に時間は必要ないだろうが、ルネサンス期に大規模化するポッセッソの行列の準備にはそれなりの時間を要した。特に沿道に設置される仮設凱旋門に関しては、新たな教皇が決定してから、その教皇にふさわしい意味内容を考案し、それを製作せねばならなかったため、しかるべき日数は必要だったはずである。よってユリウス二世以後の教皇にあっても、戴冠式とポッセッソの分離は踏襲されることになる。おおむね、戴冠式の後、二〜三週間後ということが多かった。ちなみに、二〇一三年のフランシスコ一世のポッセッソも、選出の約三週間後に行われた。

教皇によるローマ入市式

一般に君主の入市式において、行列の通る道順は意味を持つ。どの道を選択し、どの道を避けるのか。どの建築物の前を通り、どの建築物を通過しないのか。こういったことにも意味があるのだ。教皇の入市式であったともみなせるポッセッソも、そのような観点からの検討に値する。ローマ市の北西に位置するヴァチカンから、市域の対蹠点《たいせきてん》ともいえる、町の南東に位置するラテラノ聖堂への行列の行程は、多少の逸脱はあったにせよ、基本的に定められたものだった。代々の教皇は毎回同じ道順をたどりつつ、ポッセッソの行列を行ったのである。

ポッセッソの行列にあっては、出発地ヴァチカンのサン・ピエトロ聖堂と到着地ラテラノ聖堂の、都市ローマにおける位置が決定的な意義を有した。ヴァチカンはローマ市の北西、ラテラノはローマ市の南東と、それぞれ永遠の都の両端に位置する。つまりヴァチカンからラテラノへの移動は、都市全体を横切ることになる。両者がローマ市の対蹠点にあったからこそ、ポッセッソの行列が可能にな

3－4　サン・ピエトロ聖堂、ローマ

3－5　ジュリアーノ・ダ・サンガッロ周辺「サン・ピエトロ聖堂（祝福の開廊）と教皇庁」、1534－35年頃、ドレスデン、国立美術館

3－6　サン・ジョヴァンニ・イン・ラテラノ聖堂、ローマ

3－7　マルティン・ファン・ヘームスケルク「サン・ジョヴァンニ・イン・ラテラノ聖堂」、1535年頃、ベルリン、国立版画素描館

った、あるいは行列せざるをえなかった。仮に両者が隣接していたとするならば、行列は必要なかったのだ。このようにそもそもは、物理的に離れているヴァチカンのサン・ピエトロ聖堂とラテラノ聖堂の間を移動するという現実的な必要性から行列が行われたわけだが、それが結果的に、教皇によるローマ市への入市式としての性格を、ポッセッソに与えることになった。

　サン・ピエトロ聖堂の立地は、キリスト教を公認したコンスタンティヌス帝の命により、それがペテロの墓の上に建設されたことに由来する「図3－4、5」。古代ローマにおいて、墓は法により城壁外に作らねばならず、ペテロの墓のあったウァティカヌス丘墓地はかつて城壁外に位置した。かたやサン・ジョヴァンニ・イン・ラテラノ聖堂は、同じコンスタンティヌスが提供した市域周縁の帝室近衛隊駐屯地跡地に建造されたものである[5]［図3－6、7］。四世紀にコンスタンティヌスが古代都市ローマの両端に両聖堂を建設したというその事績が、時を経て、ポッセッソの行列の基本的な行程を規定し、またそのことにより、ポッセッソは教皇によるローマ入市儀礼の様相をも呈するものとなった。コンスタンティヌスの思いもよらぬことではあったろう。

ポッセッソの道順をたどる

それでは、私たちもポッセッソの道筋をたどってみることにしよう[6]［図3－8］。まずヴァチカンを出発した一行はボルゴ地区を通り、サンタンジェロ城（もとハドリアヌス帝廟）にいたる[7]［図3－8－A1／図3－9］。ヴァチカンとサンタンジェロ城を結ぶボルゴ地区は中世以来、教皇行列にふさわしい大きな通りのない、建物の稠密《ちゅうみつ》な地域であったことから、一五世紀末に教皇アレクサンデル六世が、直線道路アレッサンドリーナ通りを開通させた[8]。そして一五〇三年のユリウス二世のポッセッソ以降、行列はこの道を進んだ（ちなみに二〇世紀に入ると、ムッソリーニがラテラノ条約によって教皇とイタリア国家を和解させた自らの功績を記念して、このアレッサンドリーナ通りを北辺とする大規模な直線道路「和解通り〈ヴィア・デッラ・コンチリアツィオーネ〉」を造成する）。サンタンジェロ城前では、伝統的にユダヤ人が教皇に儀礼的な挨拶を行った。テヴェレ河に突き当たると、一行はここでサンタンジェロ橋を渡り、その後は「教皇の道」を進む。

「教皇の道（ヴィア・パパリス）」とは、ローマ帝国の滅亡後、中世以降も人が住み続けた地域カン

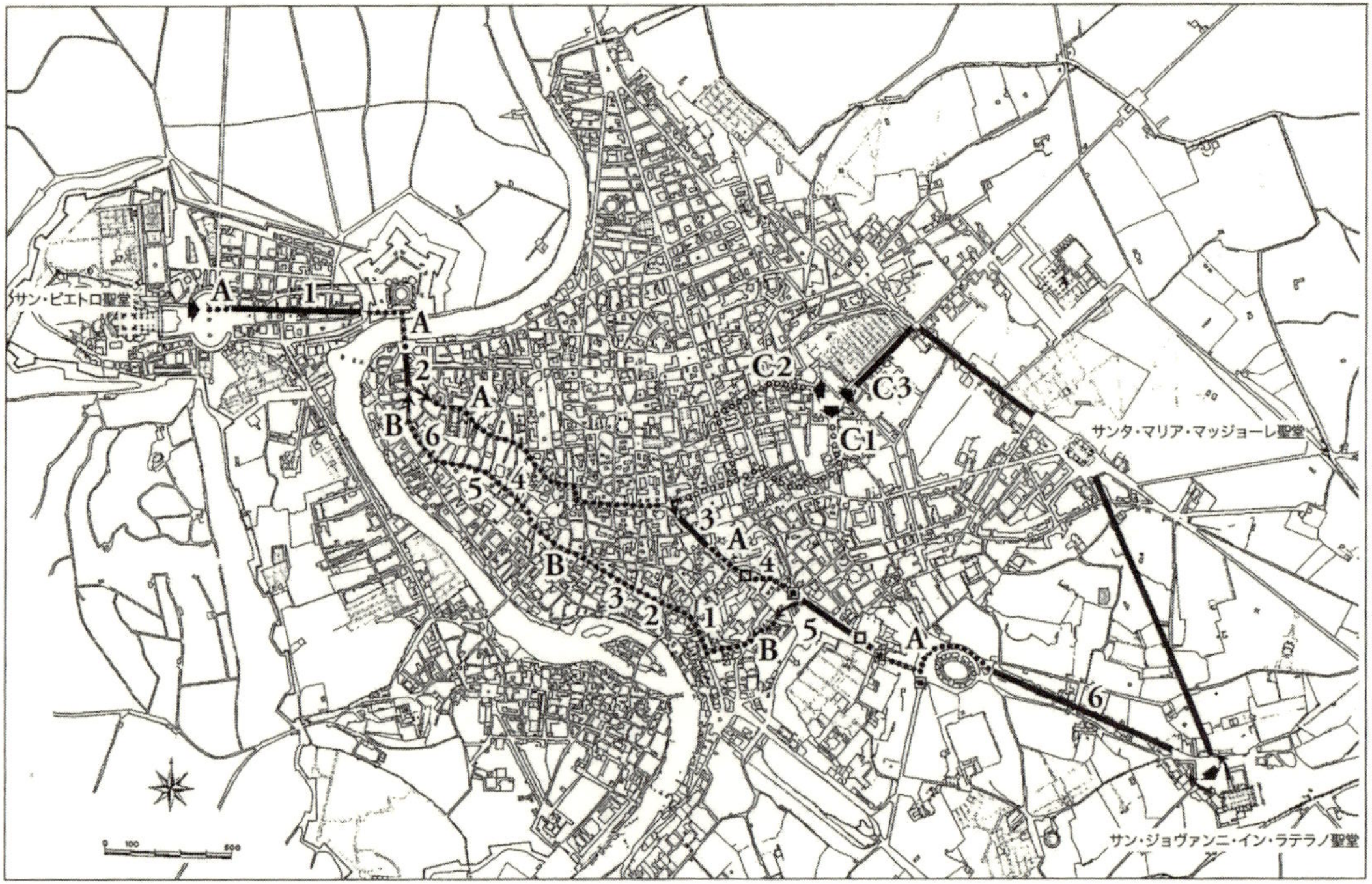

3-8　ノッリのローマ地図（1748年）に基づくポッセッソの行程（M. Fagiolo,"L'effimero di stato. Dal conclave al possesso", p.13より引用）

ポ・マルツィオを通過する比較的細い通りで、教皇の行幸に使用された道である。[9] 中世以来の道であるため、アレッサンドリーナ通りのような直線道路ではない。バンキ、モンテ・ジョルダーノ、パリオーネ、パスクイーノ、ヴァッレの各地区を進み、カピトリーノの丘のふもとのサン・マルコ広場にいたる。

道幅の狭い「教皇の道」の両側には背の高い建物が立ち並ぶ。それぞれの館の住人はバルコニーから教皇の行列を見下ろしたことだろう。アレクサンデル六世からレオ一〇世までの時代には、「教皇の道」の各所、とりわけ始点付近であるバンキ地区に複数の仮設凱旋門が建造された［図3－8－A2］。以上の行程は、先にも述べたように、中世以降も人の住み続けたローマの市街地であり、まさ

3－9　サンタンジェロ城、ローマ

3－10　カピトリーノの丘、ローマ

3－11　「カピトリーノの丘のアラチェリ聖堂とローマ市庁舎」、16世紀、ブラウンシュヴァイク、版画素描館

に教皇の都市ローマへの入市式と見なせる部分である。

「教皇の道」を通過した後、サン・マルコ広場から一行はカピトリーノの丘を登ることになる[10]［図3－8－A3、A4］。カピトリーノの丘［図3－10］は古代ローマの中心地であったフォロ・ロマーノに隣接し、神殿が置かれたところだが、中世以降はローマの市庁舎が設置され、ローマ市民を代表する元老院議員たちの権力を象徴する場所であった［図3－11］。よってポッセッソにおいて新教皇がカピトリーノを通過することは、二つの権力の出会いを意味したと捉えることができる。教皇と市当局の関係が良好であるとき、元老院議員たちはここで教皇を待ち受けた。一五九〇年、グレゴリウス一四世のためにローマ元老院によって初めてカピトリーノの丘に仮設凱旋門が作られ、以後教皇がローマ出身者の場合は同様の凱旋門が建造された[11]。しかし反対に、教皇と元老院の関係に問題があった時期には、ポッセッソの中で緊張の高まる部分でもあった[12]。暴力沙汰が発生する懸念もあり、教皇の支出で防備の者が配備されることもあったという[13]。

これまでたどってきた「教皇の道」は、テヴェレ河沿いの平地に建て込む館の間を縫うように、湾曲しつつ伸びていたが、カピトリーノの丘で教皇の一行、騎馬行列は、まっすぐに丘を上る。行列のスペクタクル性が一挙に増大する箇所である。ただし、ミケランジェロの案に従いカピトリーノ広場が整備されるのはずいぶん後のことである。またカピトリーノの丘の周辺地域は、二〇世紀、ヴィットリオ・エマヌエーレ二世記念堂建設およびヴェネツィア広場開削のために多くの建築物が取り壊されて周囲の眺望が一変したが、かつては建物の建て込んだ地区であったことに留意しておこう。

カピトリーノの丘を越え、丘の反対側に下るとそこはフォロ・ロマーノ［図3－12］である[14]。フォロ・ロマーノはいうまでもなく、古代都市ローマの中心地であった場所で、現在は発掘整備された遺

3－12　フォロ・ロマーノ、ローマ

3－13　マルティン・ファン・ヘームスケルク「フォロ・ロマーノ」、1536年、ベルリン、国立版画素描館。背景中央にローマ市庁舎、右にサンタ・マリア・イン・アラチェリ聖堂、その下にセプティミウス・セウェルス凱旋門が見える

跡地区となっているが、中世以降は打ち捨てられて土砂も堆積し、古代の遺跡は半ば埋もれた状態にあった。草木が生い茂り野原の様相を呈していたため、カンポ・ヴァッチーノ（雌牛の野）と呼ばれていた［図3－13］。

教皇の一行はここで古代ローマの世界に立ち入ることになる。これまでの行程で示された教皇のローマに加えて、新教皇が皇帝のローマをも支配することが、この地区を進むことによって象徴的に示される。セプティミウス・セウェルス凱旋門とティトゥス凱旋門の間は、古代においては凱旋の道であり、「聖なる道（ヴィア・サクラ）」と呼ばれた[15]［図3－8－A5］。今や教皇は、古代の皇帝が行ったのと同様に、「聖なる道」を凱旋するのである。一六四四年のインノケンティウス一〇世のポッセッソより毎回、教皇も輩出した名家ファルネーゼ家がパラティーノの丘北側のファルネーゼ庭園の前に仮設凱旋門を作る[16]（一七七五年まで）。

セプティミウス・セウェルス凱旋門、ファルネーゼ家の仮設凱旋門、ティトゥス凱旋門、コンスタンティヌス凱旋門と、新旧の凱旋門をくぐった後、コロッセオを半周し、方向を変えた一行は、サン・クレメンテ聖堂、サンティ・クアットロ・コロナーティ聖堂など由緒あるいくつかの聖堂を傍目に見ながら、最終目的地であるサン・ジョヴァンニ・イン・ラテラノ聖堂に向かうのだ［図3－8－A6］。

行程の最後、ラテラノ聖堂の少し手前で教皇は馬を下り、用意された輿《こし》に乗って、待ち構えていたラテラノ聖堂の聖職者たちとともに、ラテラノ入りを果たす(17)［図3－7］。ローマ司教座聖堂であるラテラノ聖堂での先にも記した儀礼、教皇専用の礼拝堂であるサンクタ・サンクトールムでの礼拝、その後の宴会で式次第は終了するが、さらにヴァチカンへの帰路までがポッセッソに含まれることもあった。その場合、ラテラノ聖堂からカピトリーノの丘までは同じ道を引き返したが、カピトリーノの丘を下ったところで「教皇の道」を一部迂回し、モンタナーラ広場［図3－8－B1］、ペスキエーラ［図3－8－B2］、ユダヤ広場［図3－8－B3］を経て、カンポ・デ・フィオーリと呼ばれる広場を通過することもあった［図3－8－B4］。例えばユリウス二世のポッセッソが帰路にカンポ・デ・フィオーリを通過したことが知られるが、ユリウス二世は一族の宮殿であるリアリオ宮殿（現カンチェッレリア宮殿）の前を通ることを希望したのだろう。その後、ペレグリーノ通り［図3－8－B5］、バンキ・ヌオーヴィ通り［図3－8－B6］を通過し、バンキ地区で「教皇の道」に合流する。

以上、ポッセッソの行列は、行程の前半、カピトリーノの丘までは市街地を、それ以降は古代遺跡の中を進んだ。前半は仮設凱旋門の立ち並ぶ「教皇の道」、後半は古代人の建造した凱旋門のある「聖なる道」を進んだことになる。このように、ポッセッソの行列は教皇による都市ローマへの入市式であるとともに、古代皇帝の都ローマを皇帝に代わって支配する教皇の凱旋式でもあった。ちなみに、一八世紀以降、ポッセッソの行程は次第に変更・短縮されていくが、そのことについては本章の

3－14　サンタンドレア・デッラ・ヴァッレ聖堂、ローマ

3－15　ファルネーゼ宮殿、ローマ

末尾で触れることにする。

観光コースとしても充実した順路

私は以前、一年間ローマに滞在した折に、季節を変えて何度か、このコースを実際に歩いてみたが、名所旧跡が数珠つなぎで、観光コースとしても優れた順路であった。読者諸氏にもローマ観光の折には是非、教皇になった気分でこの行程を追体験していただきたい。ただし、夏場に炎天下、このコースを歩くのはなかなか骨が折れ、日陰を求めながらの道行となった。老人にはこたえる夏の暑さ、この時期に崩御する教皇も多かったであろうから、その後、正装・盛装で一日がかりのポッセッソの大行列はたいへんなものであったろうと、往時の苦労が偲ばれたのであった。

ところで、イタリア・オペラの名作にプッチーニ作曲の「トスカ」がある。歌姫トスカとその恋人の画家カヴァラドッシ、そして敵役の警視総監スカルピアを登場人物とするこの「トスカ」は、ローマのご当地オペラ、ローマ観光案内オペラでもあって、三幕構成の各幕がローマの名所を舞台としている。第一幕でカヴァラドッシがトスカの姿を重ね合わせた聖母像を描いているのはサンタンドレア・デッラ・ヴァッレ聖堂［図3－14］、トスカがスカルピアを殺害する第二幕の舞台はファルネーゼ宮殿［図3－15］、そして第三幕では、サンタンジェロ城［図3－9］でカヴァラドッシが処刑され、絶望したトスカは投身自殺をはかる。この三つの場所は、実はここで紹介したポッセッソの行程にすべて含まれている（サンタンドレア・デッラ・ヴァッレ聖堂は「教皇の道」に面し、ファルネーゼ宮殿は帰路でカピトリーノの丘から迂回路をとる場合の、カンポ・デ・フィオーリのすぐ近くにある）。よって、ポッセッソの経路を回るならば、自動的に「トスカ」のロケ地めぐりも果たしたことになるのである。

スペクタクルとしてのポッセッソ

ポッセッソは新たな教皇が選出されるたびに繰り返される儀礼である。教会の他の儀礼のように定期的なものではなく、その頻度や周期性は、教皇の死という不測の事態に拠る。教皇は比較的高齢になってから選ばれることが多いため、かつて教皇の在位期間は短いものだった。おおよそ五年から一〇年である。いずれにせよ、ポッセッソは他の教会儀礼のように頻繁に目にできるものではなく、人々は教皇が亡くなると、その死を悲しみつつも、新教皇の選出を心待ちにし、その披露の機会でもあるポッセッソを、かつて目にした先代、先々代教皇のそれを思い起こしつつ、楽しみにしたことだろう。

それでは、ポッセッソの行列をスペクタクルたらしめていた種々の構成要素について検討してみることにしよう。ポッセッソは新教皇の到来をクライマックスとする大行列、華やかな沿道の装飾、凱旋門をはじめとするアッパラート（仮設建造物）、様々なかたちで提供される活人画・活人彫刻、そして教皇も参画する演劇的儀礼など、多くの要素によって構成される複合的なスペクタクルであった。これらすべてを教皇庁式部官が企画し、教皇庁側が出資したというわけではなく、企画・出資の主体は官民様々であった。ラテラノ聖堂内での儀礼は当然ながら教皇庁の担当になるが、教皇のラテラノ聖堂到着以前の部分は、ローマの有力者たちが準備し、庶民たちも参加する部分であり、それぞれが出資するスペクタクルという形態をとって、メッセージのやり取りが行われたのだ。劇場の観客席さながらに沿道を埋め尽くすローマの庶民の存在さえもが、スペクタクルの構成要素であった。

ヒエラルキーを可視化する行列

これまでにも述べてきたように、行列は様々のことを物語る潜在性を秘めたメディアである。君主の入市式の行列はキリストのエルサレム入城やローマ皇帝の凱旋式と重ね合わされたが、教皇のローマ入市式たるポッセッソの行列にも同様の意義付けは行われたであろう。また君主の入市式において行列はヒエラルキーを可視化したが、ポッセッソの場合も、行列というかたちで、新たな教皇を支える聖俗の体制が視覚的に示された。また各国の大使たちも参加するこの行列は、当時のヨーロッパの縮図でもあった。

ポッセッソの行列［図3－16］の内訳は、おおむね以下の通りであった。[18] 先頭は騎兵隊、次いで槍持ち、枢機卿団の一族の者たちと職杖奉持者、教皇の旗持ち。一三人（ないし一四人）のローマの地区長、地区ごとの旗持ち。黒ビロードの衣に身を包んだ従者が引く豪華に飾り付けられた教皇の雌ロバ。大勢の従者と教皇庁の式部官たち。それぞれの家門の旗を持ったローマの貴族。教皇礼拝堂の音楽家たち。教会国家の主要な領主、各国の大使、ローマ市の聖職者、ローマ市の行政官。そして最後に白衣に身を包んだ教皇が、八人の貴族が支える天蓋のもと、馬上もしくは輿に乗る姿で現れる（一五八五年、シクストゥス五世のポッセッソの際は天正遣欧使節団の面々が教皇の天蓋を支えた）[19]。スペクタクル的な演出という意味では、散々待たされた挙句、最後に教皇が登場することの効果は絶大であったと思われる。芝居であれば、「待ってました」と声のかかるところだ。

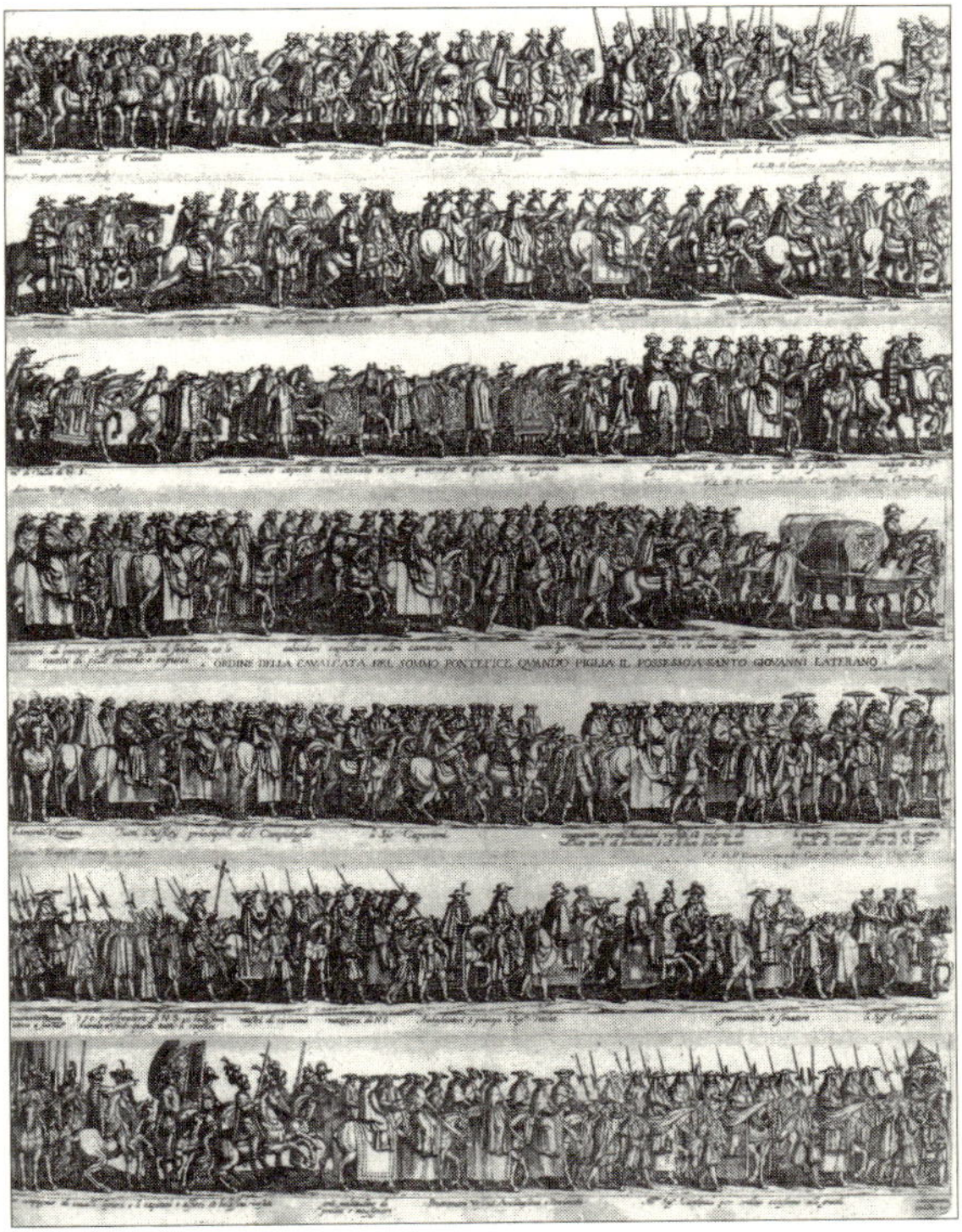

3-16　グレゴリウス15世のポッセッソの行列、1621年

これら行列を構成する人々は、その役職や身分に従い、定められた形、色の衣裳を身にまとった。騎馬行列のこととて、馬にも装飾がなされた。教皇庁の側で万端準備の必要なものはこの行列である。その編成の決定、衣裳、旗、バルダッキーノ（天蓋）、馬の装飾などの準備は教皇庁式部官がこれを担った。式部官によるポッセッソの記録はおおむね、行列の

詳細の記録であることに終始する。

立ち並ぶ仮設凱旋門

ポッセッソに限らず、祝祭の折には都市が飾り付けられ、スペクタクル性が一挙に増大する。建物や道路がタピスリーや絨毯で飾られ、くすんだ石造の町並みが鮮やかで色彩豊かな空間に変貌するのである。ポッセッソの行列の沿道、特に「教皇の道」に関しても、路上には布が敷かれ、道に面して立つ邸館の窓やバルコニーがタピスリーや絨毯で飾られた。それは新教皇に敬意を表する、沿道に館を持つ家々が準備するものであった。「教皇の道」はたいへん狭い通りなので、それらのしつらえにより、あたかも宮殿の広間ないし廊下のような趣が与えられたものと思われる。一四九二年、アレクサンデル六世のポッセッソの際には、路上に青い布が敷かれたが、この色にはボルジア家の紋章に使用されている色であったことから、教皇の道はボルジア家の色に染まったことになる。(20)

また「教皇の道」ならではの飾り付けとして、教皇の道がナヴォナ広場南端と接するところに設置されている有名な古代彫刻「パスクイーノ」［図3－17］がしばしば仮装させられることがあったという。(21) ちなみにパスクイーノは、「話す像」として、ローマ庶民が教皇などの権力者を風刺する落首が貼り出される場所であった。(22) その言葉はこの像が発しているということにされたのだ。現在でも台座にベタベタと貼り紙がされているのを目にすることがあり、その文句を読んでみるのも面白いものである［図3－18］。

さて、タピスリーや絨毯の設置といったもの以上に大がかりな、祝祭時に建造される仮設装飾・仮設建造物がアッパラートである。第一章でも述べたように、アッパラートはいわゆるハリボテ建築であり、短期間に巨大で斬新な構造物の製作が可能であった。

ポッセッソにおいて教皇へのメッセージを盛る器として有効に機能したのは、もっとも主要なアッパラートたる仮設凱旋門だった。アルプス以北の国々の入市式では町の同業者組合ごとに仮設凱旋門を出したが、ポッセッソで凱旋門を建設したのは、新教皇とよい関係を取り結ばんと欲する有力者たちだった。またフィレンツェのメディチ家出身者が教皇になった場合には、ローマ在住のフィレンツェ人たちが凱旋門を作った。さらに先にも言及したように、一五九〇年、グレゴリウス一四世のためにローマ元老院によって初めてカピトリーノ広場に仮設凱旋門が作られ、以後ローマ出身者が教皇に選出された場合はそれが踏襲された。これらの凱旋門は教皇庁が準備するものではないため、教皇庁式部官の記録には詳細な記述はなく、同時代人の日記や書簡に詳述されていることが多い。

ルネサンス教皇たちのポッセッソにおいて、多くの古代風凱旋門を建造する画期となったのは、アレクサンデル六世（在位一四九二～一五〇三年）のポッセッソである。[23] 前任者インノケンティウス八世（在位一四八四～一四九二年）の無能による荒廃を立て直すための辣腕者として一四九二年八月一一日に教皇に選出されたアレクサンデル六世は、同月二六日（聖アレッサンドロの祝日）にポッセッソを執り行った。同時代の記録は、アレクサンデル六世のポッセッソがそれ以前の

3-17　パスクイーノ像（平常時）

3-18　パスクイーノ像

教皇のものを凌いでいるとすることで意見の一致をみている。そこでは金と青が基調となり、高価な画材が使用された。同時代の歴史家ベルナルディーノ・コーリオは以下のように伝える。

……いくつかの素晴らしい凱旋門が建設された。主なものはバンキの二つの凱旋門であった。ひとつはサン・チェルソ聖堂の入り口、もうひとつは聖堂の後方にあった。前者はコロッセオの近くにあるオクタウィアヌスの凱旋門〔コンスタンティヌス凱旋門のこと〕を手本として作られた。正面には四本の、側面には二本の巨大な柱があった。柱の柱頭の上には、鎧を着けた古代の権力者の扮装をした四人の男たちが、剣を手にして立っていた。そして彼らの上部には、教皇の紋章と鍵の付いた王冠があり、その両脇には豊穣の角と見事な花綱が、それぞれ縁の中に入っていた。(24)

凱旋門がコンスタンティヌス凱旋門にならって作られたという記述からも分かるように、当初仮設凱旋門は、存在そのものが「古代風」であることを印象付けるものだった。その古代風の仮設凱旋門をくぐる新教皇は、古代の皇帝であるかのように凱旋した。そしてこれらの凱旋門を捧げた人々は、凱旋門を奉納するという行為により新教皇からの愛顧を得ようとするとともに、凱旋門を銘文や彫刻・絵画、活人画で飾り付け、それらを通じて教皇に対するメッセージを発信したのである。最も複雑で多くのメッセージを伝えていたレオ一〇世のポッセッソの際の凱旋門に関しては、後に検討することにしたい。

活人画が教皇を称える

ポッセッソの演出においてもしばしば活人画（あるいは活人彫刻）が用いられた。ポッセッソの活人画は、アルプス以北のそれのように専用の仮設舞台を用意するのではなく、ルネサンス・イタリアのこととて仮設凱旋門の一部を利用するものが多かった。前章でも述べたように活人画は、実際に彫刻を制作するより簡単に仕込むことができるという長所があったが、それ以上に、活人画を演じる人物が必要に応じて教皇を称える詩を朗読したり、歌を歌ったり、あるいは教皇に捧げ物をしたりすることができるといった利点から好んで用いられたものと思われる。静止した彫刻に見えるものが突如動き出すことのスペクタクル的な効果が大きかったであろうことはいうまでもない。

記録に見られる最初期の活人画としては、アレクサンデル六世のポッセッソの際に、凱旋門上に古代のローマ兵の扮装をした人物が立ち、他にも歌を歌う少女の像が見られた。またレオ一〇世（在位一五一三〜一五二一年）とレオ一一世（在位一六〇五年）のポッセッソでも、ともに活人画的趣向が多く見られた。レオ一〇世のそれについては後述するが、いずれの場合にも教皇を称揚する言葉を述べる人物のいたことが知られる。レオ一一世のポッセッソは、同家出身の教皇として先達であるレオ一〇世のポッセッソを参考にしたのだろう。[25]

活人画がローマの民衆に何らかの施しをするために利用されることも多く、例えばレオ一一世のポッセッソの際には、伝統的な河の神の姿をしたアルノ河の擬人像が脇に抱える壺からワインが流れ出し、誰でもそれを飲むことができた。また花冠をつけた少女姿のフィレンツェの擬人像は、砂糖菓子やパスタ、あるいは高価な品をまいた。[26]

教皇とユダヤ人との演劇的対話

君主の入市式では一般に、行程の各所で、君主と市民の対話を旨とする儀式が行われ、しばしばそれは、ある種のパフォーマンスを伴う演劇的儀礼ともいえるものであったが、ポッセッソの行列でも同種のものが見られた。ポッセッソにおいて教皇との対話の相手として想定されるのは、元老院議員、貴族、地区（リオーネ）代表、[27] ローマ在住外国人集団、ユダヤ人等である。それらのうち貴族や地区代表は行列本体に組み込まれ、各国の大使も行列に参加した。元老院やローマに在住する外国人集団は、主に凱旋門の建立によって存在を示した。よって、これらのいずれにおいても参画も認められていなかった集団、すなわちローマのユダヤ人集団が、別のかたちでポッセッソに参加することになった。新教皇は毎回定められた手順に則り、ユダヤ人たちと文字通り「対話」をしたのだ。[28]

ユダヤ人と教皇の対話に関しては、サンタンジェロ城前の広場であるピアッツァ・デル・ポンテが会場となった［図3－19］。この場所に仮設舞台が設置され、ローマに住むユダヤ人たちの代表が教皇を待ち受けた。ヴァチカンを出発した教皇は、まずここで立ち止まり、双方の間で決められた科白による儀礼が行われたのである。

一四八四年、インノケンティウス八世のポッセッソの際の、ユダヤ人と教皇の対話の内容が、教皇庁の式部官ジョヴァンニ・ブルカルドによって記録されている。[29] それによると、ユダヤ人代表は、「至聖なる教皇様、私どもユダヤ人は、私どものユダヤ教会の名によって、私たちの導き手であるモーゼがシナイ山にて全能の神より授けられたモーゼの法（律法）を私たちに認め、擁護くださることをお願いいたします。貴方様の前任者たる教皇様方がそれを認め、是認してこられたのと同じように」と述べた。それに対してインノケンティウス八世は、「承認するが、同意はしない（confirmamus sed non consentimus)」と答えた。ユダヤの教義を認めることはないが、彼らがユダヤ教を信仰することは認可するということだろう。この対話の後、ユダヤ人から捧げられた十戒の板を、教皇が地面に投げ捨て破壊するという屈辱的なパフォーマンスが続くのが常であった。

何とも凄まじい演出を考え出したものだが、この儀礼を経て、ユダヤ人は新たな教皇のもとでも一定の保護を保証されたのだった。ヨーロッパ世界において、世俗君主はユダヤ人の財力を利用するべく限定的な保護を与えてきたが、教皇のお膝元たるローマでも事情は同様であって、教皇はユダヤ人の金銭をあてにして、一定の保護を与えたのである。そしてその関係性を象徴的に明示しうる儀礼がポッセッソの式次第に組み込まれたのだった。

ちなみにインノケンティウス八世以前は、この儀式は通常、教皇の道をもう少し進んだモンテ・ジョルダーノ地区において行われていた。ブルカルドによれば、「この度（インノケンティウス八世のポッセッソ）はローマ人とユダヤ人の暴力沙汰のために、この場所で行うことになった」。その後

3-19 「サンタンジェロ城とサンタンジェロ橋」『コデクス・エスクリアレンシス』fol.26v., 1495年頃

3-20　マルティン・ファン・ヘームスケルク「ティトゥス凱旋門」、1535年、ベルリン、国立版画素描館

一六世紀にはこのサンタンジェロ城前が定位置となるが、一七世紀に入ると、ユダヤ人との対話はフォロ・ロマーノのティトゥス凱旋門前に場所を移す[30]［図1－3、3－20］。ティトゥス凱旋門は、ティトゥス帝率いるローマ軍がユダヤに勝利を収めたことを記念して建造され、その凱旋式の様子がユダヤ人捕虜やエルサレムの神殿からの略奪品とともにレリーフとして刻まれた、ユダヤ人にとっては屈辱のモニュメントともいうべきものである。儀式の舞台装置として、これ以上ふさわしいものはなかった。ちなみに、この時代のティトゥス凱旋門は中世以降の増築の中に取り込まれ、現在とは異なった姿をしていた。

ローマ市民の楽しみ＝硬貨まき

沿道に立ち並び、行列の通過を見物するローマの民衆に対する教皇からのパフォーマンスとして、定められた場所における硬貨まきがあった（棟上げ式の餅まき／小銭まきでもイメージしたらよいだろうか）。これは、実際には教皇本人ではなく、行列のしんがりを務める教皇側近の補佐官がまいたのである[31]。この行為は教皇の美徳「気前の良さ（リベラリタス）」を表しうる。教皇は自らの美徳を行為によって示しつつ、大量に施される硬貨に刻まれた肖像が、新教皇のイメージを宣伝した[32]。ただしこの硬貨の散布に関しては積極的ではない教皇もいた。例えばピウス五世（在位一五六六～一五七二年）はこれを取りやめたが、このことに関して式部官は、民衆の間に混乱が生じ、本当の貧者に硬貨が与えられないといった事態が発生しがちだからだと説明している[33]。とはいえ、ワインの湧き出るアッパラートの噴水などとともに、ローマの庶民がこれを楽しみにしていたであろうことは想像に難くない。

レオ一〇世のこの上なきスペクタクル

君主が新たに権力の座に就く時、その権威の正当性、前君主からの継続性等がメッセージとして発信されるのが一般的である。ルネサンス期の君主にはまさにその点に弱点を抱える者が多かった。マキャヴェッリの『君主論』に登場するようなルネサンスの君主たちの地位は、場合によっては簒奪《さんだつ》によることさえあり、そうなるとそもそもまともな由緒などないのであって、さればこそ、ヴィジュアル・イメージを用いて正当性や継続性を演出した事例は枚挙に暇がない。そして実際、即位儀礼においても、その点が重視されることがしばしばであった。

それに対して教皇のポッセッソでは、就任の正当性や、前教皇からの継続性が謳われることは少なかった。権威継承の正当性に問題のあることが多かった世俗君主と比べ、教皇選挙で選出された教皇にとって、正当性への疑念は理論上皆無だったからである。それは「聖霊に導かれた」教皇選挙（コンクラーベ）によって決定されたのだから。教皇没後、新教皇の選出までの期間、教会を導くのは人ならぬ聖霊なのである。教皇選挙の様子を描いた版画でも、上部に聖霊を象徴する鳩が描かれていることが多い。また、教皇位は世襲ではないので、前教皇からの継続性を謳う必要がなかったどころか、多くの場合、前教皇を否定するかたちで教皇選挙は執り行われた。

その様子が明白に観察できるのが、ユリウス二世（在位一五〇三～一五一三年）の死後選出されたレオ一〇世（在位一五一三～一五二一年）のポッセッソである。両人ともルネサンス期を代表する教皇だが、「戦う教皇」ユリウス二世が教皇であるにもかかわらずその軍功によって称揚されたのに対し、レオ一〇世には、それとは正反対の性格・治世が期待され、それらを謳い上げるかたちでポッセッソが企画されたのだ。(34)

3-21　ラファエッロ「レオ10世の肖像」、フィレンツェ、ウフィツィ美術館

ロレンツォ・イル・マニフィコの次男ジョヴァンニ・デ・メディチは、一五一三年二月二〇日にレオ一〇世として教皇に選ばれた［図3－21］。その戴冠式は三月九日、ポッセッソはさらにそれから一月後の四月一一日に実施された。[35] この四月一一日という日付だが、当時から喧伝されたように、レオ一〇世は枢機卿時代の一五一一年四月一一日にラヴェンナでフランス軍の捕虜になったことから、同日にポッセッソを行うことを決定したという。同様にレオ一〇世は、ラヴェンナから解放された時に使った馬を、この度のポッセッソにおいても使用した。

　この日程により、即位儀式に必要な準備に十分な時間をかけることができた。レオ一〇世のポッセッソに関しては多くの同時代の記録があり、仮設凱旋門も含め詳細を知ることができる。同時代の記録の主要なものを挙げるならば、まずレオ一〇世のポッセッソの企画責任者だった教皇庁式部官パリデ・デ・グラッシの日記がある。[36] これは行列の内訳を記述するとともに、ラテラノ聖堂内での儀式についても詳述している。仮設凱旋門を中心とするアッパラートについて多くの情報を提供するのは、当時ローマに滞在していたフィレンツェ人の医師ジョヴァンニ・ヤーコポ・ペンニの日記である。[37] それらを参照しながら、以下、レオ一〇世のポッセッソの様子を探ってみることにしよう。

　レオ一〇世は既に枢機卿時代から、「度量の大きさ（マグナニミタス）」と「気前の良さ」によって知られていたが、ポッセッソにおいては、「平和の推進者」「芸術と文芸の擁護者」として、あるいは

「気前の良さ」や「正義」の美徳、またあるいは「新たなる黄金時代の開始」「メディチ家による古代文化復興」といった点が称揚された。[38] いずれも先代のユリウス二世とは異なる要素である。「新たなる黄金時代」というのは、第二章で紹介した一五一五年のカール五世によるブリュージュ入市式でも用いられたレトリックであった。

これらのメッセージを発信する役割は、主に凱旋門に記された銘文が担っていたが、ユリウス時代との決別を象徴的に表していたのは、アゴスティーノ・キージの凱旋門に付された銘文である。それは「ヴィーナスは統治した、マルスも支配した、そして今パラス［ミネルヴァ］の御世が来た」というもので、愛の女神ヴィーナスはその方面の素行に問題のあったアレクサンデル六世、軍神マルスは軍人教皇ユリウス二世、そして学問の女神ミネルヴァは学芸の擁護者としてのレオ一〇世を表している。[39] ミネルヴァを別名のパラスとして表記しているのは、メディチ家の紋章の球（パッラ）を暗示せんがためだろう。[40]

レオ一〇世を称揚する凱旋門

次に、レオ一〇世のポッセッソにおいて新教皇に捧げられた数多くの仮設凱旋門を見てみよう。一行がヴァチカンを出発すると先ず、サンタンジェロ城にいたるボルゴ地区で、ジェノヴァ出身の商人チェッケットの凱旋門をくぐった。[41] この凱旋門は銀色に塗られた四本の柱が支え、フリーズ部分は青の布地を張り金字の銘文が記された。その上のコーニスは本物の大理石のように見えたという。銀色の柱、青の布地、大理石と、色彩がヴァラエティに富んでいたことが分かる。あらゆる部分がメディチ家および教皇の紋章で飾られていた。ただしこれに関してペンニは、「アーチ」ではなく「矩形のアッパラート」として言及している。

サンタンジェロ城の入り口前には仮設舞台が設置され、金のブロケード（金襴《きんらん》）と絹のタピスリーで飾られていた。ここでは先に紹介した、ユダヤ人に律法を認める儀礼が行われた。

主要な凱旋門は、サンタンジェロ橋を渡った橋詰の広場から、「教皇の道」がメルカトリア通りと分岐するまでの行程（バンキ地区）に作られた［図3－8－A2］。それは、ペトルッチ家の凱旋門、アゴスティーノ・キージの凱旋門、フィレンツェ人たちの凱旋門、そしてドイツ人ヨハン・ジンクによる凱旋門である［図3－22］。図3－23の写真は、サンタンジェロ城の上部からテヴェレ河にかかるサンタンジェロ橋、そしてそれに続く教皇の道を望んだものだが、橋の袂から道の突き当たりの建物までの二〇〇メートル足らずの短距離に、立て続けに四つの凱旋門が立ち並んだのである。この場所は、古代においても「勝利門」や「グラティアヌス・ヴァレンティニアヌス・テオドシウスの凱旋門」が設置されていた場所であった(42)。

サンタンジェロ橋を渡った橋詰の広場には、シエナ司教ラファエッロ・ペトルッチの凱旋門が建造された。ペンニによればこの凱旋門は両側に正面を有し、いずれの正面も内側に向かって湾曲していた。アーチを支える左右の柱には壁龕《へきがん》（ニッチ）があり、左には女性像が、右には肩にマルシュアスの皮をかけ手にリラを持つアポロの像が置かれた。付け柱には噴水の仕掛けがあり、片方からは赤ワイン、もう片方からは澄んだ水が注いでいた(43)。

ペトルッチの凱旋門から少し進むと、キージの凱旋門が出現する。後にヴィッラ・ファルネジーナの名で呼ばれることになる館を建てたばかりの、シエナ出身の銀行家アゴスティーノ・キージが出資したこの凱旋門には、八本の柱があった(44)。様々な彫刻、絵画で飾られていたが、この凱旋門は活人画の趣向によって特徴付けられている。左右の壁龕には「生きた人物像」が設置され、右方はアポロ、左方はメルクリウスと、異教の神々を表していた。[45]凱旋門の内部には詩を朗読するニンフと黒人の活人画があった。

「教皇の道」がメルカトリア通りと分岐する場所であるサン・チェルソ聖堂脇には、フィレンツェ人が献納した凱旋門があったが、それはこの度のポッセッソにおいてもっとも規模の大きな凱旋門であ

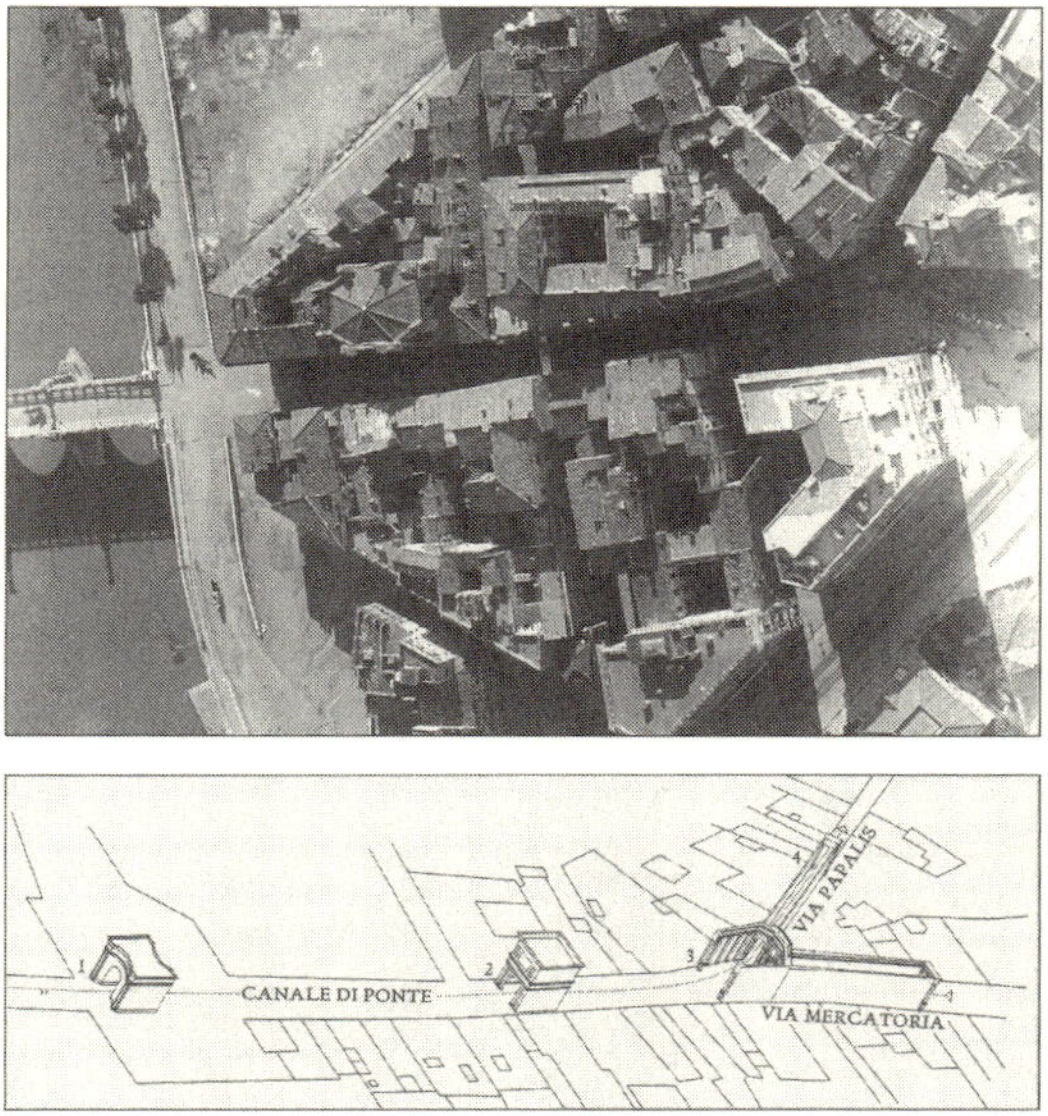

3 - 22　バンキ地区の航空写真およびバンキ地区に建設された仮設凱旋門（M. Fagiolo/ M. L. Madonna, “Il Possesso di Leone X. Il trionfo delle prospettive”, p.43より引用）。1.ペトルッチの凱旋門、2.キージの凱旋門、3.フィレンツェ人の凱旋門、4.ジンクの凱旋門

3 - 23　教皇の道（バンキ地区）

った[46]［図3－24、25］。もともとこのバンキ地区にはフィレンツェ人が多く居住しており、後にはサン・ジョヴァンニ・デイ・フィオレンティーニ聖堂が建造されることになる界隈である。

この凱旋門は教会の礎である二聖人、すなわち聖ペテロと聖パウロを載せた柱によって導かれる一種の柱廊が続き、突き当たりの壁面には、中心にフィレンツェの守護聖人洗礼者聖ヨハネを主役とする《キリスト洗礼》、左右にメディチ家の守護聖人聖コスマスと聖ダミアヌスを配した三連祭壇画のような彫刻が設置された。その上部は中央に「最後の晩餐」、その左右に聖ユリアヌスと聖ラウレンティウスが配された。両聖人はレオ一〇世の叔父ジュリアーノ・デ・メディチと父ロレンツォ・イ

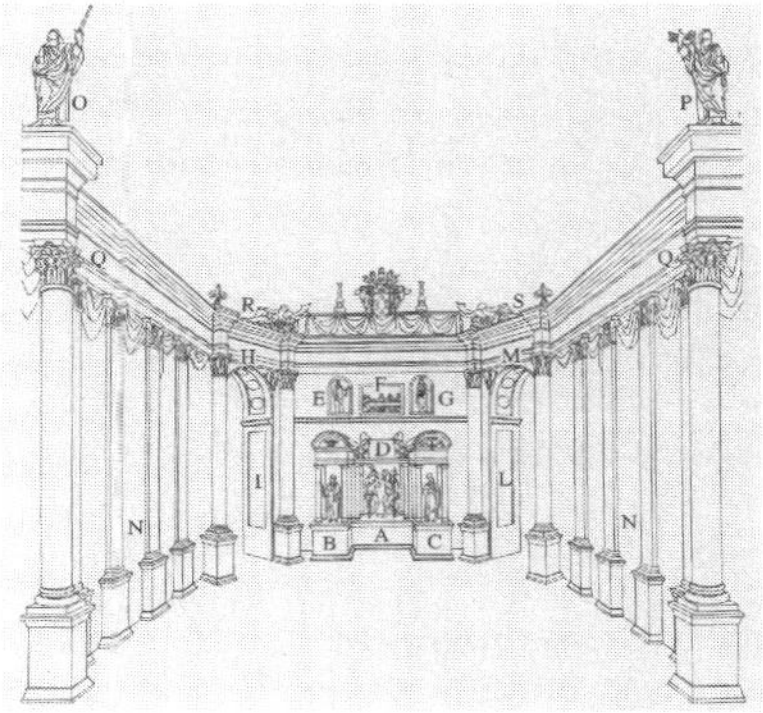

3－24　フィレンツェ人の凱旋門の復元案（M. Fagiolo/ M. L. Madonna, "Il Possesso di Leone X. Il trionfo delle prospettive", p.46より引用）。A.キリストの洗礼、B-C.聖コスマスと聖ダミアヌス、D.銘文"Mirabilis Deus in Sanctis suis"、E.聖ユリアヌス、F.最後の晩餐、G. 聖ラウレンティウス、H.「教皇の道」に続くアーチ、I-L.メディチ家のアレゴリー、M.メルカトリア通りに続くアーチ、N.柱廊、O.聖パウロ、P.聖ペテロ、Q.メディチ家のエンブレムの描かれたフリーズ、R.正面向きに置かれた彫像、S.メルカトリア通りに向けて置かれた彫像

3－25　フィレンツェ人の凱旋門の部分復元図（M. Fagiolo/ M. L. Madonna, "Il Possesso di Leone X. Il tricnfo delle prospettive", p.46より引用）

ル・マニフィコを暗示する。他にも様々なキリスト教の聖人像やシビュラ（古代の巫女）の像で飾られたが、多くはメディチ家あるいはフィレンツェと関連するものだった。異教神の装飾が多かったレオ一〇世のポッセッソでは、この凱旋門のみ異教的な装飾が皆無で、キリスト教的な凱旋門となっていた。この正面壁面の左右にアーチが設定され、左のアーチは「教皇の道」に、右のアーチはメルカトリア通りに続いていた。

フィレンツェ人の凱旋門に接続する形で建造されたのが、造幣所の所有者ヨハン・ジンクの凱旋門である。(47) これはフィレンツェ人の凱旋門の左右のアーチが「教皇の道」とメルカトリア通りに分岐し、そのまま延長される形で建設されたが、各々約二九メートルと長いものだった。フィレンツェ人の凱旋門とジンクの凱旋門の複合体は、非常に独創的な形状の大規模なアッパラートであった。

古代彫刻を展示する凱旋門

さらにその先、いくつかの凱旋門が「教皇の道」沿いに設置されたが、その多くが異教神に言及するか、あるいは異教神の古代彫像を展示していた。

パリオーネ広場には、医師フェルディナンド・ポンツェットが凱旋門を建てた。そこには、盾とオリーヴの冠を持つペルセウス、リラと月桂樹の冠を持つアポロ、カドゥケウスを持つメルクリウス、そして弓を持つディアナの像が飾られた。(48) ついでデッラ・ヴァッレ家出身の司教（アンドレア・デッラ・ヴァッレ）の屋敷の前の凱旋門に関してペンニは、「古代ローマ人たちの記憶」ゆえに卓越していると記す。(49) そこにはアポロ、ガニュメデス、ヴィーナス、バッカス、メルクリウス、ヘラクレスの像およびいくつかの古代彫像の頭部が設置されていた。(50) 大方が神話に登場する神々だが、ガニュメデスは主神ユピテルにさらわれて、彼に酌をする役割を果たすことになる美少年である。

　エヴァンジェリスタ・ロッシも古代彫像を並べたアッパラートを奉献した。そこには、ディアナ、三叉の矛を持つネプトゥヌス、有翼の馬ペガサスを従えたアポロ、楽器を演奏するマルシュアス、二人の童子を抱くラトナ、メルクリウス、ヘカテ、バッカス、フォイベ、ナルキッソス、プルート、トリプトレモス、その他二体の名前のない彫像、そして一二人の皇帝の頭部像が飾られた[51]。ペンニは、それらが大理石、アラバスター、斑岩と様々な素材でできた彫刻であったと記している[52]。

3-26　パラッツォ・マッフェイの中庭、ローマ

　これらの古代彫像に関して、いかにしてそれぞれの同定が可能であったのか、ペンニははっきりとは記していない。ただし、エヴァンジェリスタ・ロッシのアッパラートに展示された二体について「名前のない古代彫像」との記述があるので、それ以外については、おそらく何らかの銘文のようなものがあったことが想像される[53]。
　これらの凱旋門を捧げた人物の多くは古代彫刻を収集しており、そのコレクションを展示した凱旋門は、ルネサンスという時代の一般的潮流を映し出しているとともに、人文主義的素養を有したレオ一〇世の歓心を買おうとしたものとも捉えられる。これら異教の神像の展示は、教皇のポッセッソの装飾としては適切性が疑われるきらいがないわけではないが、古代の皇帝の凱旋式のようなローマ入市式が意図されていたと考えるならば必ずしも場違いというわけではなかったのかもしれない。ただし、古代彫刻を多用した凱旋門は、以後定型化するポッセッソにおいて踏襲されるものではなく、ルネサンスあるいはレオ一〇世ならではの現象であった。

ところで、ヴィラ・メディチやパラッツォ・マッフェイなど、ローマには建物正面や中庭の壁面に壁龕を穿って、そこに古代彫刻を並べている有名な宮殿がいくつも存在する［図3－26］。ポッセッソの仮設凱旋門への古代彫刻の展示が、本建築における同様の装飾の着想源となったと考えることも可能かもしれない(54)。

古代彫刻で飾り立てられたロッシのアッパラートを最後に、一行はカピトリーノの丘を越えてフォロ・ロマーノに進み、ラテラノ聖堂に到着する。ペンニはラテラノ聖堂の中に入ることはできなかったらしく、内部での儀式の様子は一切記していない。

機械仕掛けから出てくる童子

夕方の帰路においてレオ一〇世の一行は、カピトリーノの丘を下った後、そのまま「教皇の道」を引き返すのではなく、迂回してメルカトリア通りを進み、カンポ・デ・フィオーリを訪れた。この迂回路は先に述べたように、ユリウス二世がリアリオ宮殿を通過するために行った変更が踏襲されたのである。往路の「教皇の道」は広場を通らないため（ナヴォナ広場の南端をかすめはするが）、カンポ・マルツィオのもう一つの主要な広場であるカンポ・デ・フィオーリを通過するこのコースは魅力的なものであったに違いない。広場では、道幅の凱旋門のみならず、より大規模でパフォーマンスを伴うアッパラートを設置することもできるからだ。

カンポ・デ・フィオーリにはジェノヴァの商人サウリによる凱旋門があった(55)。この凱旋門には、古代ローマのヌマ・ポンピリウスとアントニヌス・ピウスの浮き彫りが施されていた。見ものだったのは、そこに仕込まれた「機械仕掛けから出てくる童子（プエル・エクス・マキナ）」である。ペンニは以下のように記す。

〔凱旋門の〕中央の八角形の区画には教皇の紋章があり、その下を一行が通ると、持ち上がって球体が現れた。そしてそれが開くと中には童子がいた。彼は思い切って、陽気そうな顔つきで詩文を述べた。それが済むと球体は奥に引っ込み、紋章は元の場所に収まった。(56)

教皇の紋章から現れた球体は、メディチ家の紋章のパッラ（玉、球）を示している。ルネサンス期の祝祭では機械仕掛けで舞台が動いたり、扉が開いたり、またあるいは舞台の台座が回転したりといった趣向が用いられることが多いが、これもその一例であるといえる。一五一五年のカール五世のブリュージュ入市式でも、機械仕掛けで開閉する扉のついた仮設建造物があったことは、第二章で紹介した。

ここで日が没し、その後、往路でも通った「教皇の道」に合流する。したがって一行は、午前中にも目にしたヨハン・ジンクの凱旋門、フィレンツェ人の凱旋門のそれぞれ裏側を見ることになる。この二つの凱旋門はこの行程を前提として、両面が飾られていた。それらは多数の松明で照らし出されていたが、ジンクの凱旋門の裏面は「七自由学芸」(57)や「機械的技芸（アルテス・メカニカエ）」（羊毛加工、鍛冶、造船、農業、狩猟、医学）などを表していた。レオ一〇世治下での学問や産業の振興を祈念するものである。

以上のように、レオ一〇世のポッセッソは一日がかり、凱旋門は都合一〇基近くが製作され、他にも各種アッパラートが沿道を飾った。これらの凱旋門には、ラファエッロやジュリアーノ・ダ・サンガッロ、バルダッサーレ・ペルッツィといった多くのトスカーナ出身の芸術家の関与が推定されており、このことも初のメディチ家出身の教皇にとって喜ばしいことであったろう[58]［図3－27、28］。

3－27　バルダッサーレ・ペルッツィ、レオ10世のポッセッソの仮設凱旋門のための習作、フィレンツェ、ウフィツィ美術館

3－28　バルダッサーレ・ペルッツィ、レオ10世のポッセッソの仮設凱旋門のための習作、ロンドン、コートールド研究所、ウィット・コレクション

この度のポッセッソは、凱旋門を建造した施主にも大いに意義深いものであった。レオ一〇世に凱旋門を捧げたうち三人までもが、その後枢機卿位の獲得に成功しているからである[59]。ラファエッロ・ペトルッチ、フェルディナンド・ポンツェット、アンドレア・デッラ・ヴァッレの三人である。凱旋門への莫大な出費は、十二分に元が取れたといえるだろう。

一七世紀以降の逓減するスペクタクル性

ルネサンス期のポッセッソは教皇ごとにヴァラエティに富み、その違いを競い合うような趣すらあった。そしてその頂点に位置したのは先に検討したレオ一〇世のポッセッソである。その後、レオ一〇世のポッセッソの豪華さに匹敵するポッセッソを執り行った教皇はいなかったといってもよい。

レオ一〇世と同じくメディチ家出身の教皇クレメンス七世（在位一五二三～一五三四年）は、ポッセッソを儀礼としては行わなかった。またファルネーゼ家のパウルス三世（在位一五三四～一五四九年）は、久々のローマ出身の教皇であったが故、ポッセッソをするより先にローマ人たちが新教皇のために様々の祝祭を捧げたため、ポッセッソ自体はさほど大がかりなものではなかった。[60] ピウス五世（在位一五六六～一五七二年）とシクストゥス五世（在位一五八五～一五九〇年）も豪華なポッセッソを行うことはなく、いずれの場合も凱旋門は建設されなかった。

教皇それぞれの個性を反映したルネサンス期の大規模なポッセッソに対し、バロック期のポッセッソは、一五九〇年、グレゴリウス一四世（在位一五九〇～一五九一年）のものを雛型として定型化する。[61] 凱旋門に関しては、一ないし二基に限られるようになり、凱旋門が立ち並ぶ壮麗な光景は見られなくなった。[62] すなわちローマ出身者が教皇になる場合、カピトリーノ広場に元老院が凱旋門を作り［図3－29］、また教皇の出身地を問わず、パルマ公（ファルネーゼ家）がフォロ・ロマーノのファルネーゼ庭園前に凱旋門を出すのが恒例となったのである。後者はファルネーゼの百合で飾られており、新教皇ならぬファルネーゼ家の権勢を誇らしく語っていた［図3－30］。

またこの時代より、他の祝祭と同様に、ポッセッソは紙媒体によって記録されるようになる。第一章で紹介したフェスティヴァル・ブックの範疇に入るものである[63]［図3－31、32］。これによりポッセッソの記録が広く流布するとともに、ポッセッソの定型化を促進することにもなった。これら報告書は後の時代のポッセッソのための参考にも供されたのである。

一枚の刷り物として行列の様子を表した版画も作られた。[64] いまや凱旋門はカピトリーノの丘のものとファルネーゼ家のものの二つだけと数も少なく、設置場所も決まっているので、いくつかのランドマークを画面に配した後は、それらをつなぐ形で行列を描きさえすればよかった。図3－33のクレメ

RELAZIONE
DISTINTA
Della Solenne Cavalcata, con la quale
IL SOMMO PONTEFICE
INNOCENZO XIII.
D. CARLO CONTI
Principe di Poli, Cavaliere Gerosolimitano,
e Nipote degnissimo di N. S.
IN ROMA, MDCCXXI.

3－31　『教皇インノケンティウス13世聖下の壮麗なる騎馬行列の報告』（1721年）、ローマ、マルコ・ベッソ財団図書館

3－29　インノケンティウス13世のポッセッソの際にカピトリーノの丘に建設された仮設凱旋門（1721年）。アーチの向こうにマルクス・アウレリウス像とローマ市庁舎が見える

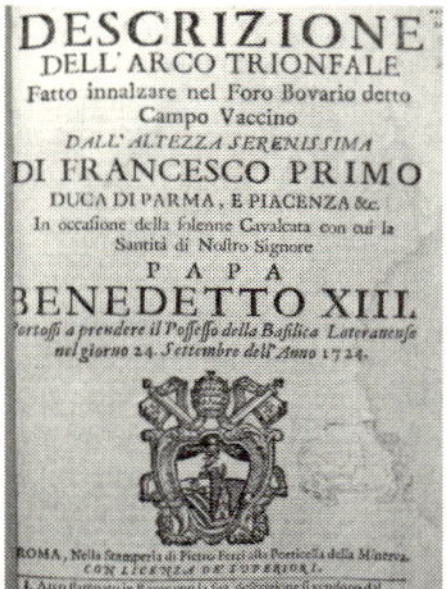
DESCRIZIONE
DELL' ARCO TRIONFALE
Fatto innalzare nel Foro Bovario detto
Campo Vaccino
DALL' ALTEZZA SERENISSIMA
DI FRANCESCO PRIMO
DUCA DI PARMA, E PIACENZA &c.
In occasione della solenne Cavalcata con cui la
Santità di Nostro Signore
PAPA
BENEDETTO XIII.
Portossi a prendere il Possesso della Basilica Lateranense
nel giorno 24. Settembre dell' Anno 1724.

3－32　『教皇ベネディクトゥス13世聖下の壮麗なる騎馬行列の際に、パルマおよびピアチェンツァ公フランチェスコ１世殿下によってフォロ・ボアリオに建てられた凱旋門の記述』（1724年）、ローマ、マルコ・ベッソ財団図書館

3－30　クレメンス12世のポッセッソの際のファルネーゼ家の仮設凱旋門（1730年）。アーチの向こうにティトゥス凱旋門が見える

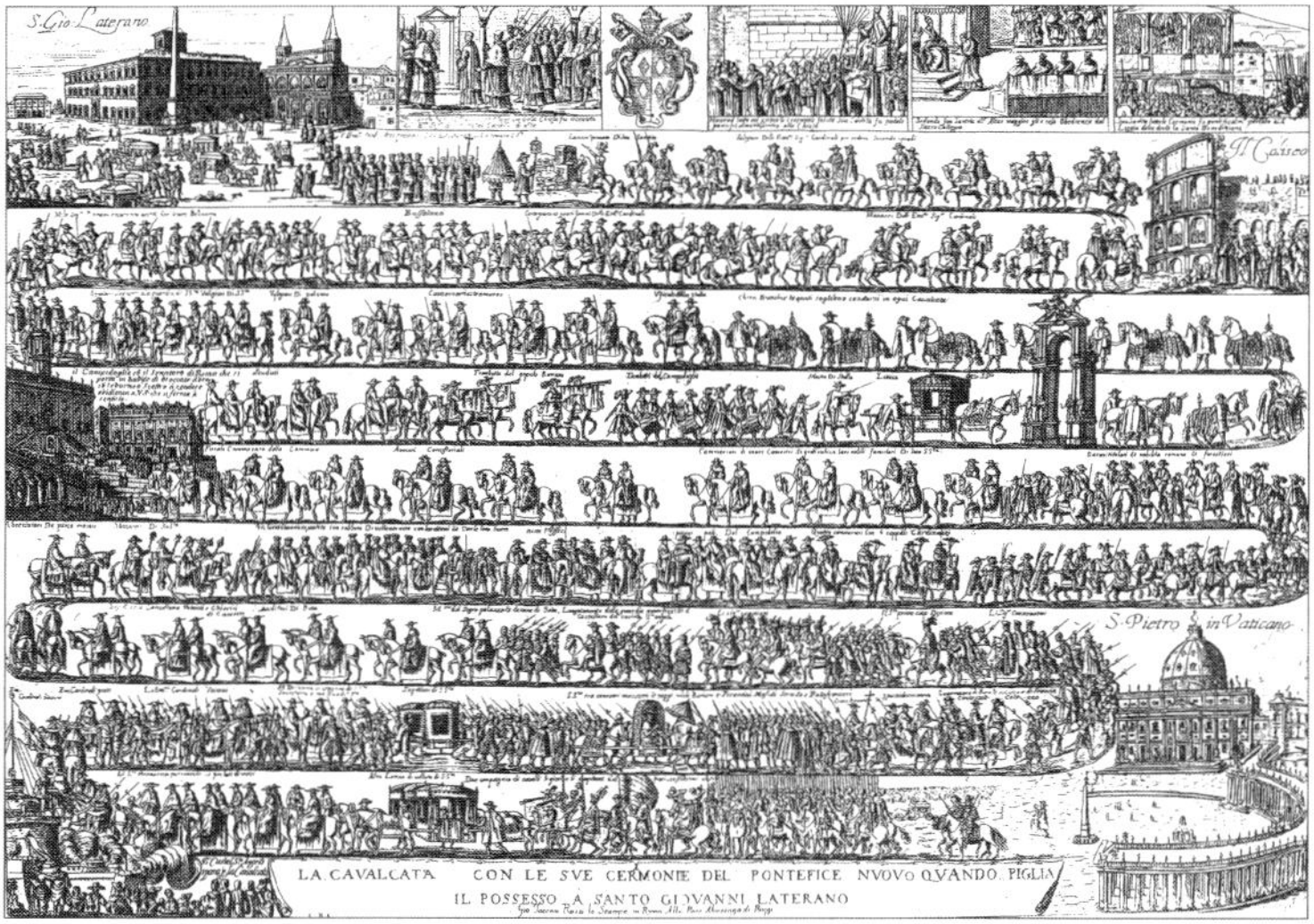

3 - 33　クレメンス９世のポッセッソの行列、1667年

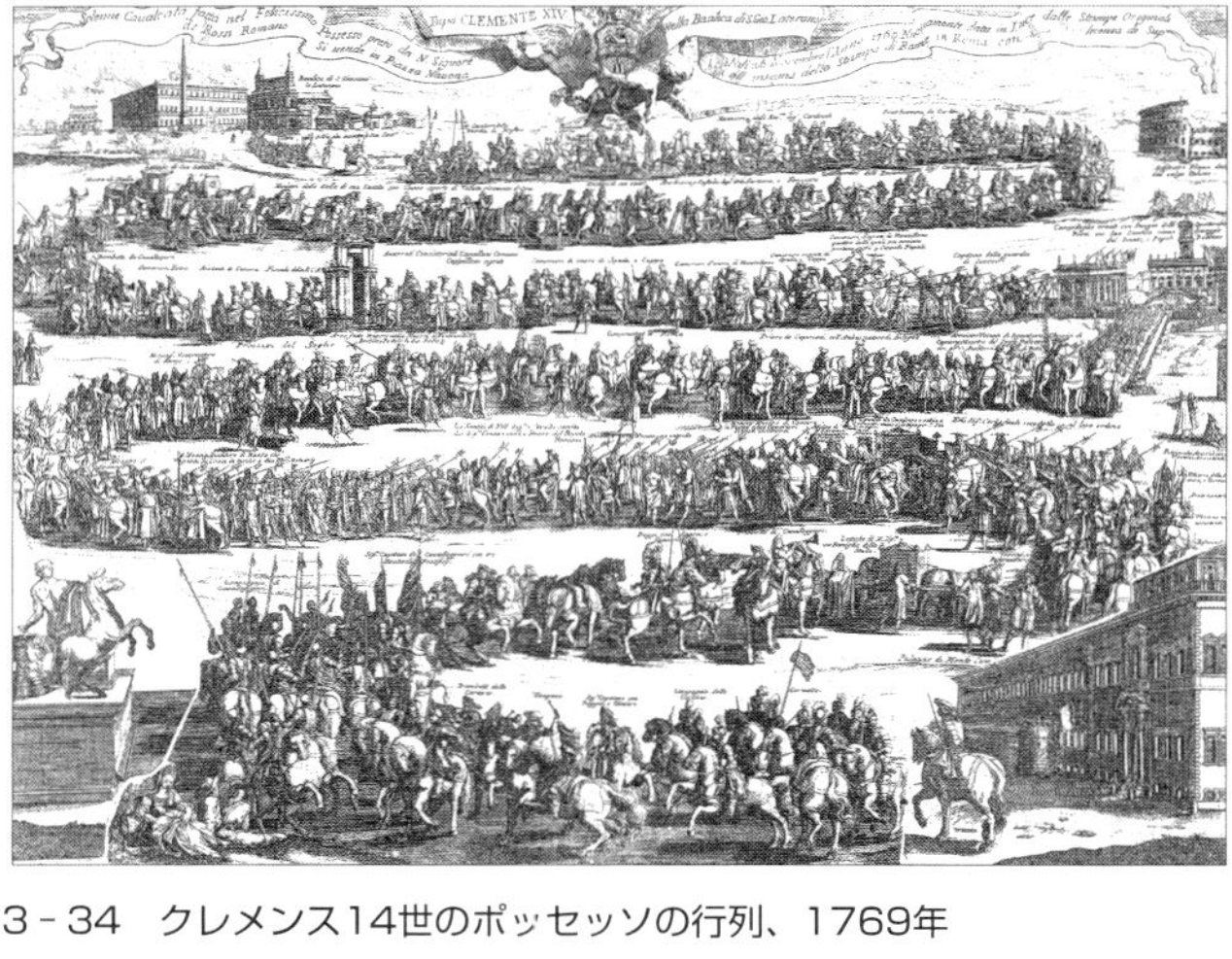

3 - 34　クレメンス14世のポッセッソの行列、1769年

ンス九世（在位一六六七〜一六六九年）のポッセッソの版画では、画面の右下にサン・ピエトロ広場、左下にサンタンジェロ城が描かれ、左端中央にはカピトリーノの丘、右端上方にはファルネーゼ家の仮設凱旋門とコロッセオ、そして左上にラテラノ広場が描かれている。蛇行するかたちで描かれた行列は、その内訳に関する説明書きが小さな文字で記されている。また上方には教皇の紋章を挟んで、ラテラノ聖堂での儀礼の様子が四場面に分けて描かれている。

毎回代わり映えのしないポッセッソであったためか、そのような一枚刷り版画は、教皇の紋章と肖像画だけに手を入れて同じ版を使い回すこともあった。[65] 例えば、インノケンティウス一一世（在位一六七六〜一六八九年）とインノケンティウス一二世（在位一六九一〜一七〇〇年）のポッセッソの版画は同じ版を使っている。

このように一七世紀以降は、ポッセッソはおおむね定型に従うこととなったが、中には、質素たることで自己主張を行った教皇もいた。例えば、アレクサンデル七世（在位一六五五〜一六六七年）とインノケンティウス一一世は凱旋門を作らせなかった。[66] アレクサンデル七世のポッセッソでは、凱旋門の代わりにファルネーゼ庭園を取り囲む塀の上にアブラハムの物語が表された。インノケンティウス一一世は、パルマ公の凱旋門の骨組みの解体を命じたことが記録に残る。パルマ公は前教皇が亡くなった時点で、従来の習慣に従って、骨組みを作り出していたのだろう。

短縮される行程、そして現代

一八世紀以降、ポッセッソの行程も徐々に短縮されていく。[67] 一七二四年、ベネディクトゥス一三世（在位一七二四〜一七三〇年）は「教皇の道」の使用を取りやめ、出発点を変更した。[68] 市中のクイリナーレの丘に位置する教皇の離宮であるクイリナーレ宮殿から出発することにしたのである。クイリナーレの丘を下った一行はジェズ教会に向かい、そこから先はカピトリーノの丘、フォロ・ロマーノと、それまでと同様の道順をたどった［図3－8－C1、クレメンス一四世は図3－8－C2］。この変更によりポッセッソの行程は半減した。図3－34は一七六九年、クレメンス一四世（在位一七六九～一七七四年）のポッセッソの版画だが、画面右下に行列の出発点としてクイリナーレ宮殿が描かれ、左下にはクイリナーレ広場に設置された古代彫刻ディオスクーロイ像も見える。

さらに一八〇一年、ピウス七世（在位一八〇〇～一八二三年）のポッセッソでは、クイリナーレ宮殿を出発後、クイリナーレの丘を下らずピア門方向に道を取り、サン・カルロ・アッレ・クアットロ・フォンターネ聖堂を右折、システィーナ通りをサンタ・マリア・マッジョーレ聖堂まで直進し、その後メルラーナ通りを通ってラテラノ聖堂に趣いた(59)［図3－8－C3］。これによりポッセッソの行程がさらに短縮されるとともに、カピトリーノの丘が外されたため、元老院議員はラテラノ聖堂で教皇を待つことになった。また先に紹介したユダヤ人との儀式も廃止された。フォロ・ロマーノが行程から除外されたことから、古代ローマとのかかわりもなくなった。もはや教皇のポッセッソは、ローマ市の入市式としての性格を失い、単なるローマ司教座の占有儀礼になってしまった(70)。

またこのピウス七世のポッセッソの時から、教皇は騎馬ではなく馬車に乗るようになった(71)。図3－35はピウス九世（在位一八四六～一八七八年）のポッセッソの様子を描く銅版画だが、馬車の中から手を振る教皇の姿が見える。この図では、コロッセオに見物人がひしめき、コンスタンティヌス凱旋門の傍らのメタ・スダンテ（ムッソリーニの都市改造によって破壊され、現存しない古代遺跡）によじ登る人も見える。ピウス九世はフォロ・ロマーノを通るコースに戻したらしい。

フランチェスコ・カンチェッリエーリが、今日にいたるまでポッセッソ研究の根本文献となっている『古くは行列と称された、戴冠式の後の至高なる教皇聖下のヴァチカンの聖堂からラテラノ聖堂への壮麗なるポッセッソの歴史』（一八〇二年）［図3-36］を上梓したのは、ピウス七世のポッセッソの直後である。(72) この著作は、姿を変えてしまう以前のポッセッソを記録する試みでもあった。

そしてついにポッセッソの行列自体が行われない時代が到来する。一八七〇年、イタリア王国軍のローマ侵攻に伴い、ローマには教皇とイタリア国王という二つの相容れない権力が生まれたが、ポッセッソの行程の大半はイタリア国王のローマに属することになったのである。この事態は一九二九年のラテラノ条約によって両者の対立が解消されるまで続くことになる。そして、その後復活したポッセッソに近代化の波が押し寄せる。一九三九年、ピウス一二世（在位一九三九～一九五八年）は馬車ではなく、自動車に乗ってポッセッソの行列を行ったのだ。既に

3-35　ピウス9世のポッセッソの行列、1846年

STORIA
DE' SOLENNI POSSESSI
DE' SOMMI PONTEFICI
PROCESSI O PROCESSIONI
DOPO LA LORO CORONAZIONE
DALLA BASILICA VATICANA
ALLA LATERANENSE
PIO VII. P.O.M.
IN ROMA M.DCCC.II.

3-36　フランチェスコ・カンチェッリエーリ『古くは行列と称された、戴冠式の後の至高なる教皇聖下のヴァチカンの聖堂からラテラノ聖堂への壮麗なるポッセッソの歴史』（1802年）、ローマ、マルコ・ベッソ財団図書館

行程は半減して久しく、古代ローマとの結び付きもなくなっていたが、教皇の可視性の逓減には拍車がかかることになった。

そして本章冒頭で紹介した現代のポッセッソの状況が出来する。今や民衆はラテラノ聖堂前で教皇を待ち受けるのみである。かつてのポッセッソにおいてその沿道を飾った凱旋門や活人画、各所での象徴的な儀式、選ばれた行程が有した意義、沿道を埋め尽くす民衆、これらすべてが失われてしまった。もはやローマを支配する君主ではなくなった教皇がポッセッソの行列を執り行わないのは、たしかに理にかなったことである。またそれは二〇世紀、教皇の儀礼が諸事簡略化されていったことと軌を一にするものでもある。しかし、本章で昔日のポッセッソの光景を垣間見た私たちとしては、かつて人々が心待ちにしたそのスペクタクルのありさまを、就中《なかんずく》、凱旋門と活人画を実際に目にしてみたい気もするのである。

第四章

「活人画」の誕生——一八世紀後半〜一九世紀前半

それぞれの道を歩みはじめる凱旋門と活人画

第一～三章では、ルネサンス期の凱旋門と活人画について検討した。聖俗の君主の入市式において、凱旋門と活人画が組み合わされ、君主称揚のメッセージを発信するべく、スペクタクルに用いられたのであった。ルネサンスの宮廷祝祭を彩ったその種のスペクタクルは、時代の流れとともに次第に下火となり、またフランス革命以降、絶対主義の時代が終焉を告げると、君主たちも徐々に歴史の表舞台を去っていく。しかし凱旋門と活人画は、君主たちと命運を共にすることなく、いずれも、新たな支配者たち、あるいは新興市民層によって、近代社会においても受け継がれたのである。しかし、両者が一緒に用いられることはもはやなく、異なった道を歩んでいくことになる。

近代の凱旋門

近代の凱旋門というと、何といってもパリのエトワール凱旋門が有名だろう［図4－1］。高さ五〇メートル近いこの巨大な凱旋門は、シャンゼリゼ通りをはじめ、放射状に延びる一二の通りの起点となり、パリのランド・マークの一つとして機能している。一八〇六年にアウステルリッツの戦いの勝利を記念して、ナポレオンによって建設が始められたこの凱旋門は、戦勝記念という古来の凱旋門建設に則ったものである。完成を見ずにナポレオンは失脚し、工事は長く中断、一八三六年の王政復古時に完成した。本書で紹介してきたような凱旋門は、ほんの数日で完成してしまう仮設建築であったのに対して、この凱旋門は結果的に完成までに三〇年も費やされた本建築である。

さて、エトワール凱旋門からシャンゼリゼ通りをまっすぐに進むと、オベリスクの立つコンコルド広場にいたる。広場を越えてさらに直進すればルーヴル美術館に突き当たるが、その手前にもう一つの凱旋門が立っている。エトワール凱旋門よりも規模は小さいが、ローマの凱旋門の形態により忠実な、カルーゼル凱旋門である［図4－2］。カルーゼル凱旋門は、一八〇六～一八〇八年にこれまたナポレオンの勝利を記念して建てられたもので、こちらも本建築、高さは一九メートルでエトワール凱旋門の半分程度である。その形状は、ローマのコンスタンティヌス凱旋門を忠実になぞっており、そのレプリカといっても過言ではない。丸彫り彫刻や浮き彫り彫刻の配置もコンスタンティヌス凱旋門そのままであるが、主題はナポレオンの外交・軍事的な勝利を表すものとなっていて、近代性が垣間見られる。その頂には現在、四頭立て馬車に乗る勝利の女神の彫刻が設置されているが、かつてはこの部分にはナポレオンがヴェネツィアのサン・マルコ聖堂から略奪してきた四頭の馬のブロンズ彫刻が置かれていた。略奪品を飾るという点も凱旋門の古式に則ったものだった（そもそもサン・マルコ聖堂のブロンズ彫刻自体が、中世にヴェネツィア共和国がビザンティン帝国から略奪してきたものであって、歴史は繰り返すとはいうものの四頭の馬にとっては難儀なことであった）。

4－1　エトワール凱旋門、パリ、1806-36年

4－2　カルーゼル凱旋門、パリ、1806-08年

　この時期、以上のフランスの例がまさにそうであったよう

に、凱旋門ないし凱旋門の形状をしたモニュメントが、国家の記憶を称揚した。ベルリンのブランデンブルク門もそのようなものとして捉えることができるだろう。近代の凱旋門は、新古典主義建築の流行も背景に、古代の凱旋門の形態に比較的忠実なものが建設され、前章までにみた様々な形状のルネサンスの仮設凱旋門とは若干性格を異にする。

また、このような本建築としての凱旋門とは別に、各国の戦勝などを記念するイベントにおいては、仮設の凱旋門も作り続けられた。そもそも、フランス革命後にパリを中心としてフランス各地で行われた革命祭典（一七九〇年の連盟祭典、一七九三年の理性の祭典、一七九四年の最高存在の祭典など）でも、凱旋門を含むアッパラートと活人画（あるいは活人彫刻）、そして山車の出る行列などが、依然

4－3　連盟祭典、1790年

4－4　最高存在の祭典、1794年

4－5　ダヴィッドによる「1793年8月10日の博愛の祭典のための計画案」

として用いられたのだった(1)［図4―3、4、5］。祝祭を通じて称えられるのが君主ではなく、理性や最高存在といった抽象概念に入れ替わったに過ぎないのだ。それらの計画には画家ダヴィッドが中心的に関わっていたことも知られている。

「活人画」の誕生

一方の活人画も市民社会に受け継がれ、様々な用いられ方をしたが、事情は凱旋門の場合と全く同じというわけではない。凱旋門に関しては、古代のそれがルネサンス期に復活し、オリジナルの形態に近づいたり遠ざかったりしながらも、あくまでも古代の凱旋門の後裔と位置付けることができた。それに対して、前章までに紹介した活人画は、便宜的に「活人画」の語を使ってはいたが、同時代にそのように呼ばれていたものではない。第二章でも述べたように、ルネサンスの活人画は、絵画の模倣を第一目的としていたわけではなく、機能上自ずと活人画のようなものになっていたというのが正確なところだ。本章以降で考察する、一八世紀半ば以降の「活人画」という語を、後付け的に適用していたのである。本来の「活人画（タブロー・ヴィヴァン）」は一八世紀に「誕生」する(2)。

それでは本来の「活人画」とはどのようなものなのか。一九世紀のいくつかの辞書に見られる定義をまず紹介しておくと、

「知られた絵画《タブロー》や歴史場面を、主題が示唆する姿勢を取る生きた人物たちを用いて復元すること」（『ラルース一九世紀大辞典』一八六六〜一八七六年）

「何らかの姿勢を取り、不動をまもる人物たちによる、絵画や彫刻作品、あるいは劇的な場面の再現」(『アカデミー・フランセーズ辞典』一八七八年)

「生きた人々の集団が姿勢と衣裳によって、多かれ少なかれ著名な絵画や歴史的な場面を再現すること」(プージャン『演劇辞典』一八八五年)

あたりが目につく。[3] 要するに、①生きた複数の人間が、②不動の姿勢を取り、③衣裳とポーズによって、④よく知られた絵画、⑤あるいは歴史場面・劇的場面を再現する――といったところが活人画の定義である。

上流階級の人々が、まさにそのような活人画を余興に行っている様子を、ゲーテが小説『親和力』(一八〇九年)に記しており、実際この小説の後に活人画がポピュラーになったとされることが多い。しかし遡ってみると、旧体制(アンシャン・レジーム)下において既にこのような遊びがなされていたらしい。

オルレアン公の秘書をしていたフリードリヒ・メルヒオール・フォン・グリムが、彼の編集になる冊子『文芸通信』に掲載されたディドロの「サロン評」に付言する形で、かつて田舎で上流階級の人びとが活人画をしていた様子を述懐している(一七六五年)。旧体制下での活人画の実践に関する貴重な証言である。

私は、田舎に集まった上流階級の人々が、秋の宵に、とても興味深く好ましい余興に興じるのを何度か見たことがある。それは、生きた人物像で、よく知られた絵画の構図を模倣するというものである。まず、似たりよったりの装飾で絵画の背景を設ける。次いで各々が絵画の登場人物の中から一つの役を選ぶ。そして衣裳を身に着けた後に、役のポーズや表情を真似る。すべての場面と登場人物が画家の構成に従って整い、その場所が適切に照明されたら、活人画を制作した方法について意見を述べる観客が呼ばれるのである。(4)

ここにおいて、上の定義は既に満たされている。特定はされていないものの、模倣の対象になったのは「よく知られた絵画」ということで、この遊びには原作となる絵画が存在していたことが分かる。また演ずる側も鑑賞する側も同じ上流階級の人々である。このように、前章までのルネサンスの活人画との大きな違いは、原作があるということと、活人画の目的がメッセージの発信ではなく、上流階級の人々の娯楽であったということだ。入市式の活人画はメッセージの宣伝ということが重要であったが、それに対して、自分たちの楽しみのために活人画を用いるようになったのである。

ゲーテ『親和力』に登場する活人画

当初プライベートな上流階級の集会で演じられていた活人画は、その性質上、記録に残ることが少ないが、文豪ゲーテの筆がこの時期の活人画の様子を追体験させてくれる。先にも触れた、一八〇九年に出版された小説『親和力』がそれである。(5)一般的に、この著作が活人画の流行に一役買ったとされており、実際ゲーテの名声にひかれてこの小説を読み、それにより初めて活人画というものを知って、自分たちも演じてみたいと思うようになった読者も多かったことだろう。ゲーテの語る活人画のシーンは、私たちに当時の活人画の様子を偲ばせてくれる。

この小説では、領地の城館で暮らす地方貴族エードゥアルトとシャルロッテ夫妻のところに、夫の友人である大尉と親戚の娘オッティーリエが訪れる。間もなく四人の間に「親和力」が働き、エードゥアルトとシャルロッテの結婚生活が危機に瀕する様子が描かれる（ちなみに映画監督フランソワ・トリュフォーによる名作「突然炎のごとく」〈一九六二年〉でも、男二人と女一人の友人たちの間に親和力が働き、思いもよらぬ結末を迎えるのだが、女優ジャンヌ・モローが演ずるヒロインの愛読書がゲーテのこの小説なのだった）。

ゲーテは『親和力』の中で、二度にわたって、城館に集った人々による活人画の催しの様子を詳述している。それは、活人画に取り組む様子を通じて、登場人物である二人の若い娘、ルチアーネとオッティーリエの性格の差異を際立たせるためであった。

あるとき城館を訪れたエードゥアルトの友人である伯爵が、夫妻の一人娘ルチアーネの個性に合う「新しい種類の舞台」を勧めて、このように述べる。

「ここには絵画的な動作や姿勢を自分の身体で表現することが充分おできになる、美しい容姿を持った方々が、沢山いらっしゃるようです。みなさんは、有名な絵画の情景をご自分たちで演じられたことは、まだないのでしょうか。そういう活人画は、準備は仲々骨が折れますが、でもその代わり、信じられない程の魅力を生むものですよ」

城館に集う人々はさっそく、活人画の原画を選ぶために、「有名な絵の銅版画」を探す。原画が銅版画による複製であるというところにリアリティーがある。結果選ばれたのは、物乞いに身を落としたビザンティン帝国の名将を描いたファン・ダイクの「ベリサリウス」他の作品である（ちなみにこの「ベリサリウス」は、当時はファン・ダイク作とされたが、現在では別の画家の作品と考えられている）〔図4－6〕。人々は熱心に準備に取り組み、建築家は舞台をこしらえ、照明のための手配も引き受ける。ルチアーネは自分の手持ちの衣裳のほとんどを裁断して、登場人物たちの衣裳を整えた。そして活人画の晩がやってくる。

活人画は大勢の客人たちの前で披露され、大方の喝采を博した。何かを予告するような音楽の響きが人々の心に期待をかき立て、あの『ベリサリオス』で幕が上がった。演ずる人々はみな役にふさわしく、色彩の配合も成功し、照明もまた芸術性に富んでいたので、見る人はこの世ならぬところにある思いだった。〔中略〕幕が下《お》り、そしてまた求めに応じて、再三再四上げられた。間奏曲が客人たちを楽しませ、演ずる人々は彼らを更に高度の種類の画面で驚かす用意をしていた。それはプサンが旧約聖書に題材をとった、あの有名な『アハシュエロス王とエステル』〔図4－7〕の情景であった。ルチアーネは、今度は自分の役がもっと映えるように、前もってよく考えておいた。彼女は気を失って崩れ落ちている王妃の姿の中に自分の魅力のすべてをくりひろげてみせ、しかも賢明なことには、自分を取り巻き支える侍女たちには、可愛らしく美しくはあるが、彼女自身にはどれも遠く及ばない少女たちを探し出しておいたのである。〔中略〕金色に輝く王座の上には、みなの間でももっともたくましく美しい男が選び出されて、ゼウスにも似た偉大な王の役を演じ、その画面は実に比べようもない完璧なものとなっていた。

4－6　伝ファン・ダイク「ベリサリウス」に基づく銅版画

4－7　プッサン「アハシュエロス王とエステル」に基づく銅版画

ルチアーネが自分の取り巻きにそれなりの容姿の女性を選んでおいたという奸計は、いかにもありそうなことであるとともに、自らの美しさを自覚し、それを顕示しようというルチアーネの性格が表れている。

ファン・ダイクの「ベリサリウス」、プッサンの「アハシュエロス王とエステル」に続いて、三番目に演じられた活人画は、オランダの画家テルボルフの「父親の訓戒」（通称）であった。ゲーテは「私たちの国のヴィレによるこの絵の素晴らしい銅版複製画を、まだ見たことのない人がいるだろうか」と記し、活人画の原画として銅版画家ヴィレによる複製版画が用いられたとしている［図4－8］。

この作品についてのゲーテの記述は以下のとおりである。

一人の気高い、騎士であるらしい父親が足を組んで坐り、自分の前に立つ娘の良心に語りかけているらしい。襞の多い白繻子の服に見事な身体を包んだ娘は、ただ後ろ姿しか見せていないが、そのどの部分からも、彼女が緊張していることが暗示されている。〔中略〕そして母親はと言えば、丁度今飲もうとしている盃の中の葡萄酒を覗き込んで、自分のかすかな当惑を隠しているようであった。

この部分だけ取り出すとディドロのサロン評にも見出すことのできそうな文章で、原作は、登場人物の姿や身振りが、それぞれの置かれた状況や感情を適確に表現し、それらが組み合わされた作品であることが述べられている。その様子を活人画は再現するわけで、この時代の美的判断に従って評価されるところの絵画をもとに、その評価されるべき点を正確に再現する活人画が優れた活人画だということになる。

テルボルフの描く娘を演じる後ろ姿のルチアーネについては、「〔ルチアーネの〕華奢でほっそりして軽やかな腰は――近頃の婦人たちの古代趣味の服装ではあまり眼につかぬようになってしまうのだが――この十七世紀風の衣裳に包まれると、人の心を誘う鮮やかな曲線を見せた」とある。活人画の原画が同時代の絵ではない場合、普段着ているものとは全く異なった装束に身を包むことになり、ある種の仮装のような趣さえあったことに気付かされる。

「父親の訓戒」の活人画を、登場人物がじっと静止したまま演じ続けているうち、「こうして背後からは堪能するほど眺めたこの美しい人の姿を、今度は正面から見たいという願いがみなの間で高まってきた。そしてしびれを切らせたあるお調子者が、よく本の頁の終わりに書いてある言葉にならって「裏面参照!」と大声で叫び、満場がそれに賛成の声を和した」。ルチアーネは、この「裏面参照」の声に応じることはないのだが、ゲーテのユーモアを感じさせる箇所である。

これらの三作品の上演の後、オランダ派絵画の酒場や歳の市の情景を選んでいくつもの活人画が上演された。一連の活人画の描写を通じて、外面的な自分の美を過信するルチアーネの姿が描かれている。

さて、小説の中でまた別の機会には、ルチアーネの従妹オッティーリエを主役として活人画が催された。これは、ルチアーネが自分が主役を演じる活人画の会からオッティーリエを締め出していたことを気に病んでいた建築家が、この城館を去るにあたり、活人画の演出によってオッティーリエに感謝の気持ちを伝えようと企画したのであった。降誕祭の祝いが近づいている時期だったので、「羊飼いの礼拝」から「東方三博士の礼拝」にかけての場面を活人画にすることにした。活人画の様子に関する記述は以下のごとくである。

画面全体は、夕暮れというよりは、もう夜の暗さであったが、それでいながら、背景の一つ一つは、はっきりと見てとれた。そしてすべての光が幼な子から拡がるという卓抜な考えが、芸術家の秀れた照明機構によって実現していた。その装置は、側光だけに暗く照らされている前景の人物たちによって隠されていた。

主題は「何処でもよく見る機会のあるものであった」とされていて、特定の絵画が原作ではないが、夜の光景で「すべての光が幼な子から拡がる」というのは、コレッジョの作品が原作のようにも思われる。それはドレスデンの絵画館に所蔵される「羊飼いの礼拝」で、当時「夜（ノッテ）」と通称されていた［図4－9］。画面全体は夜の帳《とばり》に包まれ、その中に聖家族と羊飼いたちが描かれるが、まさにイエスから光が発し、周囲を照らしている。実際一八一二年にはベルリンでこの作品が活人画として上演されており、[6] 美術通のゲーテもこの作品を念頭に置いていたのだろう。

ゲーテはマリアを演ずるオッティーリエについて、「何のいさおしもなく与えられた大きな名誉と、理解を絶して深く限りない幸福を前にしての、もっとも純粋な謙虚さと、もっとも奥床しいへり下った気持とが、彼女の表情を形づくっていた。そこには彼女自身の感情も、また彼女が自分の演じている事柄について懐いている観念も、共に表われていた」と記す。自らの外面的な美しさの誇示のために活人画を利用したルチアーネに対して、オッティーリエにあっては、自分が演じる聖母との性格的、内面的な同一化が行われている事実を強調しているのだ。この二人の娘の性格の対比が、活人画への取り組みを通じて見事に表されている。

『親和力』はフィクションではあるが、ゲーテが活人画を熟知していたことを想像させる。そして実

4-8　テルボルフ「父親の訓戒」に基づくヴィレの銅版画

4-9　コレッジョ「羊飼いの礼拝」、ドレスデン、国立絵画館

際、本章において度々触れることになるように、ゲーテは現実に活人画と様々な形で関係を持ったのだった。いずれにせよ活人画は、まさに『親和力』の威光もあって、ヨーロッパ中に流行を博することになる。

上流階級の娯楽

活人画は上流階級の集会や夜会の余興としてもてはやされた。この余興には、演じる側としても、見物する側としても参加することができた。

演じる側にとっては、絵に描かれた衣裳を身にまとい役を演じる、いってみれば現代のコスプレのような楽しみがあった。仮装舞踏会のそれに近い楽しみもあったのだろう。先に『親和力』で見たように、衣裳が原作の絵画の時代によって異なるので、普段とは全く違う衣裳を着る機会にもなった。玄人の役者であれば、そういったことはよくあるだろうが、演じるのは上流階級の素人の人々であり、非常に新鮮な経験だったと思われる。また、活人画という「流行」に乗るという気分が、人々にそれへの参加を促したであろうことも想像に難くない。

観客に回った場合、活人画はその主題や原画についての議論をするなど、教養を共有する上流階級の知的な遊びであった。またはもっとシンプルに、知り合いが扮装し、同じポーズを取ってじっとしているところを目にすれば、様々な感情が喚起されたことだろう。活人画は複数の登場人物による群像表現であることを基本とすることから、それぞれの登場人物のいずれが誰であるのかを確認しながら鑑賞したものと思われる。場合によっては、実際の上下関係とは逆転した配役がなされているかもしれず、よく知られた絵画や主題に関する配役の妙といったものも面白かっただろう。また、日常では他所の奥方や令嬢をじろじろ見まわすのは不躾《ぶしつけ》に当たるが、活人画はそのような眼差しを正当化するものでもあった。そもそも上流階級の人々、特に女性は、社交のあらゆる局面において「見る／見られる」関係を演じ続けているわけだが、活人画は、この「見る／見られる」という眼差しを制度化する装置であったのだ。

上流階級の娯楽としての活人画は、上演の当日だけでなく、その準備も含めての楽しみだったと考えてよいだろう。先に『親和力』で見たように、原作を探し、それにふさわしい衣裳を揃え、身振りや表情をあれこれ研究してといったことをひっくるめての、高尚なる暇つぶしであったものと思われる。

ところで、原作のある絵画を再現するといっても、まだ写真術の発明以前の時代であるため、『親和力』の記述からも分かるように、多くの場合、原画は銅版画による複製画を用いた。よってモノクロームの銅版画を原画とした活人画は、色彩を正確に再現することはない。というよりも、活人画には、絵画が三次元化されることを楽しむとともに、白黒銅版画の原画がカラー版になるところを楽しむという側面もあったのかもしれない。

活人画は、背景画に凝るわけではなかった。簡単な背景画を描くこともあったが、なくても構わず、無地の幕を張っておくだけということもあった。一夜の活人画の催しでは、次々といくつもの活人画を出すので、いちいち緻密な背景画を準備していられないし、背景まで凝ったものを準備するとなると、素人の余興の楽しみでなくなってしまう。重要なのはあくまでも人物像の部分であって、それを再現するのが活人画の基本的なあり方だったのだ。

教育における活人画の使用

この時代、上流階級の大人たちが活人画に打ち興じたとともに、上流階級の子供たちが演ずる活人画もあった。子供たちにとっては教育的効果があると考えられ、子女教育の一環として行われたのだ。

これに関しては、ジャンリス夫人による活人画が有名な事例である。(7) ジャンリス夫人(カロリーヌ＝ステファニー＝フェリシテ・ド・ジャンリス伯爵夫人、一七四六〜一八三〇年)は、ヴェルサイユの宮殿でオルレアン公の子供たちの家庭教師を務めた、教育史に名を残す人物であり、教育に関する著作も多い。その彼女がオルレアン公の子供たちのために実施した教育プログラムには、活人画が入っていた。

本人の言葉を聞いてみよう。

私はさらに、持ち運び可能な小さな劇場を造った。広い食堂に置くことができるもので、そこで歴史的な絵画を上演した。私が主題と背景幕を準備し、メリュス氏は役者を集めたが、それは皆子供たちであった。ついで演じない者は、歴史的、あるいは神話上の主題を当てなければならなかった。このようにして一晩に一二の絵画を上演した。しばしばサン＝リューを訪れていたかの有名なダヴィッド氏も、この遊びを魅力的なものと思い、彼自身もこの束の間の絵画の準備をすることをとても楽しみにしていた。(8)

演じる側も見物する側も子供たちであることが分かり、画家のダヴィッドがこの企画に加わったというのも興味深いが、活人画のことを「束の間の絵画（タブロー・フュジティフ）」と称している貴重な記録でもある。

子女教育における活人画は、演劇の第一段階もしくは前段階として捉えられる。最初から演劇を行わせるのは難しいので、まずは活人画から始めるのである。また子供が、聖なる存在、あるいは模範になる存在を自ら演じることが情操教育上おおいに意義があった。さらに、歴史等の主題を当てる、あるいはその過程で説明をするという形での教育効果もあったと考えられる。

ウィーン会議を「踊らせた」活人画

ゲーテの『親和力』と並んで、活人画がヨーロッパの上流階級に広く流布するもう一つのきっかけとなったのは、一八一四年のウィーン会議である。フランス革命およびナポレオン失脚後のヨーロッパの秩序再建を目指したのがウィーン会議であるが、往年のドイツ映画「会議は踊る」（一九三一年）でも描かれたように、夜な夜な開催された夜会の様々な余興でも有名である。そしてウィーン会議において会議を「踊らせた」ものの一つが、ほかでもない活人画であった。(9)

ウィーン会議の余興として供された活人画については多くの記録が残されている。上演された活人画の詳細、演者、観客の内訳が分かるような記録が残っているという状況は、これが先に紹介したようなプライベートな活人画とは全く異なる性格のものであったことを物語っている。

一八一四年一二月のある晩には、オーストリア皇后主催の活人画の夕べが持たれた。(10) 演目は、若いウィーンの画家による「ドゥ・ラ・ヴァリエール夫人の足元に跪くルイ一四世」、ピエール＝ナルシス・ゲランの原作に基づく「イポリットとフェードル」［図4－10］、そしてオリュンポスの神々の場

4－10　ピエール＝ナルシス・ゲラン「イポリットとフェードル」、1802年、ボルドー美術館

面である。ヨーロッパの体制を革命以前に戻すウィーン会議の余興に、フランス革命で断絶したブルボン王朝最盛期のルイ一四世を主役とする絵画の活人画が演じられたというのは意味深長である（ドゥ・ラ・ヴァリエール夫人はルイ一四世の愛妾）。ゲラン作品が原作の「イポリットとフェードル」も、ルイ一四世時代の劇作家ラシーヌの戯曲『フェードル』に取材したものだ。

最後のオリュンポスの神々の活人画は、原画があるわけではなく、多くの人々を登場させるのには便利のよい画題で、この種の活人画の催しの最後にしばしば用いられた。ギリシア神話の神々のコスプレ・ショウのようなものだが、この度は、ヨーロッパ世界の新秩序を担う各国支配者たちの集う会議にオリュンポスの神々を当て込むという趣向に意味があったものと思われる。この最後の活人画には、ハープによる伴奏がつけられ、華を添えたという。

また同年一二月九日に、同じくオーストリア皇后主催によって開催された活人画の夕べには、上演された活人画の数は一五に及んだ。[11] 演目を列挙してみると、シャルル・ルブラン「アレクサンドロス大王の足元のダレイオスの家族」、アンソニー・ファン・ダイク「婦人の肖像」、グエルチーノ「魔女キルケー」、原画なしの創作「フィンガルの死を歌うオシアン」、ドメニコ・フェーティ「アダムとエヴァの労働」、グイド・レーニ「聖母マリアの少女時代」、ハンス・ホルバイン「ジェーン・シーモアの肖像」、ハンス・ホルバイン「ヘンリー八世の肖像」、ティツィアーノ「ティツィアーノと妻」、原画なしの創作「ギターを演奏する女、楽譜を持つ子供、歌う女」、アントン・ペッター「ヘントにおけるマクシミリアン一世とマリー・ド・ブルゴーニュの出会い」、レンブラント「妻の肖像」、レンブラント「娘の持参金を支払う年老いたユダヤ人」、ルーベンス「エレーヌ・フールマンとその子供」、ピエール・ミニャール「ムーサ・クリオ」となる。

原画として、フランス、ドイツ、オランダ、イタリアと各国の画家たちの名画が並んでおり、画題はスコットランドの伝説に基づく詩人オシアンを描いたものや、イングランド王ヘンリー八世にその三番目の王妃ジェーン・シーモアといったイギリス王室関連のものもある。これまた、国際会議にふさわしい趣向が構想されたと捉えることができる。

記録によれば、客席では「前列には皇帝や王、後列には会議に参加している政治的な重要人物たち」が見物したという。(12) また活人画の演者は、多くはオーストリア皇帝の宮廷人たちであったが、中にはイギリス人の名前やロシア人の名前も見え、会議に参加した各国関係者やその夫人が参加していたことが分かる。要するに、演ずる側も見物する側も、ウィーン会議関係者とその夫人方だったのである。

ウィーン会議の活人画は、演じられる活人画の原画や画題などについて、会議の趣旨に適ったものが選ばれていた。ただいたずらに舞踏会に呆けているよりは、よほど実のあるイベントであったといえるだろう。また、ここで初めて活人画を目にした人々によって、その趣向は国に持ち帰られ、これを機にヨーロッパ、とくにロシアやポーランドにも波及することになった。

公的な余興＝国家のスペクタクル

活人画はもともと上流階級のプライベートな余興であったが、ウィーン会議の活人画がまさにそうであったように、「公的」な余興としても機能した。ルネサンスの宮廷祝祭のような公的・国家的なスペクタクルに成長していったのである。活人画のそのような性格を説明するために、同時代人が活人画のルーツとしてルネサンスやバロックの宮廷祝祭に言及しているケースもある。[13] 活人画は、ルネサンスの宮廷祝祭がそうであったように、外国からの賓客をもてなす際など、君主や国家にとって重要な機会に上演された。

『親和力』を発表した四年後の一八一三年二月一六日、ワイマール公国の宰相を務めていたゲーテも、マリア大公女の誕生日の祝賀のために活人画のイベントを企画している。[14] その式次第が記録されているので、ここに紹介することにしよう。

一　モーツァルトの交響曲
二　活人画　ゲラン「イポリットとフェードル」
三　奏楽、朗読
四　活人画　ダヴィッド「施しを乞うベリサリウス」
五　フルートによるポロネーズ　演奏：A・E・ミュラー
六　活人画　ダヴィッド「ホラティウス兄弟の誓い」
七　ファゴット協奏曲　演奏：ハンブルクのフィッシャー
　　休憩

八　交響曲、朗読
九　活人画　アルカディア（原画はなく、ゲーテの構想による）
一〇　リースのピアノ協奏曲

このように、活人画と音楽演奏、詩の朗読を組み合わせた番組であった。ゲランの「イポリットとフェードル」［図4-10］とダヴィッドの「ホラティウス兄弟の誓い」［図4-11］のいずれの作品もこの時期の活人画としては定番のもので、前者は先に見たように、翌年のウィーン会議の際の活人画でも上演されることになる。活人画を行う各地の宮廷がつながっており、ノウハウが共有されていたのであろう。宮廷間における祝祭の趣向の交流というのは、まさにルネサンスの宮廷祝祭における状況と同様である。

この活人画については、準備のための素描が残されており、それぞれの役柄についての手本が示されたことが想像される。図4-12は「イポリットとフェードル」からフェードルのみを抜き出したものである。

さらに興味深いことに配役表も残されているのだが、(15)「施しを乞うベリサリウス」では何とゲーテ自身が画面左の兵士役を演じた［図4-13］。この主題は、ビザンティン皇帝ユスティニアヌスに仕えていた将軍ベリサリウスが、老いてのち物乞いにまで零落するが、ある兵士がその姿を認めるというものである。ダヴィッド作品に描かれた兵士は両手を挙げて驚きを表しているが、大ゲーテが、神妙にこのポーズを取っていた様子を想像してみると微笑ましい。ちなみに、この主題をファン・ダイクが描いた（と当時考えられていた）作品は、ゲーテの『親和力』の中で活人画として演じられてい

4－11　ダヴィッド「ホラティウス兄弟の誓い」、1784年、パリ、ルーヴル美術館

4－12　フェードル（1813年の活人画のための素描）

4－13　ダヴィッド「施しを乞うベリサリウス」、1781年、リール美術館

4－14　河の神（1813年の活人画のための素描）

た［図4－6］。

また、最後の活人画「アルカディア」は、ウィーン会議の際の「オリュンポス」と同様のもので、こちらはアポロン、九人のムーサたち、三人のニンフ、三人のファウヌスたち、そして三人の河の神と、都合二〇人近くの神々からなる大規模な活人画であった。配役表にはそれぞれの役を演じる人物に加えて、衣裳の色や小道具等に関する覚書も記されている。図4－14は水の流れ出る壺を持った河の神のための素描であり、河の神が古

代の彫像や神話画に表される姿をよく写している。

ゲーテのいたワイマール公国と並び、隣国のプロイセン王国も、宮廷で活人画が盛んに行われた土地である。例えば一八〇二年には、フェルディナント皇太子の病気快癒を記念して、活人画を含むディヴェルティスマン「ダイダロスとその彫刻」が開催された。[16] これは、息子のために通常の舞踏会とは異なった祝宴を希望した皇后によって、ベルリンに招かれた美術史家アロイス・ヒルトが企画したものである。彼は、ギリシア神話に登場する工匠ダイダロスにちなんだ一夜の余興を考え出した。会場の広間に設定されたダイダロスの工房には、彼の作品である彫刻がいくつも置かれており、女神ミネルヴァがそれに命を吹き込むのである。古代神話に基づく場面であることから、彫刻はギリシア彫刻風の活人画として演じられたという。命が与えられた彫刻は、動き出してパントマイムを演じ、余興全体は舞踏で締めくくられた。

彫刻に生命が吹き込まれるというのは、ピュグマリオン伝説とも似通っていて、活人画が動き出す趣向を作り出すのに最適の主題であった。同様の趣向として歌舞伎では、左甚五郎と遊女梅ヶ枝の伝説に取材した「京人形」という舞踊がある。甚五郎の作った人形が動き出す様子を滑稽に描いた「京人形」では遊女の人形一体であるのに対し、「ダイダロスとその彫刻」では二〇組近くの彫刻が置かれていたというから、相当大規模なものであったようだ。フランス語でディヴェルティスマン（気晴らし）と名付けられた、この活人画を含む複合的な趣向は、ルネサンスの宮廷祝宴を彩ったアントルメ（ブルゴーニュ）やインテルメッツォ（イタリア）といった余興を思い出させるものである。

そして一八二一年には、同じくプロイセンにて、フリードリヒ＝ヴィルヘルム三世の主催により活人画が催された。[17] これはロシアのニコラス大公の来訪を記念してのものであった。一二場面からなる大規模な活人画で、画家のヴィルヘルム・ヘンゼルが企画し、カール・フリードリヒ・シンケルが舞台美術、スポンティーニが作曲を担当している。各分野の芸術家が関わり、プロイセンとしての国家威信をかけた活人画イベントであったことが分かる。

このように、君主の誕生日、病気快癒、あるいは賓客の来訪など、様々な機会にことよせては活人画を含む行事が行われた。その際に、音楽や朗読、パントマイムや踊りと組み合わせて、いかにヴァラエティ豊かな構成を作り出せるかが、企画者の腕の見せ所であった。

活人画になった絵画

ここで当時活人画の原画として用いられた作品を眺めてみよう。

フランスで行われた活人画に関しては、プッサンやグルーズ、ダヴィッドなど、サロンで評判になったフランス人画家の作品が多い。サロンとはフランスの王立絵画・彫刻アカデミーがルーヴル宮のサロン・カレで開催した官立美術展のことである。当初の活人画は、原作を知っていることが前提とされ、それを理解できる上流階級の人々によって行われた。そのため、銅版画で複製が流通していたイタリア・ルネサンスの名画等に加えて、上流階級の多くが足を運んだサロンに出品され、評判になった作品が選ばれたのだ。時折しも新古典主義の時代であり、時代の趣味に合致するダヴィッドらの作品は度々活人画として取り上げられた。

それではもう一つの活人画大国であったドイツでは、どのような作品が選ばれたのだろうか。先に一八一三年の例を紹介したが、他にも一八一六年、ゲーテがワイマールで企画したプライベートな集会では、いずれもプッサンによる「コリオラン」［図4－15、16］、「スキピオの自制」［図4－17、18］、

「リュコメデスの娘たちの中から見つけられるアキレウス」〔図4－19、20〕、今日作者不詳となっているも当時はプッサンとされていた「聖女チェチリアの死」、ラファエッロ「シビュラの巫女たち」（ローマ、サンタ・マリア・デッラ・パーチェ聖堂の壁画）〔図4－21、22〕等の活人画が演じられた。[18] やはりフランス古典派のプッサンの作品が多い。またラファエッロの「シビュラの巫女たち」は、原作が額縁に入ったタブローではなく、教会のフレスコ壁画であるが、それを大人数による群像活人画としているところが興味深い。再三イタリアを訪れたゲーテには思い入れのある作品であったのかもしれな

4－15　プッサン「コリオラン」、レザンドリ、ニコラ・プッサン美術館

4－16　プッサン「コリオラン」に基づく活人画の準備素描

4－17　プッサン「スキピオの自制」に基づく銅版画

い。

この時の活人画に関しては、準備のためのスケッチが残されている［図4-16、18、20、22］。いずれも原画から人物像のみを抜き出しており、活人画において重要なのはあくまでも人物部分の再現であったことが確認される。また原作と比較してみると、場合によっては原作の全体を再現するのではなく、周辺的な登場人物は削除して中央部分にクローズ・アップした形で活人画が作られていたらしいことも分かる。登場人物の人数が六～八人に揃えられているので、これは出演人数や舞台の大きさと関係していたのかもしれない。なお、「コリオラン」「スキピオの自制」のいずれも、上半身を片肌

4-18　プッサン「スキピオの自制」に基づく活人画の準備素描

4-19　プッサン「リュコメデスの娘たちの中から見つけられるアキレウス」、リッチモンド、ヴァージニア美術館

4-20　プッサン「リュコメデスの娘たちの中から見つけられるアキレウス」に基づく活人画の準備素描

脱いで、部分的に裸体が顕わになっている人物がカットされていることには注目しておきたい［図4－16、18］。「公的」な活人画には裸体はふさわしくないということだったのかもしれない。一九世紀後半、女性裸体を見せるために積極的に裸体を含む原画を探すにいたる状況からは程遠い。

また、同じく一八一六年一一月にドレスデンの劇場で行われた活人画についても見てみよう(19)。この機会には二〇点もの活人画が出され、作者名を挙げてみると、ルーベンス、オスターデ、テニールス、カルロ・ドルチ、アンニーバレ・カラッチ、コルネリス・デ・ヘーム、テルボルフ、ヘラルト・ダウ、ラファエッロ、メングス等となり、古今のオランダ、ドイツ、イタリアの大画家たちの作品が原作とされていた。半数近くが、ザクセン選帝侯のコレクションを収めるドレスデンのツヴィンガー宮殿の古典絵画館に所蔵されていた作品であり、イタリア絵画を含め多くの名品を誇るドレスデンならではの内容であった。

4-21　ラファエッロ「シビュラの巫女たち」、ローマ、サンタ・マリア・デッラ・パーチェ聖堂

4-22　ラファエッロ「シビュラの巫女たち」に基づく活人画の準備素描

ウィーンやワイマールではラファエッロの絵が活人画にされることも多かったが、それはラファエッロが美術アカデミーに

おいて規範とされていたことを反映しているのだろう。逆に、同じルネサンスの巨匠であるレオナルド・ダ・ヴィンチやミケランジェロの作品が活人画にされた例はほとんど見られない。活人画の画題を調べると、その時代にその土地でどのような美術が規範となっていたのかが分かる（活人画として演じやすいかどうかという選択基準もあったろうが）。

活人画を企画・演出する画家たち

活人画を行う際に、しばしば画家が演出を担当していることも注目に値する事実である。

著名な例は、女流画家のルイーズ・ヴィジェ＝ルブランである[20]［図4－23］。マリー・アントワネットの肖像画を描いたことで有名なこの画家は、フランス革命がおこり、彼女の最大の顧客であったフランス王室の人々が処刑されると、フランスを逃れる。イタリアやウィーンに滞在した後にロシアを訪れ、七年間にわたって逗留することになる。ロシアでヴィジェ＝ルブランは貴族たちに厚遇され、彼らの肖像画を多く描いたが、彼女が顧客であるロシア貴族たちのために行ったサービスの一つが活人画であった。

一七九五年夏、ヴィジェ＝ルブランはサンクトペテルブルク近くのドルゴロフスキ公夫人の城で一週間を過ごした際、活人画を企画した。本人による回想録の記述を見てみよう。

〔ドルゴロフスキ公夫人の城の〕小さな劇場はとても魅力的なものだったので、私はそこを利用して活人画をしてみたいと思った。そこには、サンクトペテルブルクの上流社会の人々が絶え間なく訪れていたので、私はもっとも美しい男性たちと、もっとも美しい女性たちの中から、私の活人画の登場人物を選んだ。彼らには、私たちがふんだんに持っていたカシミヤのショールとラシャ地の衣裳を着せた。私は何よりも、厳粛な主題や聖書の主題を選び、知られている多くの絵画も上演した。その中には素晴らしい成功を収めた「ダレイオスの家族」があったが、もっとも成功したのは「リュコメデスの宮廷のアキレウス」であった。その活人画で、私はアキレウスの役を演じた。何故なら、あとは兜と盾さえあれば、正確な舞台衣裳とするのに十分であるようなものを、私がよく着ていたからである。これらの活人画は上流階級の人々をこのうえなく楽しませた。そのため、次の冬にはサンクトペテルブルクのサロンの夜会の娯楽として役立つことになった。皆がそのような活人画に出演したがったため、私はしばしば、自らを見せびらかしたいとお考えのご婦人方の気分を害せざるをえない破目になった。(21)

4-23　ヴィジェ＝ルブラン「自画像」、1782年、ロンドン、ナショナル・ギャラリー

この活人画はたいへん評判が高かったため、同年の冬にはサンクトペテルブルクで再演されたとのことで、まさに流行が作られていく様子を目の当たりにするようだ。活人画を見物するのが楽しいというだけでなく、多くの婦人方がこぞってそれに出演したがったというのが面白い。「ご婦人方の気分を害せざるをえない破目」というのは、希望者多数のため、断らなくてはならないこともあったということである。

「リュコメデスの宮廷のアキレウス」の活人画では、演出のみならず、ヴィジェ＝ルブラン自らがアキレウスの役で舞台に上がっている。活人画の企画者が舞台にも立つというのは、先に見た一八一三年のゲーテの事例もそうであった。ギリシアの英雄アキレウスを女性の彼女が演じるというのは奇妙に思われるかもしれないが、実はこの主題は女性が演じてもおかしくはない。[22]息子アキレウスが戦に出て戦死することを恐れた母テティスが、彼をリュコメデス王に預け、アキレウスが女装をして王の娘たちと一緒に生活していた時の逸話だからである。そこにオデュッセウスらがアキレウスを探しにやってきてラッパが鳴り響くと、アキレウスは思わず剣を取り、正体がばれてしまうことになる。先に紹介した図4−19は、プッサンがこの主題を描いたもので、ヴィジェ＝ルブランの演じた活人画の原画であったかどうかは分からないが、いずれにせよ似たような構図のものだったろう。プッサン作品の右端に描かれた、剣を抜く女装の人物がアキレウスである。プッサンも、アキレウスを取り立てて男性的な容貌で描いているわけではない。

ヴィジェ＝ルブランは、潜在的な顧客である上流階級の人々のためのサービスとして活人画を企画・演出したのであり、その効果は、彼女がロシアの上流階級から多くの注文を得たということが証明している。ただし彼女は、もとより活人画的な趣向を好む嗜好があったらしく、プライベートでもそれを実践していたことが伝えられている。彼女が友人たちをギリシア式の夕食に招待する時、ギリシア式の食事が供され、自らの衣裳を含め、プッサンの絵のように見えるような工夫をしていたというのだ。[23]普段からギリシア風の衣裳を身に着けていたというのは、ドルゴロフスキ公夫人の城の活人画でアキレウス役を演じた際に、「正確な舞台衣裳とするのに十分であるようなものを、私がよく着ていたから」と記していることと通じる。

いずれにせよ、活人画を作る素養を持つ女流画家が、フランス革命を受けて避難した先で活人画を企画し、それが彼の地に伝わったというのも、思わぬ革命の余波であった。ウィーン会議を結節点としたものとは別のかたちでの活人画の伝播である。

ここではヴィジェ＝ルブランの例を紹介したが、そもそも画家の前でモデルは多かれ少なかれ活人画のようなものを演じる。画家は創作の過程で、自らのアトリエにおいて、日夜活人画を演出しているともいえるのである。様々な絵画の構図を熟知し、モデルにポーズをつける実践さえ行っている画家が、活人画の演出家としても重宝されたというのはもっともな話である。ジャンリス夫人による子供たちの活人画にダヴィッドが関わったことについては先に紹介した。また次章で扱うように、時代は下るが、シベリウスが作曲を担当した活人画では画家ガッレン＝カッレラが協力し、アルフォンス・ミュシャも船上に活人画を乗せるイベントを企画した。また第六章で詳述するように、我が国で最初の日本人による活人画を演出したのは洋画家の山本芳翠だった。活人画を手掛けた画家たちの系譜というのも、存外にぎやかなものである。

活人画を演じる役者たち

上流階級の娯楽や子弟教育において活人画が用いられたことについて述べてきたが、これら素人によって演じられたもの、あるいは演じる側も見る側も素人であったものに対して、プロフェッショナルの役者が演劇の一部として、活人画ないし活人画的なものを演じることもあった。

現在でも芝居やショウの幕開きや幕切れが活人画になる趣向には度々出くわすことがあるが、記録から確認される、芝居の中で活人画が用いられた最初の事例は一七六一年のことである。同年一二月、パリのコメディ・イタリエンヌ劇場において「アルルカンの結婚」という喜劇が上演された。(24)その第二幕の半ばでカーテンが上げられると、役者たちによって、ジャン゠バティスト・グルーズの描いた「村の花嫁（娘の持参金を払った父親）」［図4－24］の正確なコピーが再現されていた。喜劇役者たちは自分の役の衣裳を身に着けたまま、この作品のポーズを取って静止していたのである。主役はカルランと通称されたシャルル゠アントワーヌ・ベルティナッツィという役者で、彼はコメディ・イタリエンヌ劇場のアルルカン（アルレッキーノ）役者だった。この一座はイタリアの喜劇であるコメディア・デッラルテの一座だったので、他の役者たちも、それぞれの類型的な役柄に適った衣裳や仮面を着けていたはずだ。グルーズの「村の花嫁」は、一七六一年のサロン出品作である。『文芸通信』におけるディドロによるサロン評でも好評で、たいへん話題になっていた作品であった。[25] ディドロによってグルーズの最高傑作とまで称された作品であることから、多くの観衆は原作を理解したうえで、この趣向を楽しんだものと思われる。

この芝居については、同年一二月に文芸誌「メルキュール・ド・フランス」に記事があり、またファヴァールという人物がウィーン宮廷劇場総支配人ドゥラッツォ伯に書いた手紙の中で、「グルーズの絵画が演じられた。とても真に迫っていたので、絵画そのものを見ていると信じてしまうほどだった」と記している。[26] この芝居はたいへん好評で、一七七九年まで何度も再演された。

また、一七九〇年に上演されたヴォルテールの戯曲『ブルータス』では、ラスト・シーンで主役の役者がダヴィッドの同主題作品におけるブルータスのポーズを取ったという[27]［図4－25］。ダヴィッドの作品は前年のサロンに出品されたものであった。

さらに一八〇〇年三月三〇日、パリのオペラ・コミークでは、「サビニの女たち」という一幕のヴォードヴィルが上演された。芝居の終盤、登場人物たちは激しい議論を行い、ふと気が付くとダヴィッドの「サビニの女たち」〔図4-26〕と同じ身振りをしているのだった[28]。そして登場人物の一人がそのことに気付き、「なんてことだ、このイメージは！　動くな、動くな。これはダヴィッドの絵画の生きた複製だ」と叫んだ。ダヴィッドの原画では、前景の左右に武器を持った二人の男性が描かれているが、舞台では、彼らは剣であるかのように傘を手に取り、盾であるかのように帽子を持ち、そして投げ槍のごとく竹のステッキを構えていた。登場人物たちが、自分たちが活人画を演じていることにはたと気付くという趣向で、持ち物の見立てを含め、パロディとしての活人画の利用の事例といえる。

一般的な演劇の中に仕込まれた活人画は、さほど多くの記録が見られるものではないが、当時のデ

4-24　グルーズ「村の花嫁」、1761年、パリ、ルーヴル美術館

4-25　ダヴィッド「ブルータス」、1789年、パリ、ルーヴル美術館

4-26　ダヴィッド「サビニの女たち」、1799年、パリ、ルーヴル美術館

ィドロの演劇論における「舞台は絵画のように見られなければならない」という主張と関連があると考えられている[29]。ディドロは演劇の舞台において、画家がカンヴァスに描いたように自然で真実らしく人物が配置された場合に、それを「タブロー」と呼んだ。よってディドロの用いる演劇用語としてのタブローは、活人画（タブロー・ヴィヴァン）と一致するものではないが、絵画を意識したものであることに変わりはない。ただし絵を見るようにじっくりと眺めることを要請する「タブロー」は、劇の流れを中断してしまうため、ディドロは幕開きが「タブロー」になることを勧めている[30]。いくつか紹介した、劇中に活人画を取り込んだ事例は、ディドロの主張する「タブロー」をさらに一歩進めたもの、あるいはそのような主張に対するパロディのようなものであったと捉えることができるだろう。

もう一つの活人画アティテューズ

一八世紀の後半、生きた人間が美術作品を模倣する新たなパフォーマンスとして、活人画に加えて、アティテューズとモノドラマが生まれ、それら三つは相互に関係を有した。

アティテューズは「姿勢」と訳されることもあるが、要するに古代風の衣裳を身にまとい、ショールを手にした女性が、次々と姿勢を変え、古代彫刻や絵画の登場人物の形を再現していくのである[31]。その様子を想像してみると、次から次へとポーズを決めていく現代の写真モデルのようにも思われる。

アティテューズを演じたのは女性であり、その中心には三人の人物がいた。エマ・ハート（ハミルトン夫人、一七六五〜一八一五年）、イーダ・ブラン（一七九二〜一八五七年）、そしてヘンリエッテ・ヘ

七七〇～一八四九年）の三人である。アティテューズは彼女たちの専売特許で

ルトン卿の愛人であったが、ハミルトン卿が美術愛好家であったことから、彼の余興としてアティテューズを演じた。ハミルトン卿はイギリス公使として長駐在しており、古美術や古代遺物などを収集するとともに、それらに表されたイメージをエマ・ハートに再現させたのである。彼女のアティテューズについては、実際にナポリでその様子を見物したゲーテの証言が残っているので、多少長くなるが耳を傾けてみよう。一七八七年三月にゲーテはハミルトン邸を訪れたのであった。

　相変らずイギリス公使としてこの土地に住んでいる騎士のハミルトンは、ずいぶん長いあいだ芸術愛好と自然研究をつづけた後に、自然と芸術との頂点を示すところの一人の美しい乙女を発見した。歳のころ二十歳くらいのイギリス婦人で、このひとを彼は自分の家においている。非常に美しい、そしてよく発育した女である。彼はギリシア風の衣裳を作らせて彼女に着せているが、それがまた彼女によく似合う。そのうえ彼女は髪を解いて、肩掛を二つ三つかけ、態度、物腰、容貌をいろいろと変えるので、それを見る人はほんとうに夢を見ているのではないかと思うほどである。何千人もの芸術家がどうかして造りたいと思っていたものが、運動と驚くべき変化とを示しつつ、彼女のなかに完成しているのを見ることができる。立ったり、跪いたり、坐ったり、横になったり、真面目になり、悲しそうになり、いたずらげになり、放縦になり、悔悟のさまを示し、迷わすように、脅かすように、また不安の様を表したりして、連続的に次から次へと

様子が変ってゆく。彼女はいろいろな表情に応じて具合よく肩掛の襞をえらんで変化させる術を心得ていて、同じ肩掛で無数の髪飾を作り出すのである。この老騎士は手にした灯火でそれを照らして、全心をあげて彼女に打ちこんでいる。彼はあらゆる古代の作品、シチリアの貨幣に刻まれている美しい横顔、それからベルヴェデレのアポロまでも、彼女の中に見出すのだ。確かに類のない喜びである。私たちはこの喜びをすでに二晩味わった。今朝はティッシュバインが彼女の肖像を描いていた。[32]

ゲーテが述べているように、エマ・ハートは、身にまとったシンプルな古代ギリシア風のチュニックの襞とショール、そしてポーズと表情によって、刻々と様々な芸術作品を表現していった。アティテューズは女性が一人で演じるものであって、活人画のように群像としての絵画を再現するのではなく、単独の彫像や、絵画作品から切り出してきた人物を再現した。また必ずしも厳密な原作があるというわけでもなかった。ゲーテは画家ティッシュバインが彼女の姿を描いたと証言しているが、他にも何人かの画家が彼女の姿を版画にしたため、そのようなイメージとしてもヨーロッパ中に伝播した。一七九四年には画家フリードリヒ・レーベルクによるエマ・ハートのアティテューズのデッサンが、トンマーゾ・ピローリによる版画としてローマにおいて出版され、評判となった［図4－27］。

　二人目のイーダ・ブランは、彼女の母がゲーテと同様に、ナポリでエマ・ハートのアティテューズを見たことから、その影響で自ら演じることになったものらしい。一八一三年に女流作家のスタール夫人が『ドイツ論』において、彼女のアティテューズを賞賛している。イーダ・ブランのアティテューズは、エマ・ハートのそれとよく似たものだったが、伴奏の音楽に合わせて踊るという点が特徴だった。

最後は、ヘンリエッテ・ヘンデル＝シュッツである。画家プフォールが、先に記したレーベルクが描いたエマ・ハートの絵を見せつつ、彼女にもアティテューズを演じることを勧めたという。彼女はプロの女優であり、アティテューズを舞台でも見せた［図4－28］。ギリシア・ローマ神話を古代彫刻のように演じたり、キリスト教主題をドイツ・ゴシック美術風、あるいはラファエッロ等のイタリア・ルネサンス絵画風に演じたりしたことに加え、当時流行していたエジプト的なモチーフを演じることもあった。ギリシア彫刻が舞台上でエジプト彫刻に変ずるというように、動く美術史といった趣のあるアティテューズであったようで、実際のところどのようなものであったのか、ちょっと見てみたい気もする。

　アティテューズはヘンリエッテ・ヘンデル＝シュッツが劇場で披

4－27　フリードリヒ・レーベルク「アティテューズを演じるハミルトン夫人」、1794年

4－28　アティテューズを演じるヘンリエッテ・ヘンデル＝シュッツ、1809年

露したことを例外とすると、基本的に夜会等の余興として用いられたもので、上流階級の人々に愛好された。ちなみに、ゲーテは『親和力』において、ルチアーネに活人画のみならずアティテューズも演じさせているが、これもまさに上流階級の集会の余興であった(33)。

忘れられた演劇モノドラマ

この時代、アティテューズおよび活人画と関連する、絵画を模倣する趣向のある演劇として、モノドラマというジャンルも誕生した(34)。モノドラマは、科白と音楽、パントマイムを組み合わせた一人芝居である。音楽が演奏されることが特徴であり、メロドラマとも呼ばれた。ただし、モノドラマはオペラではなく、科白が歌われるわけではない。科白は器楽曲の演奏の合間に、あるいはそれを伴奏として語られるのである。そして感情がクライマックスにいたると、科白がなくなり、音楽を背景にパントマイムすなわち無言の身振りで感情が表現される。そして最終シーンでは、登場人物が次第に動きを失い、彫像のように固まり、最終的に舞台全景が絵画のようになるという趣向であった。パントマイムの部分はアティテューズと重なるものであり、ラストは活人画となるのだ。

モノドラマの最初の作品は、一七七〇年にリヨンで初演されたジャン＝ジャック・ルソーの一幕劇『ピュグマリオン』である(35)。ピュグマリオンが自分の作った象牙彫刻のガラテアに恋をして、アフロディテ女神によって命を吹き込まれたガラテアと結ばれるという、有名なピュグマリオン伝説に取材したものだが、ルソーのモノドラマでは、ピュグマリオンの一人芝居として進行し、ラストでは命を吹き込まれた彫像ガラテアも短い科白を発する。この作品は、一七七二年にはパリのオペラ座で、一七七五年にはコメディ・フランセーズでも上演された。さらにヨーロッパ各地で上演を重ねていくことになるが、重要なのはゲーテがこの作品を一七七二年にワイマールで上演したことだ。

ドイツ語によるモノドラマの代表的な作品を書いたのも、ほかならぬゲーテであった。彼自身が一七七八年に、ルソー作品の影響を受けた『プロゼルピーナ』を発表する(36)。そして、当初は戯曲『感傷の勝利』の第四幕にモノドラマというジャンルのパロディという形で挿入されていた『プロゼルピーナ』を、一八一五年には独立した真面目なモノドラマとして上演した(37)。

この芝居の中で、黄泉の国の王プルートによって地上の楽園から冥府にさらわれてきたプロゼルピーナは、かつての地上の楽園における幸せな日々を回想したり、さらわれてきた状況を述べたり、救済への期待を語ったりするが、芝居のラストで、柘榴の木の実を食べたことをきっかけに次第に動きがなくなり、彫刻のように固まっていく。最後に舞台背景が開き、そこには玉座につくプルートが描かれている。幕が閉まった後、再び開かれると、プルートの隣にその妃プロゼルピーナが座り、静止した状態を保って完全な活人画となるのである。

モノドラマは、完成してから幕が上がる活人画とは異なるが、演劇史的にはアティテューズと活人画を融合したものだといえる。一八一五年の『プロゼルピーナ』の再演に際してゲーテは論文を出版しており、そこでは、パントマイム部分のアティテューズ的演出について、アティテューズの立役者であった「エマ・ハート風に」とか「シュッツ風に」とか記しているのである(38)。

ルソーが『ピュグマリオン』で生み出したこの新たな演劇形態は、フランスでは「メロドラマ」（音楽のある演劇）として、登場人物を増やしてその後の展開を遂げることになる(39)。しかし本来のモノドラマとしては、アティテューズと同様、長く栄えるということはなかった。ドイツでは、三〇本近くのモノドラマが書かれたが、その流行は、ゲーテの『プロゼルピーナ』再演を例外とすると、ほぼ一七七〇年代に限られた。

モノドラマというジャンルは、ゲーテが『プロゼルピーナ』を書いていなければ忘却の淵に沈んでいただろう。それにしても、ゲーテは、自ら国家的活人画イベントを企画・出演し、エマ・ハートのアティテューズに関する貴重な証言者となり、小説『親和力』にアティテューズと活人画の場面を設定し、さらにはアティテューズと活人画を融合したモノドラマ『プロゼルピーナ』を書き、その上演まで手掛けたのである。活人画史上、もっとも偉大なプロモーターであったといってよいだろう。

さて、現代ではモノドラマが上演される機会はまずないが、「芝居のクライマックスになると科白がなくなり、音楽を背景に高揚した感情をパントマイムで演じる」というモノドラマの特徴を曲りなりにも追体験するには、大衆演劇（いわゆる座長芝居）の舞台をご覧になるとよい。大衆演劇では、まさに芝居のクライマックスの瞬間、役者の科白がなくなり、大音量で流される音楽（しばしばド演歌）をバックに、登場人物おのおのが大きな身振りや表情で感情を表す芝居をして幕を閉じることがある。(40) もともとその前身の一つである浪曲劇で、そのような箇所で浪曲師がうなる節に合わせて演技をしていたことの名残かとも思うが、私は大衆演劇でこのようなシーンに出くわすたびに、ああ、モノドラマの効果とはこのようなものだったのかと、一人で感動してしまう。一方、最後が活人画となって幕になるというのはよくある趣向で、例えば歌舞伎の幕切れで絵面に決まって幕が引かれるなどというのが典型的なものだろう。

突然クライマックス

一八世紀後半に出現した、これら三つの新たなパフォーマンスについての古典的な研究を行ったホルムシュトレームによれば、モノドラマ、アティテューズ、活人画（タブロー・ヴィヴァン）の三つは、一八世紀中葉に起こった演劇改革の賜物である。[41] 韻文で書かれた戯曲のデクラメーションが中心にあったそれまでの演劇に対して、いずれも、パントマイム的な演技や絵画的効果を通して、人間の感情を自然に表現しようとする試みとして捉えることができるという。

しかし、アティテューズやモノドラマと比較しての活人画の特徴は、まず群像であるということが挙げられる。アティテューズは、上に紹介した代表的な三人の女性いずれも、一人で演じた。モノドラマは、まさに一人で演じる演劇ということがその語源となっている。それに対して活人画は、例外はあったとはいえ、基本的に群像を描いた絵画、要するに歴史画をその原画としたのであった。当時の絵画のヒエラルキーにおいて、歴史画が最上位に位置したということも関係がなくはないだろう。

アティテューズやモノドラマに対する活人画のもう一つの特徴は、活人画は絵画の構図が完成した状態で幕が開くということである。アティテューズにおいて演者は、鑑賞者の前で刻々とポーズを変えた。モノドラマでは次第に動作が緩慢となり、絵画に変容していく過程も鑑賞者が目にするのであった。

それに対して活人画では、すべての準備が整い、すべての演者が動きを止めた状態で幕が上がる。よって活人画は、演劇でいえばクライマックスの一瞬を最初から演じていることになる。そのためには、原画における登場人物の表情や身振りをよく研究し、それを正確に再現しなくてはならなかった。原画を描いた画家が創り出した美しき瞬間を不動で再現する活人画の美は、誰か一人が少しでも動いてしまえばもろくも崩れ去ってしまうという緊張感をはらんだものであった。

ところで近年、美術館では活人画という言葉は使わないまでも、絵ないし彫刻を真似るワークショップが行われることがある。知り合いの学芸員氏によると、そのようなワークショップをすると、画家がクライマックスの瞬間を描き出すために、登場人物にいかに不自然なポーズを取らせているかがよく分かるそうである。確かに活人画で「突然クライマックス」のポーズを取ってじっと静止していると、役柄によっては次の日筋肉痛になりそうだ。

第五章

大衆化する活人画——一九世紀後半

原作なき活人画

活人画は、一八世紀の半ばから行われ始め、一九世紀いっぱい流行が続いた。前章で述べたように、もとは上流階級の娯楽であったが、一九世紀半ば以降は大衆的な人気を博するようになっていく。当初は原作となる絵画作品を再現していたが、次第に原作を持つことから離れ、聖書や神話の場面、歴史的な場面等が創作されるようになった。それは活人画が、教養として原作を知っていることが前提とされたような上流階級の独占物ではなくなり、市民の家庭の中に、あるいはより広く大衆娯楽の中に入っていったということを意味している。

また活人画は、大きな歴史の流れにも棹さすかたちとなり、民族主義の受け皿となる。民族主義的な集会の余興、ないし集会の口実として用いられ、民族の歴史を表す場面の活人画が考案されたのである。さらに、ミュージック・ホール等では活人画を取り入れたショウが行われるようになる。活人画は男性観衆の好色なまなざしを受け止める装置として、裸体を展示するという新たな役割を担うようにもなっていく。

本章では、このように活人画が大衆化するのに伴って、機能が拡大していった様子を見ていこう。

国家的、民族主義的イベントと活人画

一九世紀後半は帝国主義の時代であり、民族主義の時代である。そのような時代の、国家意識や民族意識の高揚を背景として開催された各種イベントで、活人画が演じられた。同じ時期に、君主を称えるイベントにも活人画が使われており、君主を賛美するためにも、民族主義的なイベントにも用いられたというのは、一見使用目的が正反対であるようにも思われるかもしれない。しかしそれは、活

人画がメッセージを伝えるには都合のよいメディアであったということであって、方向性は異なっても実は同じ機能を果たしていたのである。これは、第二章で扱ったルネサンス期の活人画の機能と重なるところであり、活人画の役割が先祖返りを起こしたともいえるだろう。ルネサンスの活人画と近代のそれとの間には直接的なつながりはないのだが、活人画というスペクタクルの持つ力が、同じ使用目的に収斂《しゅうれん》させていったといえるのだ。

この時期のイベントの活人画は、前代のように巨匠の名画を再現するのではない。そのイベントの開催目的にふさわしいプログラムが構想され、それぞれの活人画の画題が新規に決定された。ここで重要なのは、もはや原画の芸術性や原作者の名声ではなく、構想された活人画の主題やメッセージの方である。君主称揚であれば君主の治世の出来事、民族主義的なイベントであれば民族の歴史といったものが主題となり、いずれも大きなくくりでいえば歴史画ということができる。活人画を並べて見せることで主催者に都合のよい歴史を提示したのである。活人画による大規模な紙芝居のようなものであったといえるかもしれない。

従来、この種のイベントが言及されたり、関心を持たれたりすることはあまりなかったが、そのようなイベントの際に演奏された伴奏音楽が有名になり、その曲にまつわる知識として、その曲がもとは活人画のために作曲されたということが記憶されている事例がある。忘れがちなことだが、活人画の上演に際しては、基本的に伴奏音楽が演奏された。上演前には前奏曲が、上演中は各景ごとに伴奏音楽が演奏されたのだ。

一つの事例を紹介しよう。ロシア帝国の東方領土拡張に励んだロシア皇帝アレクサンドル二世は、一八八〇年に在位二五周年を迎えた。そのことを記念して、この皇帝のそれまでの在位期間に起こった国家的な大事件をテーマにした一二場面からなる活人画のイベントが企画された。(1) そしてそれぞれの活人画の伴奏音楽が、当時のロシアを代表する一二人の作曲家たちに依頼された。

現在でもよく演奏されているボロディンの「中央アジアの草原にて」は、この時に作曲されたものである。他にもチャイコフスキーやムソルグスキー、アントン・ルビンシュタイン、ツェーザリ・キュイといった当時のロシアを代表する作曲家たちが、この活人画の企画のために作曲を手掛けている。ムソルグスキーは、露土戦争（一八七七〜一八七八年）の時にロシア軍がトルコの要衝カルスを占領した様子を表す活人画の伴奏音楽を、チャイコフスキーは、同じく露土戦争中にモンテネグロの人々がロシアによる対トルコ宣戦の報を聞く場面を担当した。

君主の在位期間中の出来事を連作絵画として描いたものといえば、我が国では明治神宮外苑の聖徳記念絵画館に収められた明治天皇と昭憲皇太后の事績を連作として描いたものが想起されるが、その活人画版を想像してみるとよい（あるいは時代をさかのぼって、ルーベンスによるマリー・ド・メディシスの生涯の連作も同様のものである）。

ただしこの一八八〇年の活人画の企画は、残念ながら皇帝暗殺未遂事件により中止になってしまった。そして音楽だけが残されたのであった。

「フィンランディア」作曲秘話

実際に開催された民族主義的な活人画イベントで、その際に作曲された伴奏音楽が名曲として愛聴されているものとして、作曲家ヤン・シベリウス［図5－1］が関わった事例がある。先ほどのボロディンやムソルグスキー、チャイコフスキーらはロシアの国民楽派の作曲家たちであったが、今度はフィンランドの国民的作曲家である。

一八八〇年のロシア皇帝アレクサンドル二世の活人画イベントが描き出すはずだったのは、パン・スラヴ主義を口実としたロシア帝国の拡張主義であったが、以下に記すフィンランドの活人画イベントは、まさにそのロシア支配からの独立を模索する民族主義的な気運の中で生まれたものである。一八九三年、ヘルシンキの帝立アレクサンドル大学におけるヴィープリ出身者の学生組合が、ヴィープリ地域の民衆教育のために資金集めの宝くじを目的とした集会を行うことになった。そしてそのクライマックスとなる余興として、同年一一月一三日の宵に活人画を企画した。[2] 主題はカレリア地方（フィンランド南東部からロシア北西部に広がる森や湖の多い地域）の歴史である。

前章で紹介したような原作となる絵画の再現を目的とした活人画と異なり、この種の活人画では、学者や詩人が活人画全体の筋書きを構想し、またそれぞれの活人画の上演前に朗読すべき詩や説明の文章を考案した。そして建築家が舞台を設営、画家や彫刻家が演出し（必要に応じて舞台装置、背景画も製作）、作曲家は伴奏音楽を作曲したのである。一八九三年の活人画の企画には、ヴィープリの教育者ガブリエル・ラグス、建築家ヤック・アーレンベルク、彫刻家のエミール・ヴィクシュトレーム、画家のアクセリ・ガッレン＝カッレラ、そして作曲家としてシベリウスが関わった。画家ガッレン＝カッレラは、一八八三年頃からフィンランドの民族叙事詩「カレワラ」に取材した作品を制作しており、活人画はそれに近いものであったのかもしれない。

5-1　ヤン・シベリウス、1880年代末

この活人画「カレリア」の上演は、一八九三年の一一月一三日に

ヘルシンキで行われ、序曲と八場面の活人画、間に二曲の間奏曲が演奏された。八場面の活人画は以下のとおりである。

前奏曲
一「カレリアの家、戦争の知らせ」（一二九三年）
二「ヴィープリ城の建設」（一二九三年）
三「カキサルミ地方に税金を課すリトアニア公ナリモント」（一三三三年）
間奏曲
四「ヴィープリ城のカール・クヌトソン」（一四四六年）
五「カキサルミに大砲を向けるポントゥス・デ・ラ・ガルディ」（一五八〇年）
間奏曲
六「ヴィープリの包囲」（一七一〇年）
七「旧フィンランド（カレリア）と他地域との再統合」（一八一一年）
八「フィンランド国歌」

第一から第七場面は、一三世紀から一九世紀におよぶ、いわゆる歴史画的な場面であった。最後の第八場面「フィンランド国歌」では、フィンランドの擬人像である乙女が、片手にフィンランドの紋章たるライオンの図柄の盾を持ち、もう一方の手で若いカレリアの女性を抱く。そして左右には農民たちが鋤や糸巻きを運ぶという構図が考案されたという。歴史場面ではなくフィンランドのあるべき姿ないし理念を、擬人像的なイメージを使って構成したものだった。

この活人画の上演中、客席のおしゃべりがうるさく、オーケストラの演奏を圧倒していたという。シベリウス本人も、弟のクリスティアンに、「みなが大声で叫ぶので音楽はてんで聴こえなかった」と愚痴を書き送っている。[3] その苦い経験もあってか、翌年シベリウスは、この時の活人画伴奏音楽から前奏曲と二曲の間奏曲を抜粋して、「カレリア組曲」（作品一一）を出版した。カレリア組曲は現在でも人気のある名曲だが、音楽辞典を見てみると、もともと劇音楽として作曲されたと紹介されていることが多い。劇音楽といっても間違いではないのだが、ここに紹介したように、正確にいうならば、それは活人画の伴奏音楽だったのである。それ以外の部分、すなわち八つの活人画部分の伴奏音楽の楽譜はシベリウス本人によって破棄されたが、その後研究者たちが、残されたパート譜から音楽全体を復元した。現在ではCDの録音で全曲が聴ける。[4] 西洋音楽史の奥の院ともいえるようなシベリウス晩年の傑作群とは比べるべくもないが、これはこれで、若々しさに溢れ、彼の青春を感じさせる魅力的な音楽であると思う。

「カレリア組曲」とならび、もう一曲のシベリウス作品も、もとは活人画のためのものだった。それは、フィンランド第二の国歌ともいわれる有名曲「フィンランディア」である。一八九九年、既にロシア皇帝はアレクサンドル二世からニコライ二世に替わっていたが、その統治下でフィンランドの自治は圧迫されつつあった。それに伴い、言論、集会の自由も制限されるようになる。このことに反対するために、新聞祭典が企画されたのである。[5]

この新聞祭典では様々な余興が繰り広げられたが、その一つとして、ヘルシンキの劇場でフィンランドの歴史に取材した活人画が行われた。こちらも題目を並べてみると、

一「ヴァイナモイネンはカレヴァとポホヨラの人々のみならず自然をも彼の歌で楽しませる」(神話時代)
二「フィン人の首領に洗礼を授ける司教ヘンリック」(一二世紀)
三「ヨハン公の宮廷の情景」(一六世紀)
四「三〇年戦争におけるフィン人」(一七世紀)
五「大いなる敵意」(一八世紀)
六「フィンランドは目覚める」(一九世紀)

となる。このように、イベントは前奏曲と六場面の活人画から構成されたが、六番目の活人画「フィンランドは目覚める」の伴奏音楽が、「フィンランディア」の原曲となるのである。[6]

一八九三年の活人画「カレリア」にしても、一八九九年の新聞祭典にしても、民族の長く独自な歴史を示すのに活人画がふさわしかったことが理解できる。ちなみに、一九〇〇年のパリ万博において、フィンランド館はたいへんな評判になったが、その館内に画家ガッレン＝カッレラが民族叙事詩「カレワラ」に取材した天井画を描いた。主題はシベリウスの関わった活人画と重なるところもあり、ガッレン＝カッレラとしても、その経験を踏まえたものという意識があったと思われる。この種の活人画は、同時代の絵画動向と軌を一にしていたのである。

残念ながらこれらのイベントの写真は残されていないのだが、一八九九年にシベリウスが作曲した愛国的な合唱曲「アテネ人の歌」が、一九〇〇年のヘルシンキ合唱音楽祭において活人画とともに演奏された際の舞台の写真が残っている(7)［図5－2］。ギリシア風の衣裳を身にまとった大人数の参加者による大規模な活人画であったことが分かり、当時のこの種のイベントにおける活人画の実態を想像させてくれる貴重な手掛かりとなっている。

機会音楽としての活人画伴奏音楽

さて、少し時間がさかのぼるが、本来活人画のために作曲されたもう一曲の音楽作品についても触れておきたい。ドイツ後期ロマン派の作曲家グスタフ・マーラーの交響曲第一番「巨人」が、もともと五つの楽章からなり、第二楽章として「花の章」がついていたことは、マーラー・ファンには周知の事実である。後にマーラーは「花の章」を削除し、四楽章構成に仕立て直した。この「花の章」の元曲が、実は活人画「ゼッキンゲンの喇叭手」（原作は一八五四年のヴィクトル・フォン・シェッフェルの叙事詩）の付随音楽だった。一八八四年カッセルで行われたこの活人画の上演は七つの活人画からなったが、「花の章」はその一場面の伴奏音楽だったのである(8)。

5－2　活人画「アテネ人の歌」、ヘルシンキ合唱音楽祭、1900年

歴史上、大量の活人画伴奏音楽が作曲されたはずであるが、消え去っていった音楽作品の多かったことが想像される。なにぶん再演の見込まれない機会音楽のことであるから、作曲家たちが本気で作曲したかどうか分からないし、つまらない曲も多かったのかもしれ

ない[9]。ここで紹介したシベリウスの意欲的な作品は例外的なものだったのかもしれない。カレリアの活人画の時は、シベリウスもまだデビュー間もない頃であり、売り出し中の身であった。そのような作曲家であったからこそ、活人画伴奏音楽の仕事がきたのであろうし、シベリウスも若き民族主義的な情熱とともにこの仕事に取り組んだのだろう。

活人画の伴奏音楽は、その後の時代でいえば映画音楽に近いといえる。特にサイレント映画の時代、銀幕上にはまさに「活動写真」が映し出され、その前にしつらえられた楽団席で、楽師たちが伴奏音楽を演奏していた。ただし映画は複数回上映され、評判がよければロング・ランということもありうる。そういった意味では、基本的に一回の使用に限られる活人画の伴奏音楽は、機会音楽の範疇に入れるべきものであって、ルネサンスやバロック期の作曲家たちが作曲した、君主の祝祭・祝宴のための音楽（ヘンデルの「水上の音楽」や「王宮の花火の音楽」が有名な例だろう）に近いともいえる。そうであればこそ、出来の良いものに関しては、抜粋したり、タイトルを変えたりして出版されたのである。ここに挙げた以外にも、実は活人画のために作曲された曲を、私たちはそうと知らずに聴いていることもあるのだろう。

ミュシャの「スラヴ叙事詩」

大規模な活人画を用いた民族主義的なイベントというものから思い出されるのは、少し時代が下るが、チェコの画家アルフォンス・ミュシャの仕事である。パリで制作したアール・ヌーヴォー風の洒落たポスターで有名なミュシャであるが、最近日本でも初公開された晩年の代表作「スラヴ叙事詩」連作（一九一二～一九二六年）は、このタイプの活人画の有り様を想像するのに有益である。この連作は、巨大なカンヴァス画二〇点にスラヴ民族の歴史を描き出す[10]［図5－3］。この時期に描かれた民族主義的な歴史画連作の一例であり、先に紹介したフィンランドでのイベントの活人画と通じるところが大きい。

このミュシャの仕事は、実はフィンランドの活人画と細い糸でつながっている。当時、万国博覧会では各国のパヴィリオンにおいて自国の歴史をテーマにした壁画が描かれることが多かったのだが、一九〇〇年のパリ万国博覧会において、フィンランド館では、先にも触れたように、かつてシベリウスの活人画を手掛けたガッレン＝カッレラが壁画を描いた[11]。そして同じ博覧会にオーストリア＝ハンガリー帝国が出展したボスニア・ヘルツェゴビナ館において、ミュシャも民族の歴史を壁画に描いていたのである。そしてその経験が、いずれミュシャをして「スラヴ叙事詩」に赴かせることになる。

5－3　アルフォンス・ミュシャ「スラヴ叙事詩」（プラハでの公開時の写真）

「スラヴ叙事詩」を制作するに当たり、ミュシャは部分ごとにモデルにポーズを取らせ、それを写真に撮影した。それらのいわば活人画写真を組み合わせて大構図を作り上げる形で制作を行ったことが知られている[12]。写真のモデルとなったのは、ミュシャが「スラヴ叙事詩」制作のために滞在したズビロフの村民たちだという。図5－4は連作の一八点目「スラヴの菩提樹の下で誓いをたてる若者たち」だが、画面左下で竪琴を奏でる少女と、画面中央の手をつないで輪になった若者たちの姿について、それぞれを

5-4　アルフォンス・ミュシャ「スラヴの菩提樹の下で誓いをたてる若者たち」

演じた活人画のような準備写真が残っている［図5－5、6］。活人画と写真の関係については、本章の末尾で論じるが、ミュシャのこの仕事は、そのことについて考える際にも意義深い事例である。

後年、ミュシャは、「スラヴ叙事詩」を素材とした活人画にも携わった。通常とは異なり、船上を舞台とした活人画である。一九二六年、プラハで第八回ソコル祭が開催されることとなり、ミュシャは、ヴァルダヴァ（モルダウ）河の川面で四夜にわたって行われる水上パレード「同胞のスラヴ」を企画した。[13]夜間に行われるはずであったこのパレードは、同じく夜間に開催されることの多かったルネサンスの入市式を想起させる。あいにく水上パレードの公演当日、プラハの町を暴風雨と洪水が襲い、せっかく準備した装飾船は無残にも大破してしまった。上演は警察命令により中止となり、結局幻の活人画イベントとなってしまったが、荒天によって計画通りにいかないというのも、ルネサンスの入市式以来の皮肉な伝統である。

ミュシャがこのイベントのために計画した船上活人画の構想図が残されており、そこには「スラヴ叙事詩」の各場面を構成した様々なモチーフが見て取れる［図5－7、8］。活人画を複数の船上にしつらえるということもあり、「スラヴ叙事詩」の大構図そのままではないが、その構図を解体し、船上に再構築したような趣の活人画になるはずであったようだ。

5-7　アルフォンス・ミュシャ「アルコナの収穫祭—家」(活人画「同胞のスラヴ」のための準備素描)、1925-26年

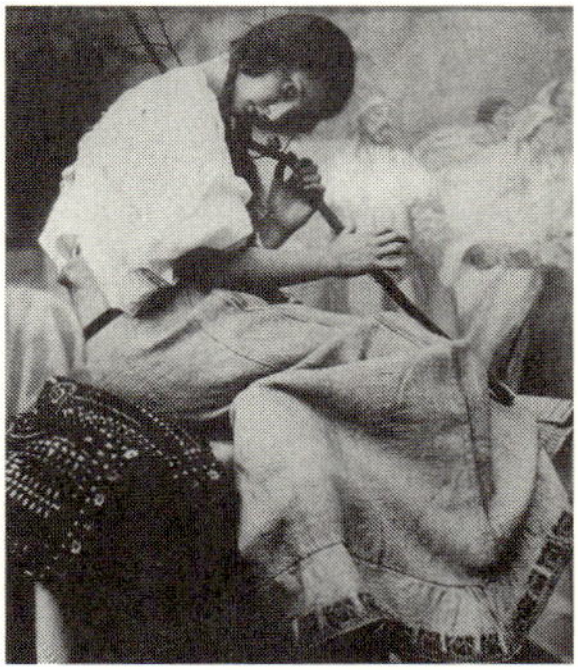

5-5「スラヴの菩提樹の下で誓いをたてる若者たち」のための準備写真

5-8　アルフォンス・ミュシャ「聖霊降臨祭」(活人画「同胞のスラヴ」のための準備素描)、1925-26年

5-6「スラヴの菩提樹の下で誓いをたてる若者たち」のための準備写真

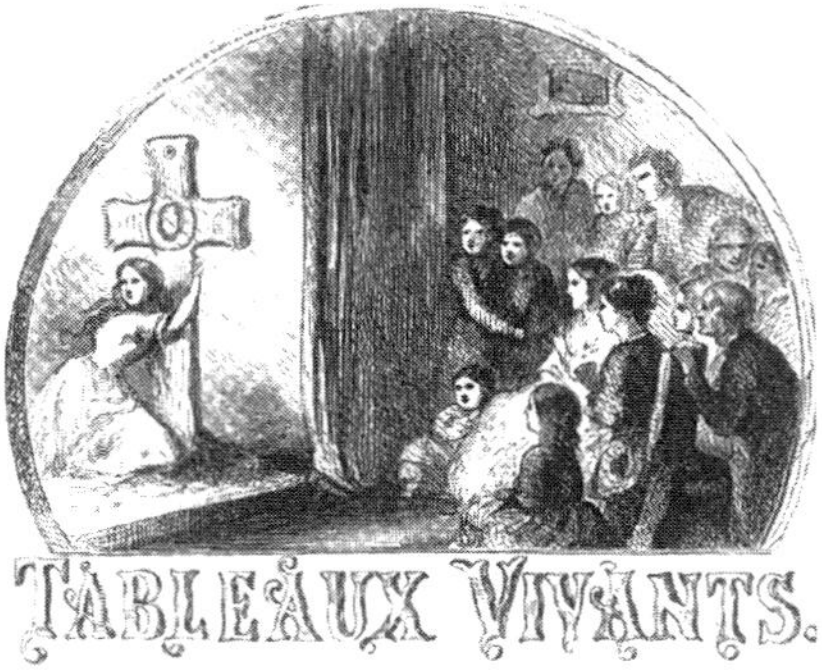

5－9　J. H. ヘッド『家庭の気晴らし、あるいは活人画』タイトル・ページ

活人画のような写真を利用して大壁画「スラヴ叙事詩」の連作を制作し、できあがった巨大連作を解体して、水上の活人画「同胞のスラヴ」として再構成する。ミュシャの「スラヴ叙事詩」をめぐる一連の取り組みは、絵画と活人画の間の往還が見られる事例としてじつに面白い。

活人画を作ろう

以上のような特別な目的を持つ大規模なイベントではなく、素人が家庭で、あるいは集会・夜会の余興として行った活人画に目を向けてみよう。前代の上流階級の人々が画家等の指導も得て原作を再現したような活人画ではなく、また歴史画を手掛けるような画家が企画する大規模な活人画イベントでもなく、一般家庭の人々が自分たちで楽しんだ活人画である。そのために用いられたのが、各種マニュアル本であった。それらの著作は、当時の普通の人々にとっての活人画を知る上でたいへん貴重な資料である。

例えば、J・H・ヘッド著『家庭の気晴らし、あるいは活人画』という本がある[14]［図5－9］。一八六〇年にボストンで出版された同書は、過去一〇年を活人画研究に費やしてきたという著者が、欧州で大流行を博するもアメリカでは未だ知られていない活人画を紹介することを目的としている。

著者は巻頭で、「芸術は画家のアトリエのみに限定されるものではない。その存在はあらゆる家庭を美しく飾る」と記し、活人画によって何が美しく優美なものであるかを学ぶことができ、活人画は

「興味深く、教育的なものである」と宣言する。

このマニュアル本は、まず活人画を行う会場に関する説明から始まる。会場となるホールの奥の壁の、左右壁面から等距離のところに舞台を設定する。舞台の前面は、絵画の額縁のようになっていなくてはならず、その額縁は楕円が用いられることもあるが、矩形のものの方が重宝だという。舞台の床には暗い毛織物のカーペットを敷き、天井は明るい青、背景は黒の上質カナキンの幕を張る。舞台の左右は劇場のそれと同様にする。額縁にはカーテンを付け、それを上げ下げできる仕掛けを作る。フットライトにはガスを使うとあるが、フットライトまで使用するとは、意外と大仕掛けの舞台である。舞台の左右、あるいは背後に着替え部屋を設置する。

引き続き同書は主要部分である活人画の説明に移る。同書で紹介される活人画には、銅版画から着想したものが若干含まれるものの、ほとんどは原作となる絵画があるわけではない。それらは著者による想像上の産物であり、詩人の作品から取ったものもあるという。

順次解説される活人画の主題を冒頭から挙げていくと、「美の花輪」「大理石の乙女」「海からあがるヴィーナス」「シェルブールにおけるヴィクトリア女王の歓迎式」「オペラ「サッフォー」の場面」「フローラと妖精たち」「幽霊の花嫁」「音楽、絵画、彫刻」「プロセルピーナの胸像」「ワーテルローにおけるナポレオンと年老いた護衛」「休息する踊り子」「ポーツマスに入るワシントン」「名声の擬人像」「信仰の擬人像」「宗教精神」「詩人と詩の女神」「エディトの死」「アブ・ベン・アデムと天使」と続き、計約一〇〇点の活人画に関する説明が掲載されている。

各々の活人画の項には、冒頭に読み上げるべき詩の一節が記され、その後に活人画の説明がある。説明の通りに衣裳を身に着けてポーズを取ると活人画が出来上がるというわけだ。

一つの事例として「信仰の擬人像」をみてみよう。ヨーロッパにおいて古代以来の伝統がある擬人像とは、何らかの概念を特定の持ち物を有する人物の姿で象徴的に表すものである。例えばニューヨークのいわゆる「自由の女神」がその例で、あまりにも有名なあの巨像は、実は女神ではなく、自由そのものの擬人像なのである。この擬人像の伝統が活人画でも表現されたわけだが、「信仰」は、一般的には十字架や聖杯などを持つ、あるいは手を合わせて天を拝する女性像として表されることが多い。この書物ではどうなっているだろうか。

この美しい彫刻による活人画は、以下のようなやり方で再現される。輪になって跪く六人の女性が直径三フィートの盾を支える。この盾の上には信仰を表す女性が立っている。彼女は右手で十字架をつかんでいる。左手を挙げ、その人差し指は上を指している。六人の女性はトップを低くカットした純白のローブを着ている。彼女たちの髪は白い花のリースで丸くまとめられ、いかなる種類の装飾も着けていない。髪型は演者の趣味に合うようにすることができる。彼女たちの配置は以下の通りである。盾を前方で支える二人の人物は互いに向き合い、右ひざを床についている。顔は輪の外側を向き、両手は上の盾に触れている。右側の人物の後ろではさらに二人の女性が同様の姿勢を取り、左側の人物の後ろにもさらに二人の女性がいる。彼女たちはみな輪の外側を向き、両手で盾を支えている。女性たちがその位置につく前に、一フィート四方で、その下に女性たちが跪くことができるだけの高さのある台座に盾を載せる必要がある。台座と盾は白い布で覆う。六人の人物がその位置についたあと、信仰を表す人物は盾の上の彼女の位置につくのを手伝ってもらう。彼女は美しい人物で、小さく均整のとれた顔立ち、黒色に近く長い髪でなくてはならない。彼女のドレスは長くて白いローブで、盾の上に裾を引きずるようにする。ウエストは二つの飾り房のついた、長くて白い帯で締める。ブラシでとかした髪は、銀色のひもで留め、肩にゆったりとかかるようにする。頭は一／四インチ幅の小さな銀の帯で飾り、中心には小さな銀の十字架。彼女は盾の中心に完全にまっすぐに立ち、十字架を右肩で支える。眼差しは、礼拝しているかのように上に向ける。顔の表情は穏やかで、しかし断固たる意志と活力を示している。光は柔らかである必要があり、舞台の前方右端から照明する。盾を支える人物たちは部分的に影になっていなくてはならず、一方信仰は最大限の光を浴びる。この作品を伴奏する音楽は神聖な性質のものがよい。[15]

このように、擬人像としては大がかりな七人が登場する活人画で、ヘッドは登場人物全員の衣裳や

5-10 「信仰の擬人像」(J. H. ヘッド『家庭の気晴らし、あるいは活人画』の口絵)

5-11　ヴィクター・プラウト「信仰、希望、慈愛の擬人像」、1863年

髪型、身振り等を事細かに説明している。この書物には活人画ごとの挿絵はないが、全巻の冒頭に口絵が一点ついており、それがほかでもない「信仰」である［図5－10］。訳出したテクストとこの挿絵を比較してみると、左右反転ではあるが、まさに指南通りの活人画になっている。六人の乙女たちが支えているように見える盾の下には、たしかに布を掛けた台座が描かれている。同じ頃に撮影された一枚の写真が、この活人画が現実にどのようなものであったかを想像させてくれる。アメリカではなくイギリスで撮影されたものだが、写真家ヴィクター・プラウトによる「信仰、希望、慈愛の擬人像」（一八六三年）である［図5－11］。そこでは、若い女性たちが活人画として三美徳の擬人像を演じている。(16)

ヘッドの著作では、各々の活人画の説明の末尾には、必ず照明と伴奏音楽に関する記述がある。実際、活人画の上演においては照明が重要であった。同書では照明および影の作り方が記されている。特に様々な着色光（炎）を作るための詳しい説明があり、炎に混ぜる鉱物の種類によってヴァラエティ豊かな色調の光が作り出されるのである。電気の時代であれば、電灯の無色の光の前に色ガラスや色セロファンを置いて着色光を作るわけだが、この時代は炎そのものに色を付けていたことが分かる。それは、活人画だけのことではなく、演劇一般についていえることなのであろう。

音楽については、曲目を指定するのではなく、どのような種類の音楽が適当かという程度のことが述べられている。先に紹介したような大規模かつ特別な機会の集会の活人画ではないので、伴奏音楽は既存の音楽を適宜選択するということになり、その曲調などが指定されたのである。また伴奏音楽以外の音響効果も想定されており、雨音、雷、遠くで鳴る大砲の音、遠方の小銃射撃の音など、様々な音の作り方が説明されている。これもまた演劇の舞台と共通したであろうし、トーキー以降の映画やラジオ・ドラマにおける音効のルーツのようなものでもある。また、登場人物の体を銅色に塗る方法、体に皺や傷を描く方法など、今日でいえば特殊メイクに当たる説明も見られる。同書はかなり実用的なマニュアル本であったようだ。

その一方で、背景画に関する細かい説明は少なく、これまでにも述べてきたように、一般的な活人画において背景画というものが必ずしも必要とされていなかったことが、ここからも理解される。

私の目にとまったもう一冊の活人画マニュアル本は、一八八二年にロンドンで出版された、チャールズ・ハリソン著『アマチュアのための素人芝居と活人画。ステージ・アレンジメントと化粧、衣裳、演技についての指南』である。[17] この書物は、ヘッドの著作のように主題ごとの説明を収めるのではなく、活人画の登場人物を類型に分けて、衣裳やメイクの仕方を説明することが中心になっている。そのような点は、まさに書名にあるように、素人芝居と共通して使うことのできる有用な知識だったのだろう。

スカーレット・オハラとアン・シャーリーが演じた活人画

ヘッドの活人画本の出版とほぼ同時期に舞台を設定した著名な小説に、活人画のシーンが登場する。一九三六年に出版されたマーガレット・ミッチェルの小説『風と共に去りぬ』である。この小説は、一八六〇年代のアメリカ南部を舞台としており、作者のミッチェルは、この時代の風俗を調査するためにヘッドの著作を入手していたのではと思わせるほどである。

この小説で活人画が現れるのは、エルシング夫人の屋敷で開催された傷病兵のための音楽会の場面である。当時、活人画は慈善募金活動の口実としてしばしば利用されたのだが、この音楽会でも、玄関に立つ執事が持つカット・グラスの鉢が銀貨でいっぱいになったという記述があり、活人画にふさわしい状況が設定されている。

活人画を演じるのはスカーレットである。「特技のある娘たちは歌を披露し、ピアノを弾いた」が、スカーレットとメラニーもデュエットで歌ったことに加え、スカーレットは最後の活人画で「南部連合の精神」の役を与えられたのだ。

スカーレットたちの演じた活人画はどのようなものだったのか。小説の該当箇所を見てみよう。

〔活人画の〕スカーレットは飛び抜けて魅惑的だった。白いチーズクロスで作られたギリシア風の衣をゆるやかに垂らして上品にまとい、赤と青の帯を巻き、片手に南部連合旗《スターズ・アンド・バーズ》を持ち、ひざまずくアラバマのキャプテン・ケアリー・アッシュバーンに差し出した片手には、金の鍔《つば》のサーベルを持っていた。チャールズとその父親のものだった。[18]

スカーレットの演じた「南部連合の精神」は、ある種の擬人像のようなものであることが分かるが、その後のくだりが印象的だ。活人画を演じ終えたスカーレットは、「レット〔・バトラー〕の目を追い求めた。自分の演技をどう評価するか知りたくてたまらなかった。腹立たしいことにレットはだれかと議論の最中で、たぶん自分に気づきもしなかったのだろう」[19]というのである。活人画の舞台にあがった彼女の気持ちを活写してあますところがない。

もう一つ、日本でも愛好者の多い小説において、活人画が演じられている。それはL・M・モンゴメリの小説『赤毛のアン（グリーン・ゲーブルズのアン）』（一九〇八年）である。

『風と共に去りぬ』の活人画は、屋敷の広間での慈善募金を目的とした音楽会の余興だったが、『赤毛のアン』が描き出すのは活人画が行われるもう一つのカテゴリー、すなわち学校行事としてのコンサートである。前章で教育の一環としての活人画の使用について言及したが、活人画はその後学校教育に取り入れられ、行事において定番の出し物となったのだ。ちなみに、アンが活人画が行われるアヴォンリーの学校に通っていたのは、一八七六～一八八〇年に設定されている。

ある時、アンの通う学校でも生徒による行事として、様々な演目からなるコンサートが企画される。それはクリスマスの晩に公会堂で開催され、売上金は校旗の購入資金に充てるという大義名分があった。募金が目的となっているところも活人画を含むイベントの定石に適っている。コンサートはコーラスや対話劇、暗誦と続き、最後が活人画である。出演できることに舞い上がったアンがマリラに語る。

「それから最後に活人画を見せるのよ――「信仰と希望と愛」というの。ダイアナとルビーとあたしがなるのよ。みんな髪をたらして白い着物を着るの。あたしは希望になるのよ。手をこんなふうに組み合わせて、目を上の方に向けるの[20]」

これはまさに三つの美徳の擬人像であり、先に紹介したヘッドの『家庭の気晴らし』の「信仰」を彷彿させるものである。

モンゴメリはこの小説の他の部分でも、「活人画」という言葉を比喩的な意味で何ヵ所か用いている。例えば、「トミー・スローンは、自分のこおろぎどもが逃げだすのもかまわず、ぽかんと口をあけてこの活人画に目をうばわれるというありさまだった」というくだりがある。[21] これはアンがギルバートの頭で石板を叩き割る有名なシーンの直後であり、この印象的な見せ場を活人画に例えているのだ。あまりの出来事にアンもギルもその周りの人も一瞬凍り付いたであろうから、その固まった様子が活人画のように見えたという比喩なのかもしれない。

社交・集会の場としての活人画の催し

活人画の上演を現代人の私たちが想像してみると、じっと止まって何もしない舞台をいくつも見せられて、本当に面白かったのかと疑問に思われるかもしれない。現代の演劇鑑賞のように、黙って舞台を鑑賞するという鑑賞形態から想像するとそのように思われるのであって、実際には活人画を見ながら、感想を述べ合うというのが当たり前であったようだ。夜会の余興の活人画は、静かにそれを見物するのではなく、会話をしながら楽しんだのである。活人画は、人が集まって社交をする恰好の口実であったということができるだろう。上流階級には上流階級の社交、民族主義的な志を持った人々であればしかるべき議論と、それぞれのおしゃべりや議論・討論をするためには、まずはひとところに集まらねばならず、活人画の催しの会場は、そのための場所としても重宝された。

現在であれば静かに押し黙って鑑賞せねばならない演劇やクラシック音楽の音楽会、あるいはオペラといったものも、かつては劇場を訪れて社交をするということが第一目的で、演劇鑑賞や音楽鑑賞は二の次であった。[22] 音楽好きや芝居好きには迷惑な、上演や演奏に集中するということからは程遠い、騒がしい観客たちの多かったことが知られている。よって、活人画にしても、出かけて行って社交をする場の提供が重要であったとするならば、複数出される活人画の合間には準備時間もあり、時々活人画に目をやりながら、周囲の人々と話し込む時間もたっぷりと確保された、たいへんに好ましい余興であったといえるのである。先に紹介した、観客の叫び声で自分の作曲した音楽が聴こえなかったというシベリウスの愚痴は、そのことを証言していることにもなるだろう。

裸体見物の口実としての活人画

近代における活人画の様々な側面について紹介してきた。しかし活人画のもう一つの重要な機能が残っている。時代が下るにつれ、活人画は舞台上の女性そのものを鑑賞する場、果ては裸体見物の場という役割が大きくなっていったのである。公衆の面前で裸体をさらすことがタブーとされた時代、そのタブーをかいくぐるための口実として、活人画が用いられたのだ。本章ではこれまでに、一九世紀後半になると原作を持たない活人画が主流となっていった様子を紹介してきたが、例外的に、原作が存在するということに意味があったのが、裸体展示の口実としての活人画である。

大衆を相手にしたショウ・ビジネスにおいて、活人画が裸体展示の場として用いられるというのは想像に難くないが、そのような状況が現出したのは、活人画の大衆化より一足早く、フランス第二帝政期（一八五二～一八七〇年）のパリ上流階級の夜会においてであった。オスマン計画により大改造が行われるパリの市中、テュイルリー宮殿をはじめとする会場で、上流階級の紳士淑女たちが活人画に興じたことが知られている。

当時の活人画の様子を知るにあたり、第二帝政下の世相を活写したエミール・ゾラのルーゴン・マッカール叢書中の一冊『獲物の分け前』（一八七一年）が、小説のクライマックスに活人画の場面を置いているのと並んで、一九世紀の末にいたってから第二帝政期の風俗を追想したピエール・ド・ラノの回想記『第二帝政期の仮装舞踏会と活人画』（一八九三年）がきわめて有益な情報を提供してくれる[23]。

ラノは、「活人画はたいへんな流行をみた。省庁やサロンがそれを奪い合うほどであった。〔中略〕第二帝政下では、人々はポーズと裸体で寓話や歴史物語の主人公たちを再現しようとしたのである[24]」と総括する。この時期のパリの活人画は、主に神話の神々や擬人像を主題とし、そのことが、登場人物が裸体であることの理由となった。それらの活人画は、多くの場合、その年のサロンで評判になった作品や、公園、庭園を飾る彫刻をもとにしていた。そしてそれらの作品の多くにおいては、登場人物は裸体で表現されていた。活人画の原作の選択は裸体展示の口実探しにほかならず、それはサロンに裸体の神話画が多数出品された理由と同断であったともいえる。ラノ自身が、「この出し物の慎みのなさを断罪するのは大人げないことと思われる。何故ならそれは実際の芸術の行き過ぎを真似たに過ぎないのだから」と述べている[25]。

ラノによると、当時もっとも評判になったのは、「狩りをするディアナ」「ヴィーナスの誕生」「ダフニスとクロエ」「フリュネ」「五大陸」「四元素」などであった。先に述べた一九世紀前半の活人画におけるダヴィッドなどの原画作品は、「ホラティウスの誓い」に見られるように古代の英雄や男性神も含むものだった。それに対して、ラノの書物に記されている活人画の原画は、ほぼ女性ばかりが登場するもの、あるいは男性が登場する場合でもそれは若い男であって女性が演じることのできるようなものである。

とりわけ人気があったという「五大陸」は、海軍省で催された活人画である[26]〔図5－12〕。ラノが記すように、これはリュクサンブール公園のマルコ・ポーロ庭園にある、カルポーほか四名の彫刻家による噴水彫刻を活人画としたものである（ただし実際の噴水彫刻は五大陸ではなく四大陸）［図5－13］。原作は噴水彫刻であることから、水盤（＝海）上の台座に諸大陸の擬人像を立たせたこの彫刻が、海軍省での夜会に恰好のものであったことが推測される。

ここで注目するべきは、原作であるリュクサンブール公園の噴水彫刻と、ラノの回想録に付された図版が示す活人画には大きな相違があることだ。すなわち、原作の噴水彫刻では、下部の水盤からは八頭の海馬が前脚をあげて駆け出さんとしているのだが、活人画では、海馬は裸体の女性たちに替えられている。活人画は全体として裸婦水浴モニュメントとなっているといえようか。海軍省という会場を考え合わせるならば、海馬の勇姿こそ適切なものだったと思われるが、それをすべて裸体女性像に変更したところに、裸体展示という活人画の真の目的が垣間見える。

もう一つ評判になったのは「フリュネ」である。(27) フリュネは古代ギリシアの遊女で、彼女はあるとき裁判にかけられたが、その最中に彼女の裸体を見た裁判官たちが、余りの美しさに無罪を言い渡したという、とんでもない話である。ジェロームによる原画「アレオパゴス会議のフリュネ」（一八六一年）［図5－14］は、裁判の様子を描いており、裁判官たちをはじめ多くの人物が登場する。それに対して、ヴェールを取られたフリュネの部分のみの活人画としたのも、「五大陸」と同様の操作であるといえる［図5－15］。

ただしこの時期の活人画では、原画・原作彫刻は全裸であっても、それを演じる際には出演者は腰布を巻いていたし、本物の肌を露出したのでもなかった。登場人物は肉体に密着する肌色の下着（マイヨという）を身に着け、わずかにまとった腰布も透けるような絹地であって、巧みな照明によって、あたかも裸体であるかのように見せかけていた。ラノは、これまた評判になった「四元素」の活

5-14　ジェローム「アレオパゴス会議のフリュネ」、1861年、ハンブルク美術館

5-12　活人画「五大陸」（ピエール・ド・ラノ『第二帝政期の仮装舞踏会と活人画』の挿図）

5-15　活人画「フリュネ」（ピエール・ド・ラノ『第二帝政期の仮装舞踏会と活人画』の挿図）

5-13　カルポーほか「四大陸」、パリ、リュクサンブール公園、マルコ・ポーロ庭園

人画に関して、「(四元素の擬人像の) 各々は、マイヨを身に着けており、その結果、見た目には完全な裸体であるように見えた」と記している。[28]

また、ゾラの小説『獲物の分け前』は、成金の投機家アリスティッド・サッカールの屋敷で開かれた仮装舞踏会の様子を描く第六章において、「麗しきナルシスと妖精エコーの恋」と題した三幕の活人画上演の様子を描写することに紙数を費やす。そこでも、「舞台を照らすよう庭側の窓のひとつに巧みに配された電光のもと、これら全ての透ける軽やかな布地が裸の肩やタイツと一体となって溶け合い、薔薇色を帯びた様々の白が生気を帯び、この貴婦人たちは造形上の真実を追求するあまり素裸になったのかと見まがうほどであった[29]」。

このように、第二帝政期の活人画では、裸体展示の口実にふさわしい主題や、原作となる絵画彫刻を選び、そこに、ことさら裸体を強調する形で手を加え、巧みな照明も含め、本当の裸体であるかのように見える演出を施した様子がうかがえる。

活人画上演の次第がいかなるものであったかを今一度確認しておくと、まず開幕前に奏楽があり、幕が上がると説明者によって主題や原作の絵画についての説明が加えられた。舞台上では活人画が静止した状態で数分間演じられる。幕が閉じると、幕内では次の場面の準備に移り、その間、奏楽が場をつなぐ。そしてこれが数場面繰り返された。原作となる芸術作品の存在と、場面を説明する人物の登場により、それが芸術鑑賞であるとする体裁が繕われているわけだが、観客の関心は必ずしもそこにはなかった。それを証言しているのが、ラノの回想であり、ゾラの小説である。ゾラの『獲物の分け前』には、活人画の幕間に、紳士たちが喫煙室に集まり、出演女性たちの品定めをしている様子が記されているし、淑女たちの方も、舞台に登場した女性たちの化粧やドレスの採点やゴシップ談義に

5-16　活人画「ダフニスとクロエ」（ピエール・ド・ラノ『第二帝政期の仮装舞踏会と活人画』の挿図）

余念がない。

ところで、第二帝政期の活人画で興味深いのは、登場人物は男役であれ女役であれ、ほとんどすべてを女性が演じていたことだ。ラノは、「そこでは女性だけが演じ、彼女たちは男性の役も演じたのだ。この見世物において、男性は観客であることしか認められてはいなかった」と証言している。[30] ラノの書物の「ダフニスとクロエ」の挿絵を見ても、少年と少女のカップルが女性二人によって演じられている［図5-16］。ゾラの『獲物の分け前』では、活人画「麗しきナルシスと妖精エコーの恋」上演の際、ナルシスの役は、サッカール夫人ルネのたっての希望で、彼女の継子にして愛人のマクシムに与えられたが、「マクシム坊やが本当の女の子のようでなかったら」この配役には絶対に同意できなかったと語る夫人もいたほどで、実際ほかの役はすべて女性によって演じられている。[31]

このように、第二帝政期の活人画は女性鑑賞の場、とりわけ、表向きはタブーであった女性裸体の鑑賞の場でもあった。紳士たちはそれをしかるべき視線で眺め、演じる女性の側にも、あわよくば新たなパトロンを見つけようという打算が働いていた模様である。

ショウ・ビジネスでの活人彫刻を用いた裸体展示

第二帝政下、上流階級の夜会の余興において、女性の裸体を見物するという紳士たちの欲望に対しても提供されていた活人画は、次第に大衆相手のショウ・ビジネスの領域に取り入れられていく。上流階級の夜会では活人画を見る側も演じる側も同じ上流階級の紳士淑女であった。それに対して、大衆相手のショウ・ビジネスにあっては、舞台に立つのはプロの踊り子や芸人である。未だ舞台での裸体が認められていない時期には、ヴァリエテのショウの大詰めに裸体の活人画が登場したというが、そこではやはり肌色のマイヨが用いられた[32]。モラルに厳しいヴィクトリア朝のイギリスでも、劇場やミュージック・ホールにおいて活人画が裸体展示のために用いられた[33]。ロンドンのカンタベリー・ホールでは、ティツィアーノの「波間からあがるヴィーナス」等が上演されたという。

　また、ショウ・ビジネスにおいては活人画のみならず、活人彫刻もしばしば行われた[34]。古代ギリシア・ローマ彫刻は多くが裸体であるので、裸体を鑑賞するショウの題材として都合がよかったのである。彫刻には様々な素材によるものがあるが、ショウ・ビジネスの活人彫刻が模したのは大理石像あるいは石膏像である。それでは人が純白の像を模すためにどのようなことを行ったのだろうか。

　近年観光地では、大道芸人が彫像を真似るというパフォーマンスをよく目にする。体中を金、銀、銅、青銅、白のいずれかに塗って不動を守り、彫像だと思っている見物人の前で急に動き出して驚かせるという趣向である。同様に、この時代の活人彫刻でも、大理石像や石膏像に見えるように、体を白塗りにするか、あるいは白い肉襦袢（マイヨ）を着て、さらに白い衣をまとった。

5-17　金粉ショウ（北九州若松のキャバレー「ベラミ」の出演者写真より）

　ちなみに、先に紹介したヘッドのマニュアル本では、

5－18　カノーヴァ「三美神」、1815-17年、ロンドン、ヴィクトリア・アンド・アルバート美術館

5－19　「三美神」、ニューヨーク、アポロ・ルームズのショウ、1847年

肌を銅色に塗る方法が紹介されており、それは銅像の再現を目指したものであったのだろう。また黄金の彫像を真似る試みとしては、例えばイタリア・ルネサンスの祝祭に哀れな逸話があって、一五一三年二月六日、フィレンツェの謝肉祭の折に出された山車の一つには、黄金時代を表すべく裸体を金色に塗った子供が乗っていた。真冬の寒空に長時間素っ裸でいたものだから、その子は風邪をひいてしまい、それをこじらせて後日亡くなってしまったというのである。(35)山車に乗るのは名誉なことであったかもしれないが、死んでしまっては元も子もない。

ところで、女性裸体を見せる際に黄金像を模倣する趣向として、往年のキャバレーやストリップ劇場の舞台で、金粉ショウなるものが出されたことをご存知だろうか(36)［図5－17］。全身を金色に塗った姿は、写真を見ただけでも相当インパクトが強いが、戦後日本の金粉ショウは、踊り子が演じたのみならず、暗黒舞踏関係者の資金稼ぎだったケースもあるそうだ。そういえば、山海塾の半裸に白塗りのパフォーマンスなども、静止していれば大理石ないし石膏像の活人彫刻のようなものである。

話を戻すと、例えば新古典主義の彫刻家カノーヴァによる、三人の裸体女性を組み合わせた「三美神」などはこの手のショウにうってつけの主題であった［図5－18］。図5－19は一八四七年、ニューヨークのナイトクラブのアポロ・ルームズでのショウにおける同作品の活人彫刻である。(37) アーチ状のプロセニアムの手前には引き上げられた幕があり、おそらく三人の準備が済んだ後に幕を上げたのだろう。舞台手前にはフットライトが装備され、三人の裸体は下方からも照らし上げられていた。舞台前には小規模な楽団が伴奏音楽を演奏する様子も描かれている。少しでも前で見物しようと舞台に押し掛ける紳士たちは、かぶり付きからオペラ・グラスで活人彫刻をまじまじと眺めている。熱心な見物人の息遣いまで聞こえてきそうだ。

回転する台座

それから半世紀近くたってもこの主題の人気は衰えていない。一八九六年、同じくニューヨークで上演された活人彫刻ショウのポスターを見てみよう(38)［図5－20］。カノーヴァの「三美神」の他にも、世紀前半から活人画の主題となってきたダヴィッドの「サビニの女たち」も見出せるが、いずれも様々な向き、ポーズを示す女性裸体の群像を表す活人彫刻である。ポスターの惹き句を読んでみると面白い。

著名な芸術を表した活人彫刻としての美しい婦人たち／回転する巨大な台座の上でポーズをとる完璧な女性たち／大理石製群像彫刻や絵画の、古典的で洗練された、そして魅力的で完璧な複

製／独創的かつ真の二〇世紀の勝利

5－20 「著名な芸術を表した活人彫刻としての美しい婦人たち」、1896年のニューヨークのショウ

このポスターでは、ショウが偉大なる芸術の模倣であることを喧伝するとともに、「回転する巨大な台座」が売りであることも示されている。彫刻は自ら動くことはなく、また裸体規制上も動くわけにはいかないが、正面だけでなくあらゆる方向から眺めてみたいという欲望に供するために、活人彫刻を乗せた台座が回転するという趣向が考え出されたのだ[39]。「裏面参照！」という声の上がったゲーテの『親和力』のくだりは既に紹介したが、現在でもストリップ劇場、例えば浅草ロック座あたりの張り出し舞台で盆が回るのと同様の工夫である。

このような回転する台座に関しては、作家のヴィクトル・ユゴーも『見聞録』に記述しており[40]、思い返せば第二章で紹介した、一四九六年、カスティリアのフアナ王女のブリュッセル入市式の際に出された「パリスの審判」の活人画でも、機械仕掛けで回転する台座が用いられていた［図2－37］。人の考えることはいつの時代も変わらないということか。

活人画が回転するのを見る楽しみというのは、芝居見物でも経験するところで、例えば歌舞伎を見ていると、舞台転換で暗転せずに舞台が回る演出があるが、そのような折に、絵面に決まり静止した状態を維持した役者たちを乗せたまま盆が回り、役者たちの形作る活人画が角度を変えて行く様子に目を奪われることがある。ショウの活人画は女性裸体を様々な角度から見せることが目的ではあるが、原作がある場合、回転台に乗せることによって、原作を異なった角度から眺めるという興味も付随的に発生するのだ。

裸体活人画を演じるレヴュー・ガールたち

その後、活人画の趣向は、より大規模なレヴュー・ショウに導入され、例えばパリのフォリ・ベルジェールやカジノ・ド・パリといったレヴュー劇場の舞台を飾るようになる。パリのレヴューに裸体の踊り子が初めて登場したのは一八九四年のこととされるが、[41]もはやタブーを回避する装置としての役割を終えてからも、絵画を模倣した裸体展示は、レヴューにおいて趣向として生き残った。とりわけ一九二〇年代から三〇年代のレヴューではありとあらゆる趣向を凝らして、舞台に裸体が氾濫したが、その趣向の一つとして活人画が用いられた。

フォリ・ベルジェールというと、マネの描いた名作「フォリ・ベルジェールの酒場」でご存じの方も多いだろう。マネの時代はカンカン踊りの全盛期で、ジャン・ルノワール監督の映画「フレンチ・カンカン」（一九五四年）で描かれているようなショウを楽しんでいたわけだが（この映画に出てくるのはムーラン・ルージュ）、一九二〇年代以降は舞台でレヴューが演じられるようになる。図5－21に挙げる一九二八年のフォリ・ベルジェールの舞台では、フランス王フランソワ一世が訪れた金細工師ベンヴェヌート・チェッリーニのアトリエに、チェッリーニ制作の巨大金細工が見え、その中では、はみださんばかりに大勢のレヴュー・ガールたちが裸体を誇っている。[42]図5－22も面白い。ギリシア神殿の破風のような形の額縁の中に、ギリシア彫刻を模した活人画が飾られている。主題はアマゾネ

5-21 「ベンヴェヌート・チェッリーニのアトリエ」(フォリ・ベルジェールのレヴューの一景、1928年)

スの女闘士たちであろうか。

ところで、洋行した邦人で、パリのレヴューの舞台に活人画がかけられていたのを目撃した人物がいる。物理学者の寺田寅彦である。寺田は明治末年にベルリン大学に留学したのだが、そこから足をのばしたパリ滞在中に、フォリ・ベルジェールで活人画の趣向のレヴューを見たことを追想している。

> パリの下宿はオペラの近くであって、自分の借りていた部屋の窓から首を出して右を見ると一、二町先の突きあたりにフォリー・ベルジェアの玄関が見えた。〔中略〕名画をもじったタブロー・ヴィヴァンの中にダヴィドの「ルカミエー夫人」を模したのなどは美しかったが、シャバの「水浴の少女」をそっくりそのままベッドの前に立たせ、変なおやじが箒腰をなぐろうとしている光景は甚だ珍妙ないかがわしいものであった。大切《おおぎ》りにナポレオンがその将士を招集して勲章を授ける式場の光景はさすがにレヴューの名に恥じない美しいものであった。(43)

フォリ・ベルジェールのレヴューが、着衣の女性像、裸体女性像、大規模な歴史場面と様々なタイ

5-22　「アテネの美」（フォリ・ベルジェールのレヴューの一景、1929年）

プの活人画を仕込んだものであったことがうかがえる。寺田の留学は第一次大戦前であるが、大戦後の戦間期に欧州で同様のものを見聞した秦豊吉の証言については、第七章で触れることにしよう。

　フランスやドイツでは一八九〇年代から舞台上に裸体が登場するようになったが、それに対してヴィクトリア朝以来、イギリスでは長らくマイヨを身に着けない舞台上の裸体は禁止されていた。そのような状況下にあって、第一次大戦後、ロンドンのウィンドミル劇場にて、芸術の模倣であることを標榜しつつ、マイヨなしの裸体活人画が出されたことがよく知られる。ウィンドミル劇場では、「人魚たち」「アニー・オークリー」「ブリタニア像」などが舞台を飾った。ただしこの劇場の活人画は、画面全体が活人画になるというよりも、舞台上に裸体の活人彫刻が置かれ、静止したポーズを保ち、その前でショウが繰り広げられるというものが多かったようだ。

　ちなみにウィンドミル劇場が裸体の活人画を出した顚末は、女優ジュディ・デンチが劇場主ヘンダーソン夫人を演じた『ヘンダーソン夫人の贈り物』（二〇〇五年）として映画化された。レヴュー中の活人画のシーンも復元されており、一見の価値がある。

性風俗産業でも

もう一つ、裸体活人画の特殊な使用法があった。それはいささかいかがわしい性風俗の世界である。鹿島茂氏がその著書『パリ、娼婦の館』で紹介されているのをそのまま引用させてもらおう。

高級なメゾン・クローズに通ってくる金満家の客の中には、直接の接触を好まず、ひたすら「見る快楽」のみを追求したがる客、いわゆる「覗き魔（ヴォワユール）」も少なくなかった。こうした覗き魔のために、店ではいろいろと工夫を凝らしたアトラクションを用意していたが、その中で最も一般的だったのは、ストリップの原初的形態である活人画（タブロー・ヴィヴァン）だった。

すなわち、何人かの娼婦が全裸ないしは半裸で絵画の中のオダリスクを演じるのだが、客がまるで絵画を至近距離から眺めるように、目を近づけて（あるいは虫メガネを使って）この活人画を「鑑賞」するところに面白さがある。(44)

覗き趣味を満足させる装置としての活人画の使用ということであるが、場合によってはルーペを使って細部を観察するなど、熱心な美術鑑賞のパロディを演じているようにも感じられ、なかなか面白い。性風俗産業と活人画ということでは、吉原の張り見世の格子先に花魁が科《しな》を作って並んでいた様子であるとか、あるいはアムステルダムの所謂「飾り窓」なども、額縁の裸体美女がずらりと並んだギャラリーに例えることができそうなものだが、あまり深入りせずにこのあたりで切り上げておくのがよいだろう。日本における裸体展示装置としての活人画の使用、とりわけ有名な新宿帝都座の額縁シヨウについては第七章で論じる。

近代の活人画について記してきた本章を、一九世紀の新技術、すなわち写真術との関係を眺めることで閉じることにしよう。(45)

絵画を模倣する写真

写真術は、カメラ・オブスクラなどの前史を有しつつ、一九世紀に発明された。まずその初期において、写真撮影には長い露光時間が必要であったため、長時間静止してポーズを取らねばならず、写真の被写体となる人々は、はからずも活人画を演じていたといえる。当初露光時間は三〜七分であったというから、活人画と同程度、あるいはそれ以上に長時間、不動の姿勢を保たなければならなかった。大人はともかく子供を長時間じっとさせておくことは簡単なことではなく、この時代の写真を見てみると、子供の部分のみがぶれている写真なども見受けられる。活人画でも、たとえば聖母子像の幼子キリスト役の幼児をじっとさせておく、ないし泣かないようにするのには苦労があったことと通ずる。

初期写真が長い露光時間によりおのずと活人画的な性格を持ったという以上に、写真は積極的に絵画や活人画に接近した。後進の芸術であった写真が、当初絵画を模倣したということも、活人画との関連において見逃せない事実である。特にヴィクトリア朝のイギリスでは芸術写真がさかんに行われたが、それはまさに絵画を模倣したものであった。イタリア・ルネサンスの聖母子像を下敷きにした親子の写真や、あるいはオランダの風俗画、またはサロンに出品されているような歴史画を模倣した群像写真が多数撮られた。絵画を模倣することにより、写真という後発ジャンルの地位向上をはかろうとしたのである。カロタイプの発明者であるウィリアム・ヘンリー・フォックス・タルボット（一八〇〇～一八七七年）が撮影した「果物売り」（一八四三年）は、群像写真であるが、いわゆる「カンヴァセーション・ピース」（一八世紀イギリスで流行した上流家庭団欒の図）の趣がある［図5－23］。

絵画を模倣した芸術写真は、肖像画のようなシンプルなものから、合成技術を駆使した大規模な作品まで多岐にわたる（フランスで発明されたダゲレオタイプに対して、紙に焼き付けるイギリスのカロタイプの発明により合成が可能となった）。その中でも特に目を引くのは、写真家オスカー・ギュスターヴ・レイランダーの仕事である。彼はモンタージュ（合成）技術によって、様々な細部を合成して写真を制作したのである。例えば「さすらい人」というタイトルの作品は、スタジオで撮影された、あたかもレンブラント作品のようなコントラストの強い中央画面に、戸外で撮影した背景が合成されている［図5－24］。

レイランダーの代表作にして最大の問題作は、「人生の二つの道」（一八五七年）である[46]［図5－25］。これは見るからに、サロンに出品された大規模な歴史画のような作品であるが、レイランダーは歴史画家が壮大な構想による歴史画を描くように、大構図の写真を作り上げた。レイランダーは、当時のアカデミズム絵画において最上位に位置した歴史画と同様の構想を持つ写真を制作することによって、写真を芸術の地位に引き上げようとしたのであった。

「人生の二つの道」は、ラファエッロの「アテナイの学堂」やクチュールの「退廃期のローマ市民」（一八四七年）［図5－26］を重ね合わせたような趣の写真になっているが、主題は当時サロンにしばしば出品されていたような寓意画である。人生における善と悪の選択を壮大な寓意画として表しており、画面の中央に立つ賢者が、二人の若者に、善と悪の人生の二つの道を示している。画面の左右にそれぞれ善と悪の寓意が多数配される。これだけのものを同時にポーズさせて撮影することは不可能であるため、レイランダーは、合計一六人のモデルを使った三〇枚の群像写真のネガと、またそれとは別に撮影した背景のネガを重ね合わせている。この制作方法や、出来上がった作品は、先に紹介したミュシャによる「スラヴ叙事詩」の制作方法や完成作品に近いともいえる。

ただしこの作品は、例えばボードレールによって「現代の公衆と写真」の中で蛇蝎のごとくに否定され、写真雑誌の批評によっても高い評価を与えられることはなかった。しかしミュシャの「スラヴ叙事詩」がそうであったように、画家たちは現実の絵画作品制作の準備段階においては、新技術である写真を用いることも多かった。芸術写真を否定したアングルやドラクロワでさえも、制作の補助手段として写真を使用していたのだ。しかし写真がそのような役割を越えて、芸術そのものになろうとすることは許せなかったのだろう。

その他、例えば作家のルイス・キャロルは、実は写真家でもあったが、彼の撮影した写真のいくつかは活人画的趣向によるものである。図5－27は子供たちに「聖ゲオルギウスのドラゴン退治」を演じさせたもので、豹の毛皮やぬいぐるみを組み合わせてドラゴンに見立てている。子供たちが作り出すバランスの絶妙の不安定さは、さすが『不思議の国のアリス』の著者らしい。

また、活人画的な写真の被写体になった画家たちもいる。ラファエル前派の画家サー・ジョン・エヴァレット・ミレーは、詩人ダンテの扮装をしたポートレイト写真のモデルとなっている［図5－28］。またとりわけ写真に関心を持っていたことで有名な印象派の画家エドガー・ドガは、「ドガ礼賛」［図5－29］という写真で、擬人像から祝福される自分自身を演じているが、これはアングルの「ホメロス礼賛」のパロディ作品となっているのだ(47)［図5－30］。

5-24　オスカー・ギュスターヴ・レイランダー「さすらい人」、1858-59年

5-23　ウィリアム・ヘンリー・フォックス・タルボット「果物売り」、1843年

5-25　オスカー・ギュスターヴ・レイランダー「人生の二つの道」、1857年

5-26　トマ・クチュール「退廃期のローマ市民」、1847年、パリ、オルセー美術館

5‐28　デヴィッド・ウィルキー・ウィンフィールド「ダンテとしての画家ミレー」、1862年頃

5‐27　ルイス・キャロル「聖ゲオルギウスのドラゴン退治」、1874年頃

5‐29　ウォルター・バーンズとエドガー・ドガ「ドガ礼賛」、1885年

5‐30　アングル「ホメロス礼賛」、1827年、パリ、ルーヴル美術館

写真家と活人画イベント

写真と活人画のより直接的な関係について考えてみよう。活人画と写真技術は互恵的な関係にあったといえる。活人画はまさにエフェメラルな趣向であり、終わってしまえば跡形もなく消え去ってしまうものであったが、写真によって記録に残せるようになった。写真に残し、活人画アルバムのようなものを作ることによって、後々まで楽しめるようになったのだ。また活人画を演じる側に回った人々は、当然ながらそのイベントの最中に自分たちの姿を客席の側から目にすることができなかったわけだが、撮影された写真によってこの問題も解決された。またその活人画の場にいなかった人も写真で楽しむことができるようになった。次章では日本で最初の活人画の例を検討するが、まさに写真に残されたおかげで一〇〇年以上前の活人画の様子を私たちは目の当たりにすることができるのだ。

また、写真家が活人画イベントの演出を手掛けるようになっていったというのも自然な流れだろう。活人画の演出の役割は、前章でも触れたように、従来画家が担当することが多かった。そしてそのようなかたちで行われた活人画に、写真撮影のため写真家が参加することはあった。しかしスタジオにおいて日常的に活人画的写真を撮影している写真家に、活人画そのものの演出もまかせ、その様子を写真に撮影することもあわせて依頼するのが一石二鳥だということになったわけである。

一八五四年、イギリスのヴィクトリア女王とアルバート公が、子供たちの活人画の写真撮影を、ロンドン写真家協会のロジャー・フェントンに依頼したことが知られている。フェントンが取り組んだのは、二人の結婚記念日である二月一〇日に行われた、詩人ジェームズ・トムソンの「四季」に基づく活人画であった。(48) それとは別の機会のものではあるが、イギリス王室の子供たちが演じた活人画を集めたアルバムが残っていて、例えば「カレーの市民」では、右方に髭を付けて老人を演じている少年の姿も見える［図5－31］。なるほど、どなたも高貴な顔立ちで、おしどり夫婦だったヴィクトリア女王とアルバート公一家の幸せな家族のイベントの様子が目に浮かぶようだ。

このようなローヤル・ファミリーの人々による活人画は、仮装した集団肖像画のような役割も担っていた。そしてその役割を全うするためには、単に活人画を演じるだけでなく、それを写真として残す必要があったのである。

5－31　英国王室の子女の演じる「カレーの市民」

ヴィクトリア女王の同時代人、もう一人の女性権力者である清国の西太后も、写真にたいへん関心を持ち、幾度となく被写体となっている。時には活人画的な扮装写真すら撮影していて、例えば図5－32は、観音菩薩の姿で、童子役の宦官らとともに写ったものである。竹林を描いた背景幕を垂らし、前景は大掛かりな蓮池の景。水面の波までが立体的に作り込まれていて、相当に手の込んだものとなっている。西太后の写真の多くを撮影したのは、侍女徳齢の兄で、写真の心得のあった勛齢《くんれい》だという[49]。かつて宮廷画家は君主の肖像画を手掛け、場合によっては聖人や歴史上の人物に扮した扮装肖像として描くこともあったわけだが、その役割を写真家が果たしていることになる[50]。徳齢の証言によると、西太后は怒りや心配ごとがある折に観音（慈悲の女神）の扮装をして気持ちを鎮めることがあり、それは自分が慈悲の権化と仰がれていることを思い出すためであったという[51]。そして西太后

5-32　観音菩薩としての西太后、1903年頃

は、その自分の姿を写真に収めておけば、写真を目にするだけで同様の効用があると考えたとのことである。権力者による活人画あるいは活人画的写真の利用方法としてたいへん興味深い。

さてその後、活人画的な写真は、肖像写真を撮る際の扮装写真の伝統として残った。西太后の観音様ほど大掛かりではないにせよ、背景幕の前で絵画のようなポーズをとって撮影された写真は、限りなく活人画に近いものだ。背景幕や各種衣裳が準備された写真館では、私たちはいまだに自覚はせずとも活人画を演じている。

第六章　明治の凱旋門と活人画

明治の凱旋門

西洋の仮設凱旋門の系譜は、近代の日本にも受け継がれる。明治日本が西洋から学んだものの中には凱旋門も含まれていたのである。軍事に力を入れ、列強に伍することを宿願としていた我が国にとって、対外戦における勝利を祝賀する装置として、西洋のそれを真似ようとしたとしても何ら不思議はない。そして実際、日清・日露の戦役の後に、陸続と仮設凱旋門が建設されることになった。

明治の凱旋門については、木下直之氏の『ハリボテの町』(1)や橋爪紳也氏の『祝祭の〈帝国〉花電車・凱旋門・杉の葉アーチ』といったすぐれた研究があるので、詳細はそちらに譲ることとし、本書では簡単に紹介するにとどめよう。

日清戦争の折は、明治二八年(一八九五年)五月八日の下関講和条約成立後、凱旋が行われた。全国に凱旋門が建てられたが、東京では新橋、幸橋、日比谷、桜田門に設置された。中でも日比谷に建造された連続アーチ式の巨大な凱旋門が印象的である[図6-1]。この連続アーチ式という形状は西洋にもあまり類例を見ないもので、またハリボテとも異なり、骨組みに緑の杉の葉を挿した、いわゆる緑門というタイプの構造物であった(2)。

日露戦争の勝利に際しても多くの凱旋門が作られた。明治三八年一〇月のポーツマス条約批准の後に凱旋が行われたが、東京では基本的に各区に仮設凱旋門を建設した。その様は、町中に凱旋門が作られたルネサンスの入市式を想起させる。西洋の凱旋門を忠実に模倣したような形のものから、寺社の楼門を思わせる和風のものまで、実に様々な形状の凱旋門が作られた[図6-2、3、4]。

中でも上野の凱旋門は、東京美術学校の教員らが設計・装飾したもので、さすが西洋に学んだ彼らならではの本式のものとなっている(3)[図6-5]。のちに論じるように明治三六年の活人画にも上野の

6－1　日比谷凱旋門、明治28年

6－2　神田凱旋門、明治38年

6－3　麻布凱旋門、明治38年

右／6－4　新宿凱旋門、明治38年
左／6－5　上野凱旋門、明治38年

美術学校の教師たちが一枚噛んでおり、凱旋門と活人画のいずれにも、美術学校のスタッフが世間に対して自らの西洋学習の成果を披露するという役割があったようである。

ただし、本書冒頭に挙げた明治三九年の双六に描かれた凱旋門は、少々性格を異にする［図0－1、6－6］。これは日本橋の三越呉服店の入り口に三越が設置した凱旋門、ないし凱旋門型の玄関なのである[4]［図6－7］。当時の三越呉服店は二階建ての建物で、双六に描かれた凱旋門のアーチの向こうには二階の上の瓦屋根が見えている。三越は凱旋に便乗し、祝捷《しゅくしょう》大売出しをしていたのかもしれない。

三越の仮設玄関としての凱旋門と似ていなくもない、もう一つの凱旋門型玄関の例をお目にかけたい。それは明治四三年に建設された博多パノラマ館である［図6－8］。巨大な円筒形の建物本体の

6－6　凱旋（明治39年の「時好双六」より）

6－7　日本橋三越呉服店の凱旋門、明治38年

6－8　博多パノラマ館

6－9　松竹座

正面に凱旋門のデザインの出入口が付いている。博多パノラマ館の開業当初の出し物は日露戦争の「日本海海戦」で、内部では高さ九メートル、周囲七五メートルという巨大な画面が、戦艦三笠の甲板上に見立てた中央の見物所を取り囲んでいた。凱旋門の形状をした出入口は、勝利をおさめたこの海戦にふさわしい意匠であったといえる（なお明治四四年には、このパノラマ館の出し物は「蒙古襲来」に変更されている）。

ついでに現存する凱旋門風の建築物を紹介しておくと、時代は下って大正一二年（一九二三年）の竣工だが、大阪は道頓堀の松竹座がまさに凱旋門、それもパリのエトワール凱旋門を模したファサードを有している［図6－9］。松竹座は、現在では松竹の劇場として歌舞伎や松竹新喜劇、ＯＳＫ等の公演が行われているが、かつては洋画の封切館だった。モダンの象徴としてパリの凱旋門のデザインが選ばれたのだろう。第一章で紹介した初代通天閣の例とあわせて、ハイカラ・モダンなパリを思わせる意匠として凱旋門が採用されたというのは、ルネサンスの入市式において古代ローマを想起させる装置として仮設凱旋門が用いられたのと同様である。

6－10　工科大学校

6－11　欧州歴史活人画の舞台面（『やまと新聞』明治20年4月3日）

在留外国人による最初の活人画

それでは活人画はどのように日本に移入されたのだろうか。「活人画」とは、語の響きにも明治の香りが感じられるように、まさに明治時代に新しく作られた翻訳語である。

日本で最初の活人画は、明治二〇年三月一三日に開催された「欧州歴史活人画」である。(5) これは在留ドイツ人の企画によるもので、東京虎ノ門の工科大学校講堂を会場とし、博愛社資金募集すなわち赤十字の募金のための催しであった［図6－10、11］。ドイツ・クルップ社のイルクネルという人物が、石黒忠悳《ただのり》や佐野常民が赤十字事業に熱心であるのに感じ入り、「欧州には折々催すも、日本には未だ見ぬ活人画の奇芸」(6)を興行し、その収益を博愛社に寄付しようと考えたところから始まった企画である。出演者は在留ドイツ人と日本人から選定することとなり、お雇い外国人の医師ベルツ博士の尽力もあった。

新聞に見られる活人画の番組は以下の通りである。(7)

一「仁慈を顕す活人画」

二「壮士野に美しき薔薇を見る」
三「フレデリック・フヲン・セイセンハイム」
四「ハアンスサクス及びエーフケン女」
五「アベマリア」
六「グレーツエン」
七「ローエングリンの離別」
八「ヲータン及びブロンヒルデ」
九「イモ及び貴族の令嬢」
一〇「マルクスクーニク」

活人画は、ワーグナーのオペラに取材した場面が多く、ハアンスサクス（ハンス・ザックス）は「ニュルンベルクのマイスタージンガー」、ヲータン（ヴォータン）とブロンヒルデ（ブリュンヒルデ）は「ワルキューレ」、ほかにも「ローエングリン」がそれにあたる。「グレーツエン」とあるのは、ゲーテの『ファウスト』のグレートヒエンのことだが、この活人画はグノーのオペラ「ファウスト」からの一場面で、ほかにファウストやメフィストフェレスも登場していた。

各活人画は一〇分足らずで、三度繰り返して見せた。活人画の舞台手前には薄いガーゼの幕を垂らし、観客はこの薄い幕を通して舞台を見たという。(8) ことさらに絵画に見えるような工夫が凝らされていたといえるが、紗幕を通して舞台を眺めるという演出は、現代の演劇でもしばしば使用されるものである。新聞記事は出演者に関して、「此の活人画に出す人は、最も顔色容貌等に注文ありて、尋常出来合の顔面にては間に合わず、真に美術に叶ひたるものならでは成らぬといふにつき、其人選は頗る六《むつ》かしき由なり」と伝えているが、(9)「尋常出来合の顔面にては間に合わず」という表現には思わず笑ってしまう。間に合った顔面を見てみたいものだ。

背景画については、新聞記事には「其趣向によりたる山水樹木家屋の類を悉《ことごと》く画き」(10)とあるのみで、それ以上の詳細は分からない。担当したのは画家矢田一嘯《いっしょう》で、この活人画に直接関連する資料に彼の名前は見えないが、二年後に上野パノラマ館について報じる新聞記事中で、「画工主任には、嘗て旧工科大学に於て行ひたりし活人画会の絵画を書きたる矢田氏を聘し」とある。(11)

この活人画の舞台の様子を描いた挿絵が『やまと新聞』に掲載されている［図6－11］。よく見てみると、舞台手前の左右にそれぞれ一人の人物が立っている。右はドイツの国旗を掲げる同国古代の武装をした人物（ドイツ人）、左は日本の国旗を捧げて甲冑を着けた日本人である。(12)上手と下手の二階部分にはそれぞれ、お雇い外国人の音楽家ルルーの指揮する陸軍軍楽隊とエッケルトの指揮する海軍軍楽隊が詰め、幕間や上演中に奏楽を行った。(13)演奏された曲名も新聞で紹介されており、エッケルト自作の曲のほか、活人画として上演されたワーグナーの「ローエングリン」やグノーの「ファウスト」、あるいはマイヤベーアの「悪魔のロベール」といったオペラから抜粋した音楽が演奏された。(14)

明治二〇年の「欧州歴史活人画」は、募金のための集会の余興、オペラからの取材など、欧州における上流階級の活人画の実践を踏襲したもので、主体がドイツ人であったことから当然であったといえる。まさに前章で論じた西洋の活人画と地続きのものだったのだ。

「鹿鳴館文化」としての活人画

現在では活人画そのものが演じられることは少なくなったとはいえ、今なおこの言葉は日常的に使われているが、活人画なるものにはじめて触れた明治の日本人は、この言葉からいかなるものをイメージしえたのだろうか。

明治二〇年の欧州歴史活人画を報じる新聞記事は、初めて活人画を見る日本人のために、活人画の何たるかを説明しなければならなかった。

活《いき》人形写生画は我国にも古くより有りて奇《めずら》しからず。茲《ここ》にいとも珍らしき欧州活人画と云へるは、右の活人形写生画に反対して、活きたる人が画の真似をなし、図画の趣を示すものなり（尤も美術的の精神より来るものなり）。(15)

見ざる人の想像には、ドウやら日本の活人形の造り物又人形振り抔《など》の如く思ふべけれど、中々さる拙なきものにあらで、名手の美術になりし真成の図画に少しも異なる処なく、実に珍妙不思議と云はんより外に詞なし。(16)

見たことがない人は、活人形や人形振りを想像するだろうといっているのだが、人形振りというのは、歌舞伎で登場人物が文楽人形の動きを真似て演じる演出を指す。また活人画と文字面が似ている活人形（生人形）とは、幕末から明治にかけて流行した、等身大で本物そっくりに作られた見世物用の人形のこと。いずれにせよ活人画という言葉から想起されたのは、興行・見世物の類であったということになる。ちなみに幕末から明治時代には、芸能の分野において、「活」の字のつく新語がいくつも登場した。「活（生）人形」「活人画」「活歴（明治期の歌舞伎における史実を重んじた再現を目指す演出）」「活動写真（映画）」といった具合である。

しかし活人画は当初、決して芝居や見世物と同じ範疇のものではなく、むしろその対極に位置した。つまり活人画は、企画者たちが直接輸入した、ヨーロッパの上流階級の夜会あるいは募金目的の慈善会の余興であって、言い方を変えるならば所謂「鹿鳴館文化」的なものだったのである。近代の欧米において活人画は上流階級の余興としても大衆向けの見世物としても供されたわけだが、日本にはまず上流階級の風俗として移入されたのであった。そしてそれは「高尚なもの」というイメージを身にまとわされることになる。

「欧州歴史活人画」に際し、新聞が来観者に、服装、ふるまい等に関して記した心得からも、そのことが読み取れる。「着服はフロックコート又は羽織袴、婦人は之に準ずる服、履物は靴又は上草履にて然るべし」、「西洋にては、此会又は慈善の音楽会では、一人にて数枚の観券を購求する人あり。皆慈善の為めなり」、そして、「此度の会は、其趣向誠に高尚にして面白く美しければ、必ず往きて観るべし」というのだ(17)。

「欧州歴史活人画」は大変評判となり、赤十字関連の催しということもあったろうが、皇后が興味を示されたことから、同年三月二六日にその行啓を得て再演された。この時は皇太子も臨席したという。ところで、昭憲皇太后の御製を集めた『昭憲皇太后御集』（雑の部）を見てみると、活人画を詠《うた》われたものが見出される。

筆とりてうつせるよりも女郎花《おみなえし》なびかで立てる影ぞめでたき　（明治三〇年）

明治三〇年とあるので、欧州歴史活人画の折のものではないだろうが、その後も時々、在留外国人によって活人画が行われたことが記録から知られており、そのいずれかの行啓に際してのものであろう。いずれにしても、活人画は上つ方の歌の主題にもふさわしいものだったのだ。皇后が生人形や活動写真を詠われたとはとうてい考えられない。

明治三六年＝活人画元年

このように在留外国人が主体となった余興として、日本にも徐々に浸透し始めた活人画だが、すべてを日本人が行った本格的な上演は明治三六年（一九〇三年）を待たねばならない。

ものごとは重なる時には重なるものだが、明治三六年という年は、近代芸能史上、いろいろなことの事始めの年であった。二月にはイギリスのグラモフォン社からディレクターのフレッド・ガイスバーグが来日し、当時の様々な芸能をＳＰ盤に吹き込んだ。いわゆる「出張録音」である。明治三六年は日本におけるレコード録音の元年であるとともに、音として記録されている各種芸能の元年ということになる（それらの貴重な録音は現在すべてＣＤ化されていて聴くことができる）[18]。七月には東京音楽学校の奏楽堂で、日本人による最初のオペラ上演の試みとしてグルックの「オルフォイス」が上演される。一〇月には最初の常設活動写真小屋（映画館）として、浅草に電気館が開場する。歌舞伎界では、二月に五代目菊五郎、九月には九代目団十郎が亡くなり、いわゆる「団菊以後」の時代の幕が開く。

このように芸能史上、各種元年であった明治三六年は、活人画にとっても元年であった。これまでのような在留外国人によるものではなく、日本人主体の初の活人画が立て続けに三つ行われたのだ。その内訳は、四月の癸卯園遊会の活人画、七月歌舞伎座の歴史活人画興行、そして一一月、東京美術学校の設置一〇周年を祝う紀年美術祭での活人画である。

それでは日本人が最初に行った活人画とはいかなるものだったのだろうか。

癸卯園遊会の「世々の面影」

明治三六年四月二四、二五の両日、現在の実践女子大学の前身である実践女学校の施設拡張の資金集めのための園遊会が、東京築地にあった海軍将校の交流親睦施設である水交社を借りて開催された［図6－12］。癸卯《みずのとう》の年にあたったので癸卯《きぼう》園遊会と称されたこの園遊会の企画者は、明治期の上流階級の教育及び女子教育に身を捧げた下田歌子女史であった（和製ジャンリス夫人と呼ぶべきか）。そしてこの園遊会の目玉となる余興として、ここに日本人による初の本格的な活人画が披露されたのである。(19) 本木雅弘氏主演のNHKドラマ「坂の上の雲」では、まさにこの園遊会の活人画の場面が取り上げられていたので記憶にある方もいるかもしれない。

活人画の舞台に立ったのは、「華族女学校卒業者にして今は立派なる人の妻となり、而も極めて平民化せる人々」であった。(20) 新聞記事に逐一彼女らの実家や嫁ぎ先の爵位が記されていることからも、上流階級の奥様方が余興に出演するということが社会的に関心を呼んだことがうかがえる。このような活人画のあり方は、下田歌子が参考にしたヨーロッパの活人画、あるいは在留ドイツ人が行った明治二〇年の活人画のあり方を踏襲するものである。

6－12　水交社

歌子は明治二六年から二八年にかけてイギリスに留学経験があるが、同じ頃にベルリンに留学した児童文学者の巌谷《いわや》小波《さざなみ》が、『小波洋行土産』（明治三六年）において彼の地での活人画体験を記録している。それはまさに、慈善会の余興としての活人画であり、上流階級の人々が舞台に上がったものだつた。巌谷によれば、

二月十七日の夜には、井上公使夫人の招待によりて、婦人慈善会の活人画を見物致し候。出演者は何れも有爵の紳士貴婦人ならずんば、大臣方の公達姫君にて、只もう眩めくばかりの美しさ、殊に吾が為に嬉しかりしは、当夜の画題の、皆独逸有名の『メエルヘン』なりし事に御座候。又来賓の中には、当国第二の皇子アイテル親王殿下も見受申候。[21]

また曰く、

二月十七日は、即ち此の『婦人館』寄付の為めに、貴婦人慈善会は開かれたが、余興は活人画で、而も前後十図、何れも独逸に有名のお伽噺……〔中略〕それで役者は、公爵の令嬢、伯爵の夫人、子爵の令息、男爵の士官などで、何れも上流の男女が、自から進んで之を勧め、その振付は、クラウト博士、口上はミヨルラア学士、さて音楽はハンスマン氏の作曲で、頗る華美《はで》やかに、而も又高尚なものであつた。[22]

巌谷の見物した活人画には、紳士貴婦人に加えて「公達姫君」が出演していた。また、童話研究を志していた巌谷としてはお伽噺が主題とされたところが嬉しかったという。当時洋行した日本人がこのような慈善会に招待されることは多かったろう。

このように、上流階級のハイカラな社交の一端であり、かつ募金を目的としていた癸卯園遊会における活人画の上演は、営利目的で大衆を相手にした芝居や生人形のような見世物とは、その枠組みが異なったのである。

ただ、活人画の上演形態から、上流階級の人々の間には少なからぬ抵抗もあった。「当初此園遊会の企てあるや、保守的華族中に、皇室の藩屏《はんぺい》たる者の子女が平民の前にて芸人風情の真似を為すは以ての外なりなど言たるものあり」(23)というもので、時代を考えてみれば、これは当然予期される反応であった。活人画には科白も動きもないとはいえ、出演者は役者のように化粧をし衣裳を着けて舞台に上がるのだから、その点に関していえば芸人と変わるところはないのである。よってその実現にあっては、活人画の舞台に立つことがあくまでも、西洋を手本とした、上流階級の者にふさわしい振る舞いであり、かつ慈善目的の行為であるということが殊更に強調されたものと思われる。

それでは、「世々の面影」と題されたこの活人画は一体どのようなものだったのか。日本女学会の機関紙『をんな』にその詳細な記録が掲載されており、それをまとめた番組表は以下の通りである。(24)

第一日目　一三時半開演／一六時半頃終演

一　海軍楽隊奏楽

二　謡曲「芦刈」桜はつ子、田中のぶ子
三　洋琴連弾「タンクレッド歌劇の大序、ベステル、ワルツ」千住ちか子、山尾かめ子
四　活人画「上古　橘妙媛　父の跡を慕ひ行く所」高崎つね子〔図6－13〕
五　活人画「藤原時代　清少納言　簾を巻く所」朝吹ふく子〔図6－14〕
六　下田歌子作「千寿」菅川英子、伊集院しげ子、大内田よし子
七　活人画「鎌倉時代　松下禅尼　手づから障子の切りはりをなす所」有馬いよ子、島田いと子〔図6－15〕
八　活人画「南北朝時代　楠公夫人　正行《まさつら》朝臣を教訓する所」嘉納すま子〔図6－16〕
九　謡曲「小袖曾我」勘解由小路ふく子、勘解由小路やす子
一〇　活人画「戦国時代　奥村助右衛門妻　諸陣を見巡る所」柳谷すえ子〔図6－17〕
一一　山田流琴曲「都の春」島田いと子、中隈ふじ子、川田みか子
一二　活人画「徳川時代　秋色女《しゅうしきじょ》　桜に短冊を結ひつくる所」柳瀬みつ子〔図6－18〕
一三　下田歌子作「諸葛孔明」在学女学生連

第二日目（活人画以外の余興は第一日目に準ずる）
一　活人画「上古　大葉子《おおばこ》　新羅の城中に辞世を朗吟する所」伊集院しげ子〔図6－19〕
二　活人画「藤原時代　赤染衛門　夫の文章に助言する所」田村てい子、大内田よし子〔図6－20〕
三　活人画「鎌倉時代　尼将軍　政事を聴く所」石幡とみ子、和田せつ子〔図6－21〕

6－13　活人画「上古　橘妙媛」

6－14　活人画「藤原時代　清少納言」

6－15　活人画「鎌倉時代　松下禅尼」

6－16　活人画「南北朝時代　楠公夫人」

6－17　活人画「戦国時代　奥村助右衛門妻」

6－18　活人画「徳川時代　秋色女」

6－22　活人画「南北朝時代　伊賀の局」

6－19　活人画「上古　大葉子」

6－23　活人画「戦国時代　山内一豊夫人」

6－20　活人画「藤原時代　赤染衛門」

6－24　活人画「徳川時代　春日の局」

6－21　活人画「鎌倉時代　尼将軍」

6－25　山本芳翠「浦島図」、明治26-28年、岐阜県美術館

6－26　活人画「戦国時代　奥村助右衛門妻」の背景画を制作する芳翠一門

6－27　癸卯園遊会活人画の会場

四　活人画「南北朝時代　伊賀の局　松樹を折りて橋とする所」由利いと子［図6－22］

五　活人画「戦国時代　山内一豊夫人　夫に金を参らする所」永井あい子［図6－23］

六　活人画「徳川時代　春日の局　幼君保導の所」長田なか子［図6－24］

これを見ると分かるように、二日間にわたって開催された癸卯園遊会では、ピアノや琴の演奏、謡曲など、稽古事の披露を織り交ぜながら、各日六つ、都合一二の活人画が出されている。明治二〇年の欧州歴史活人画では主題は西洋種であったが、このたびの主題は日本の故事である。すなわち演目は、日本の歴史の中から貞女、賢婦、烈婦の類を一二人選び、それを上古から徳川時代まで時代順に見せるというものだった。第二章でカスティリアのファナ王女のブリュッセル入市式（一四九六年）

を紹介したが、聖書や神話の著名な女性たちを二五場面にわたって見せたその活人画と、遠く呼応している。また、後ろ姿を見せる「清少納言　簾を巻く所」［図6－14］は、ゲーテの『親和力』でルチアーネが演じたテルボルフの「父親の訓戒」［図4－8］を思い出させるものである。

これら一二人の主人公はいずれも女性の鑑であり、よき婦人を育成する女学校の趣旨に合致するものであった。雑誌『をんな』において下田歌子が連載していた「日本名媛批評」で既に扱われた女性一二人が選ばれており、歌子自身が演目選択も担当したことが推測される[25]。

洋風舞台美術と活人画

この活人画の実現のために下田歌子から相談をもちかけられたのが、彼女と同郷（現在の岐阜県恵那市）の山本芳翠である[26]。芳翠といえば「浦島図」［図6－25］などで知られる明治期の洋画家である。『美術新報』に掲載された写真が示すように、芳翠は彼の私塾である生巧館画塾の弟子たちを率いてこの仕事に取り組んだ[27]［図6－26］。弟子たちの回想によれば、会場となった水交社の食堂に舞台を設営することに始まり、金塗りの額縁やその周囲の装飾、舞台背景画などすべてを彼らが制作したという[28]［図6－27］。

ここで、この活人画のための諸作業を山本芳翠が請け負ったことの意味を考えてみよう。実はこの仕事は当時、画家であれば誰にでも可能というものではなく、むしろ芳翠がいたからこそ実現したというべきなのである。実践女子大学に癸卯園遊会の記録写真が保存されており、舞台の様子を現在に伝えているが［図6－13～24］、特徴的なのは、いずれの場面も洋画風の背景を用いていることで、まずもってこの大画面の洋画背景が、通常の画家であれば経験のないものである。これらの背景は、歌舞伎の書き割りのようにすべてを平坦かつ明瞭に描くのではなく、屋内には遠近法を用い、また屋外背景のモチーフにはぼかした大きなタッチで濃淡を与えている。そしてそれが電気照明によって明るく照らし出されることによって、イリュージョニスティックな効果を作り出していた。このように、舞台上の人物と洋画風の背景、そして適切な照明の組み合わせによって、舞台上に洋画のような趣を生み出していたのである。複数の芳翠の弟子たちの回想はそのあたりの事情をよく伝えている。(29)

発卯園遊会で芳翠が担当したのは活人画の美術だが、洋画風背景画と照明の組み合わせによるこのような演出のあり方は、実は西洋での当時一般的な舞台美術のあり方そのものだった。(30)そして、この時期日本においてはまだ行われていなかったこの種の洋風舞台美術を、芳翠はパリ留学中に研究していたのである。画家自身の回想にもあるように、(31)山本芳翠は、演劇改良を唱導した末松謙澄《けんちょう》の助言もあり、明治一一年からのフランス留学の際に劇場美術の研究を志した。パリのオペラ座に日参して舞台美術の研究に励んだのである。ただ、明治二二年に帰国した芳翠は、その後長らく研究の成果を発揮できずにいた。明治二〇年代は未だ日本の芝居が洋風の舞台美術を導入する機運にはなかったからだ。よって、下田歌子が園遊会の活人画を企画した時、ハイカラな余興としての活人画にふさわしい洋画風背景を描きうるのは芳翠のほかに見当たらなかったし、芳翠にとってもこの活人画は、歌舞伎の書き割りとは異なる西洋風の舞台美術を広く知らしめる絶好の機会、自らの研究の成果を発揮できるデモンストレーションの場であったということになる。

付言すると、このような洋画風背景および照明による活人画の演出のあり方は、背景画と人形や模型によるパノラマやジオラマ、あるいは背景画（うしろ絵）を用いるスタジオ写真における演出法と共通性を有するものといえる。実際、「その頃浅草で写真館をやつていた下岡蓮杖氏の息子さんが、

写真のバックを描き馴れてゐるのでその人に来てもらつていろ〳〵手伝つてもらつた」という。(32)

先に、活人画の背景は照明で照らされることによってイリュージョニスティックな効果を発揮すると述べたが、芳翠は背景画と切り離すことのできない照明をも担当した（ちなみに当時は「照明」という言葉は使われず「光線」と呼ばれていた）。この活人画において芳翠は、窓を閉ざして場内を暗くし、電気の明かりで舞台を照明したのである。(33) 舞台写真にもフットライトのための仕掛けが写っている［図6－27］。当時の歌舞伎の舞台は、窓からの自然光、および客席を照らすことを主目的としたガス灯（または電灯）の明かりが届くくらいのもので、芝居の上演中も客席は明るいままだった。このように従来の劇場の舞台は相対的に暗く、また時折舞台のための照明が用いられるとしても、それは役者を目立たせることが目的であって、舞台全体に絵画の趣を与えんがためのものではなかった。(34) よって癸卯園遊会の活人画における、客席を暗くした上での、電気による舞台照明は、全く前例がないわけではないにしても、非常に画期的なことだったのだ。

山本芳翠大活躍

ここから先が、芳翠の面目躍如たるところである。舞台美術を研究してきたとはいっても、並みの画家であれば、手掛けるのは背景画制作と照明くらいのものであろう。しかし芳翠は、登場人物の振付や顔の化粧といった演出方面のことまで請け負っているのだ。新聞にも、「是《これ》は山本芳翠君の舞台の組立、振付け方等に依りて場面の賑かな上に」とか「北条の顔の造りは山本君の窃《ひそ》かに誇れる所だろう」といった記事がみえる。(35) 芳翠は嬉々としてこれを行ったらしいことが伝えられるが、様々なエピソードが証言しているように、芳翠は相当の芝居芸能通であった。落語、講談、義太夫は玄人はだ

6－28　山本芳翠「巳」、明治25年、三菱重工長崎造船所

6－29　山本芳翠「午」、明治25年、三菱重工長崎造船所

6－30　山本芳翠「申」、明治25年、三菱重工長崎造船所

しで、さらに声色の大家、また留学中はフランス人を集めて日本の芝居を仕込んだり、果ては、明治天皇に召されて仕方話で軍記物を申しあげたりしたというほどの強者《つわもの》だったのだ。

さらに癸卯園遊会の活人画は、歴史活人画とて時代考証を必要としたが、芳翠はすでに同種の作業を本職の絵画制作の世界でも行っていた。主に明治二〇年代の歴史画制作の経験、特に明治二五年に実業家岩崎彌之助の注文で制作した一二点の歴史画連作「十二支」である[36]。この作品は、干支にちなんだ上古から徳川時代までの歴史的な画面を描いたもので、室内あるいは屋外にポーズを取った人物と十二支いずれかの動物のモチーフが描かれている。この連作は、同じく室内もしくは屋外に人物を配置した一二の場面からなる三六年の活人画と、趣向の面からも類似点が多いといえる。

時代考証という点で特に注目したいのは活人画の「大葉子」で、彼女は勾玉の首飾りを着けた上古の衣裳だが、これは「十二支」連作の「巳」においても描かれていたものである［図6－19、28］。活人画の「春日の局」は既に

「午」でも扱った主題であった［図6－24、29］。「午」では畳の縁などで遠近法が強調されているが、それは同じく畳の縁や天井の梁に用いられた遠近法により奥行きの示される活人画「楠公夫人」にも通ずるものだ［図6－16、29］。当時の舞台美術改良の議論では、遠近法の導入は洋風背景に欠くべからざるものとされていたのである。ほかにも、市女笠を手にかつぎを被って道行をする活人画「橘妙媛」［図6－13］のいでたちは、「戌」に描かれた白拍子祇王と同様である。また「申」では、歌舞伎の娘道成寺で花子が鐘を見込む場面を思わせるような身振りの女性が暗雲垂れ込める海辺に描かれているが、それは活人画の「奥村助右衛門妻」を先取りするもののように思える［図6－17、30］。ちなみに、芝居好きであった芳翠は、洋画であっても登場人物に歌舞伎の所作のようなポーズを取らせていることがままある。

もとより、油絵連作「十二支」と明治三六年の活人画に直接的な関係があるということではないが、「十二支」をよき成果とする芳翠の歴史画制作の経験は、そのまま三六年の活人画においても有効に働いたのだろう。癸卯園遊会の活人画を美術史的に位置付けるならば、それは、明治二〇年代から三〇年代初めにかけて流行し、この時期には既に下火になりつつあった歴史画の活人画版であったといえるのかもしれない。(37)

ただこの園遊会での活人画のあり方は、活人画としては美術の部分が凝りすぎであったともいえる。ヨーロッパ近代の活人画を紹介した章でも言及したことだが、活人画において背景画は、本来さほど重要なものではなかった。活人画とは、衣裳を着けた人物と小道具の組み合わせによって、よく知られた場面が作り出されるところを愛でるものなのである。対して芳翠の活人画では、背景画がその前に立つ人物以上に雄弁であり、照明も含め、活人画のための美術としてはいささか立派なものでありすぎた。そこに私たちは、活人画としての枠組みを超え、演劇の舞台美術にふさわしいものを制作しようとした芳翠の思い、あるいは演劇改良という当時の日本ならではの文脈を読み取るべきなのだろう。事実、明治二〇年の欧州歴史活人画の新聞評では、活人画が人物の陰影や背景の濃淡などによってまるで油絵のように見えるというところに感心する声が多く見られたが、(38)明治三六年の活人画に関しては、活人画としてよりはむしろ芝居の舞台背景の画期的なるものとしての評価がなされているのである。(39)

歌舞伎役者の歴史活人画興行

この活人画が、三ヵ月後、築地の水交社から目と鼻の先の歌舞伎座の舞台にあがることになる［図6‐31］。活人画が新たな文脈、すなわち興行の世界に足を踏み入れたのである。その経緯について、四月の活人画の評判を聞いた歌舞伎座座主の田村成義が、同じものを歌舞伎座でやろうと計画したとする証言があり、(40)また実際四月の園遊会の折に芝居関係者の見物があったと報じる新聞記事もある。(41)

歌舞伎座の舞台に歌舞伎以外の出し物が乗ることは、当時としてはさして珍しいことではない。他所で当たったものを持ってくるのである。同年でいえば、例えば折しも大阪で開催されていた第五回内国勧業博覧会で評判をとったアメリカ人女芸人カーマンセラの一座が、一一月一一～一五日に歌舞伎座に登場している（ちなみにこのカーマンセラは、世界的に一世を風靡した女性舞踊家ロイ・フラーのコピー芸人のような存在で、博覧会に出演した際の様子を伝える絵を見てみると［図6‐32］、ジュディ・オングの「魅せられて」のような衣裳で踊っていたことが分かるが、これがまさにロイ・フラーの「サーペンタイン・ダンス」を真似たものだった）。(42)七月の活人画もその伝だったのだろうが、ただ、歌舞伎役者た

6－31　明治期の初代歌舞伎座

6－32　電気光学不思議館に出演するカーマンセラ嬢（第五回内国勧業博覧会、明治36年）

ち自身が歌舞伎以外のものを演じるという点においては異例のことだった。さすがに華族の奥様方を芝居の舞台に引っ張り出すというわけにもいかなかったのだろう。

それでは歌舞伎座の歴史活人画興行とは一体いかなるものだったのか。この興行については、当時の演劇雑誌である『歌舞伎新報』にも「歌舞伎座にて歴史活人画興行」としか記述がなく(43)、現在のところ筋書きの存在も確認されていないので、複数の新聞の記事によってその様子を詳らかにしてみる。

初日までの経緯を簡単に述べると、まず七月四日に、月半ばの一四日から活人画興行のある旨が発表された。翌五日には、活人画の演目およびこの興行が芳翠の油絵により、花形役者が出演することが発表された。活人画は都合一二場面、四月の園遊会の折と同一の演目であった(44)。この時点で初日が一五日に変更されている。七月一〇日には歌舞伎座前に、二枚の絵看板が掲げられた。絵看板は芳翠の弟子北蓮蔵が手掛け、油絵で「千手の前」が描かれた。[45] ついで一一日には、活人画に講談師の説明が付くことが発表された。講談師は、桃川實、桃川燕林、真龍斎貞水、松林伯知の四名である。[46] さらに七月一三日には、「千手の前」の踊りに和洋合奏の伴奏が付くことが知らされた。[47] また、配役もこの時点で明らかとなった。後日発表された配役変更も踏まえた最終的な配役は以下のごとくである。[48]

菊五郎：橘妙媛、千手の前、大江匡衡、秋色女、救世の神
八百蔵：楠公夫人、山内一豊、秋田城之助
高麗蔵：伊賀局、大葉子
女寅：山内の妻、赤染衛門、春日局
栄三郎：清少納言
吉右衛門：奥村助右衛門妻、政子尼将軍
ほかに、英太郎が竹千代と小楠公、米吉が侍女、猿蔵が北條、菊次が松下禅尼

この顔ぶれの多くは当時の若手で、花形総出演の趣だったものと思われる。特に橘妙媛、千手の前、秋色女と、若く美しい女性の役は、六代目を襲名して間もない一八歳の菊五郎が担当している。また、後の弁慶役者である高麗蔵（七代目幸四郎）は、伊賀局、大葉子といった女丈夫を演じた。四月の癸卯園遊会ではすべての登場人物を女性が演じたが、今回は舞台に上がるのが歌舞伎役者であるために異性装が逆転し、そのことも趣向の一つとなっていたものと思われる。

先にも述べたように、歌舞伎座の歴史活人画の演目は癸卯園遊会の活人画のそれを再現したものだ

ったが、四月の園遊会の舞台美術をそのまま歌舞伎座に移したというわけではない。また「活人画ばかりでは面白くあるまい」ということで、[49]歌舞伎座の興行として成立させるための工夫が様々に凝らされた。歌舞伎座の活人画興行は、活人画だけではなく、その前後合間に他の出し物も挟まれ、五つの要素からなっていたのだ。すなわち、各々の活人画を説明する講談、一二の活人画、「千手の前」の舞踊、神楽、そして「救世の神」の一景という番組である。[50]ヴァラエティに富む盛りだくさんの内容であり、座元としては万全を期した狂言立てというところであったのだろう。

活人画の舞台美術だが、舞台全体の背景に白幕を垂らし、中央に金の立派な額縁を設置したが、その左右にスペースが余るので、作り物の大鉢にこれまた作り物の松と梅が置かれた。歌舞伎座の舞台は四月の園遊会の折の水交社よりずっと幅が広く一二間もあるので、額縁も背景画も寸法を拡大して手を加えねばならなかった。[51]

また四月の癸卯園遊会と同じく、この度も振付は芳翠が担当している。[52]園遊会では素人の奥様方が相手だったが、今回菊五郎、吉右衛門といった後の名優に芳翠が演技指導をしている様子は、想像するだに愉快である。

この活人画について、いずれの新聞を見ても、おおむね装飾、油絵、光線の三点が賞賛されている。つまり園遊会の時と同じく、活人画というよりむしろ舞台美術という観点からの評価がなされているのだ。油絵すなわち背景画に関して興味深いのは、[53]洋風背景画ならではのこととして、屋内の場面については遠近法を用いた背景画が使用されたわけだが、それに伴い、「普通の演劇と違ひ正面より観ざれば充分ならぬ」との観点から、場代（入場料）が設定されたことである。[54]

光線というのは、先にも述べたように照明のことで、芳翠は歌舞伎座においても電気による照明を行った。特に舞台前方下部より照らしあげる照明、すなわちフットライトの使用が特筆されている。[55]ちなみにこの興行は七月一五日に開場したが、当初昼夜一日二回興行の予定が、「光線の作用悪しき為」[56]との理由で夜興行のみに変更された。昼興行は、窓を閉めても外から光が漏れ入るので思うような効果が出なかったということだろうか。

同年一一月に本郷座で幕を開けた川上音二郎一座の「ハムレット」が、この活人画に引き続き、窓を閉め人工の照明だけを用いるという形で上演された。新聞には、「開演中は見物場の電燈を消すが為め、俳優の名を知らざる者は前以て役名を記憶するの煩あり。又た引返しは舞台をも暗闇にして、点火と共に登場の人物現出する。恰も活人画の如くなれば、「懐中物御用心」[57]とある。暗転があることも含め、活人画のようであると評しているのは面白い。

以上のように、歌舞伎座の歴史活人画興行は、芳翠としては劇場での洋風舞台美術の最初の試みとなった。歌舞伎座の舞台において芳翠は、パリ仕込みの知識と技術を駆使した、人物と背景画および照明で洋画のような効果を生み出す舞台を、園遊会の客ではなく、芝居の客に見せることとなったのである。

歌舞伎座大外れの理由

ただ、これが当たったかといえばさにあらず、はなはだ不入りのため、わずか三日で打ち切られてしまった。四月の園遊会と同じ活人画を出したのに何故はずれてしまったのだろうか。芳翠の弟子の白瀧幾之助は、不入りの理由について、宣伝不足であったことや劇場の規模の違いなどを指摘している。[58]また料金設定が通常の盆芝居と同程度という、この種の出し物としては高額であったことも仇になったのかもしれない。しかし一番大きな理由としては、四月の園遊会と七月の歌舞伎座では、同じ活人画とはいっても枠組みが違ったことが挙げられるだろう。四月の園遊会の活人画は、上流階級の者が企画し、彼らが出演し、募金目的で人々に見せた。それに対して七月歌舞伎座の活人画は、興行主が企画し、役者が演じ、芝居の客がそれを見るという興行であった。そして活人画は本来、興行物には向いていなかったのである。一言でいうと、活人画は本職の役者が行うべきものではなかった。

活人画の面白さは、出演者が素人であるが故のものだ。そこでは誰が演じているかが重要であった。そしてある種の有名人かつ素人ならばこそ、動かずにいても間が持った。というより、間が持たなくとも許された。この場合、もとより芸は期待されていないのである。また少し穿った見方をするならば、四月の園遊会の活人画では、普段しげしげと眺めることのない、上流階級の女性たちそのものを見物するという、いささか下世話なまなざしが、「芸術としての活人画」や「慈善」といったオブラートに包まれていたものとも思われる。

そのように考えると、玄人の歌舞伎役者がこれを演じているところを見物しても大して面白くはない。舞台上の役者それ自体は普段から目にしているものである上に、静止を旨とする活人画において、役者たちは芸を行うことを封じられているのであるから。このことを的確に指摘した評が『演芸世界』に見られる。「歌舞伎座の活人画空前の大外れ。代物は立派なるも役者の活人形は受けず。根が素人のする慰みなるを。(殺人画)」というものである。[59] 殺人画というのは何とも皮肉が効いており秀逸だ。「動かぬ役者なんか見るに効なし」との声もあった。[60]

実際、見物が一番喜んだのは活人画ではなく、菊五郎の「千手の前」の踊りであった。これは下田歌子の作詞した「千手の前」を長唄舞踊としたもので、幕が開くと蓮池の景、そこに菊五郎演ずる千手が出て、和洋合奏の長唄に合わせて踊り、舞い終わるとまた元の絵に戻るというものだった。[61] これも一種の活人画であるといえなくはないが、舞踊という形で菊五郎の芸を楽しむ部分も用意されていたのである。長唄をハイカラな和洋合奏としたのも、客受けに一役買ったのかもしれない。九代目団十郎がピアノ伴奏で娘道成寺を踊った時代である。

歌舞伎座の歴史活人画興行に関して、新聞には舞台美術の画期的なることが記されるも、それだけでは集客にはつながらなかった。舞台美術としての意義を認めた新聞は、「此の書割が芝居道に大いなる刺激を与ふるべきは疑いなきことと思ふ[62]」と持ち上げたが、一般の見物衆にとっては演劇改良の議論などどこ吹く風、美術の評判だけで客足が伸びることはなかったのである。

後日『萬朝報』に出た記事も引用しておこう。芳翠に舞台美術研究をすすめた末松謙澄の談話を交え、この興行の顚末について記している。

去る十五日より歌舞伎座に興行せる歴史活人画は、画家山本芳翠が苦心に成れる背景彩画を本領として、座方と山本との相持興行なりしが、不入の為め二三夜限り俄《にわか》に閉場したり。右に付一話あり。先年末松男〔爵〕が欧州より帰朝せる当時、演劇の改善を唱導し、其の内容よりも寧ろ外形の装置装飾より改むべしとの説を唱え、当時巴里に留学中の山本芳翠をして同地の劇場に就て其の背景装置等を研究せしめたる由なるが、山本の帰朝後も日本の劇壇依然として旧体を守り此の方面の技術を用ふるに処なく、僅かに過般水交社に於て園遊会の際活人画の背景を揮毫し、今回更に之を歌舞伎座に試みたる処、猶失敗に了りたるは、芳翠の為よりも我が藝壇の為に寧ろ惜むべきなりと、末松男〔爵〕は語り居れり。[63]

歌舞伎座の活人画は夜興行のみの三日間、場内丸あきの大外れであったというから、実際にこれを目撃した者は極めて少数で、挙句、幻の活人画となってしまった。(64)

ちなみに、同じ月に芳翠は、日本人による最初のオペラ上演となった、東京音楽学校奏楽堂におけるグルックの「オルフォイス」でも背景画を担当している。(65) 公演は七月二二日で、歌舞伎座の歴史活人画の初日から一週間後のことであったから、芳翠はこの間、大車輪で仕事をしていたことになる。

6－33　歌劇「オルフォイス」の舞台面、東京音楽学校奏楽堂、明治36年

6－34　ピエール・ピュヴィス・ド・シャヴァンヌ「諸芸術とミューズたちの聖なる森」、リヨン美術館

本人も語っているように、この背景画はフランスの画家ピュヴィス・ド・シャヴァンヌの壁画を翻案したものであり、その写真が『美術新報』に紹介されている(66)［図6－33］。なるほど、背景画の前にギリシア神話風の衣裳を着けた歌手たちが集う写真は、シャヴァンヌ作品の活人画以外の何物でもない［図6－34］。

学生風俗としての活人画

明治三六年には、いまひとつの活人画があった。上野の東京美術学校設置一〇周年を祝う紀念美術祭の余興の活人画である。当時欧米で開催されていた美術祭を手本にしたこの美術祭では、『東京美術学校校友会月報』や『美術祭記念帖』、あるいはこの美術祭の特集記事を組んだ『風俗画報』から知られるように、東西の美術の神々に捧げられた神事に引き続き、余興として学生たちによる都合二六の出し物が観客に供せられた。(67) 当日の番組は以下の通りである。(68)

午前之部
一　喜劇「レター」工芸各科会員
二　神代行列：鋳金科会員
三　玉藻踊：彫刻科外五科会員
四　血染ノ雪：柔道撃剣部会員
五　埃及《エジプト》行列：英語科会員
六　活人彫刻：彫刻科会員
七　巴里美術学生行列：仏語科会員
八　紅葉狩：彫金科鍛金科会員
九　史劇「小督」日本画科会員
一〇　羅馬ノ武士：柔道撃剣部会員

午後之部
一一　鉛管踊：西洋画科会員有志

一二　フロレンス行列中古欧州武士行列：英語科会員
一三　参内行列：彫刻科会員
一四　活人蒔絵：漆工科会員
一五　天象行列：西洋画科会員
一六　鋳金活人：鋳金科会員
一七　活人彫刻「訣別」彫刻科会員
一八　希臘《ギリシア》行列「オリンピア競走」西洋画科会員
一九　凱旋行列：日本画科会員
二〇　地獄ノ宿換：図案科会員
二一　朝鮮官妓踊：日本画科会員
二二　活人彫刻「死　バルトロメの作」彫刻科会員
二三　弓箭隊行列：弓術部会員
二四　江戸ノ花：漆工科会員
二五　活人画「天岩戸」図案科会員
二六　全校行列：職員部及生徒部会員

番組表から分かるように、紀念美術祭の余興は、演劇、活人画、仮装行列などからなる。中でも喜劇、史劇などの演劇は、学生演劇勃興期の一例として意義深い。また洋画科の学生たちによる油絵具のチューブを模した「鉛管踊」［図6－35］のほか、「巴里美術学生行列」「埃及行列」「天象行列」などの仮装は、ヨーロッパの画学生たちの学生風俗を彷彿させるものだが、私たちの目を引くのは、学科ごとに趣向を凝らした六つの活人画である。(69)

具体的に記すと、紀念美術祭の活人画は、彫刻科学生らによる三つの活人彫刻、鋳金科学生による鋳金活人、漆工科学生による活人蒔絵、そして図案科の学生による活人画であった。つまり純然たる活人画というよりも活人画的パフォーマンスもしくは活人彫刻が主体だったのである。

これらのうち、癸卯園遊会や歌舞伎座における活人画と同様のものは、最後の図案科による活人画のみで、これは天の岩戸の故事を主題としていた［図6－36］。『美術祭記念帖』に掲載された「天岩戸」の写真は写りが悪いため、いまひとつ様子がつかめないが、余興大詰めにふさわしいものであったと記録されている。

彫刻科による三つの活人彫刻のうち、軍人と家族の別れを表した「訣別」は、一つの台座に乗る、出征する軍人とそれにすがる母と妹をまとまりのある構図に収めている［図6－37］。それに対して九人から構成される「死」は大規模なものであり、今橋映子氏が明らかにしたように、パリのペール・ラシェーズ墓地の死のモニュメントを活人彫刻に仕立てている(70)［図6－38、39］。裸体を白く塗り、大理石彫像を模した群像は、残された写真からもその衝撃の程を推し量ることができる。高村光太郎も参加していたというこの活人彫刻に関し、以下のような滑稽な記事がある。

活人彫刻　行事番組の中に就て、最も観者の喝采を博せしは彫刻科の催し、バルトロメの作を写したる、「死」と題せる活人彫刻にてありけり。一たび幕を閉ぢしも、モ一度開けろ〳〵の声に、開けたり閉めたりせしこと二度三度、最後に或人物陰より「動いて見せては」と云ひけるに

「裸体だからウッカリ動けない」との演者の答へ、ナル程さうだつたナと、大笑ひをなしたりとは、さもありなん。[71]

鋳金科による鋳金活人は、銅像制作の様子を活人画としたもので、彫刻家、鋳金家、彩色家が取り囲む制作途中の銅像は、上野公園の西郷隆盛像である［図6－40］。当然この銅像も学生が演じているが、まさか犬まで活犬彫刻だったわけではあるまい。

6－35　鉛管踊、東京美術学校紀念美術祭、明治36年

6－36　活人画「天岩戸」、東京美術学校紀念美術祭

6－37　活人彫刻「訣別」、東京美術学校紀念美術祭

6－38　活人彫刻「死」、東京美術学校紀念美術祭

6－39　死のモニュメント、パリ、ペール・ラシェーズ墓地

6－40　鋳金活人、東京美術学校紀念美術祭

もう一つ、漆工科学生による活人蒔絵は、舞台に立てられた大杯に蒔絵で描かれた猩々《しょうじょう》を一学生が活人画として演じ、その傍らには蒔絵師が座している［図6－41］。上手には地謡方が並び、彼らの謡に合わせて、杯から抜け出た猩々が舞を舞うという趣向であった。新聞は、「第十四、活人蒔絵、活人画から謡になり画の猩々が抜け出して舞ふといふ趣向。活々人画ともいふべきものだが、猩々の舞は素人なら巧いものだ」と伝える[72]。活人画が動き出すという趣向を「活々人画」と称しているところが面白い。美術学校紀念美術祭の活人画や活人彫刻は、鋳金活人にしても、活人蒔絵にしても、ま

こと美術学校ならではの主題選択であった。

従来、美術学校紀念美術祭の余興は、教授の岩村透が音頭を取った、同時代の欧米の美術祭、わけてもパリで行われていた四大芸術舞踏会の移入という側面から注目されてきた。[73] それら欧米の美術祭については、『東京美術学校校友会月報』にも紹介記事が見えるが、それはどちらかというと仮装行列や演劇を中心としたものだった。[74] にもかかわらず、紀念美術祭の余興に活人画や活人彫刻が多数盛り込まれた背景には、四月の癸卯園遊会あるいは七月の歌舞伎座での活人画の体験があったものと思われる。とりわけ図案科の「天岩戸」の活人画は、背景画を用い日本の故事に取材した活人画という点からも山本芳翠による活人画に近いものであるし、絵から抜け出た猩々が舞を舞うという漆工科の活人蒔絵も、歌舞伎座歴史活人画興行の折の、菊五郎による「千手の前」と同趣向のものだった。実際、『校友会月報』に記録された活人画掛役員には、和田三造など山本芳翠の助手として四月や七月の活人画に携わった者もおり、[75] またそうでなくとも、美術学校の教員学生たちの中には、四月あるいは七月の活人画に足を運んだ者も多かった。[76]

6-41　活人蒔絵、東京美術学校紀念美術祭

美術学校紀念美術祭は入場料を取る興行ではなかったが、来場者数は『都新聞』では三万人、『毎日新聞』では二万人とされており、明治三六年の活人画の中では最も多くの人々の目にしたものとなった。

漱石と活人画

明治二〇年の欧州歴史活人画の折には、新聞が活人画の何たるかを説明しなくてはならなかったのだが、明治三六年の癸卯園遊会以降、活人画は広く知られるところとなり、辞書にも採用される。当時の辞書に見える活人画の項をいくつか紹介してみよう。

「イキテイル人ヲソノママエノヤウニカザリヨソホフコト」(『新編漢語辞林』明治三七年)

「集会などの余興として衆人の覧に供する為め、活人が恰かも画中の人物の如く扮装してあること」(『日本類語大辞典』明治四二年)

本書冒頭に紹介した、活人画と凱旋門のコマが描かれている三越呉服店の「時好双六」が発行されたのが明治三九年であるが、翌明治四〇年に夏目漱石が著した二つの小説、『草枕』と『虞美人草』に「活人画」が出てくる。いずれも実際に活人画の場面があるわけではなく、比喩的な意味で活人画の語が用いられているのだが、そのように使用しても読者に意味が通じるということであって、当時既にこの言葉が一般化していたことが分かる。

漱石に関してさらに興味深いのは、明治四一年に著した「『坑夫』の作意と自然派伝奇派の交渉」において、小説『坑夫』の書きぶりについて、活人画の鑑賞を例に挙げて説明していることである。

ここに一つの行為がある。例へば活人画を見物するとする。と、その見方に三つの趣味がある。――願わくは活人画の人物が動かずに、長くあの好ましい姿勢を取つて呉れゝばいゝと希望する趣味が一つ。第二はあの状態《ありさま》が変じたら今度は如何《どう》なるんだらうといふことを考へるんで、これは事件の筋を悦ぶ人なんだ。また第三は何でも事件の内幕に興味を持つ。即ち活人画を見せるに至るまでの成立、事情を知らうとするのだ。私の先きに云つた書方はこの第三に属するので、つまりコンポジションをやつた要素を知る所が面白い。『坑夫』の書振は第三のつもりだ。智力上の好奇心《インテレクチュアル・キュリオシティー》のない人は、これを余り面白がらん[77]。

これなどは、漱石にも相当、活人画見物の経験がなければ出てこない発想だろう。「長くあの好ましい姿勢を取つて呉れゝば」というのは、活人画をしていて動いてしまうことがままあったということである。それは次に紹介する当時の活人画の指南書で再三動かないようにと注意していることからも明らかだ。第二の、「状態が変じたら」というのは、思わず動いてしまうというのではなく、静止して出来上がった活人画が動き出して、別の場面に変わることを期待してしまうということだ。活人画では別場面は一度幕を閉めて転換を行うので、実際にはそのようなことはありえないのだが。第三は、その活人画の舞台裏を知りたいという関心の持ち方で、『坑夫』の書き方がそれにあたり、知的な好奇心が必要だといっているのである。

『素人に出来る余興種本』

それでは明治の人々が自分たちで活人画を演じようとしたとき、具体的にはどうすればよかったのか。癸卯園遊会の折の下田歌子は欧州で活人画を経験しており、山本芳翠の助力を得てそれを実現したわけだが、一般人が活人画をするには、手引書のようなものが必要であったろう。そのような活人画のマニュアル本として、前章では欧米の事例を紹介したが、我が国に関しては明治四四年のものが見出された。とても興味深い資料なのでここで紹介しておこう。すみれ小史著『素人に出来る余興種本』という余興指南書である。[78] アメリカ人ヘッドの『家庭の気晴らし、あるいは活人画』は本格的な書物であったが、こちらは小冊子でかなり砕けた書きぶり、かつ他にも様々の余興が説明されている。

「滑稽大学、天下一品万国古物、大博覧会、種明し手品、椅子取、座敷劇、子供の余興、お伽はなし、失恋行列、人造蓄音機、蓬莱土産、宝の福引」といったラインナップになっていて、目次を見ただけでも面白そうだが、これらと並んで活人画が選ばれている。

それでは活人画がどのように紹介されているか見てみよう。

> 活人画について御話します。すでにれいれいしく申上げるまでもなく、みなサンが御承知の通り字義の上から解釈しても活きた人間の画《え》です。云ひかへますれば、活きた人間《ひと》が画中のものと同化してしまうのです。モツト平たく云ひかへますれば、自分が画になつてしまうのです。ですから演技中は動くことも出来なければ口をきくことはなほ出来ません。

明治三六年の日本人による最初の活人画から八年が経過して、すでに「みなサンが御承知」という状態にいたっている。

著者はまず活人画の舞台について述べるところから始める。舞台は会場の正面、客席からある程度離さなくてはならない。近すぎると粗が見えたり、動いたのが分かってしまったりするからである（動くのは禁物だが、生きた人間のこととて、どうしても動いてしまう）。次いで舞台全体を覆うことのできる幕の用意をする必要があるが、規模が小さい場合は屏風で舞台を覆うようにしてもよいという。舞台の飾りについては、題目に適する書き割りを作るとするが、それは大趣向の時に限り、簡単にやろうと思うならば、一面に幕を張って背景書き割りは抜きにしてもよい。それならどのような画題を演じるとしても応用が利くため結構であるというのだ。明治三六年の山本芳翠による大掛かりな背景画が、いかに例外的なものであったかが分かる。

活人画には少なくとも二人以上の後見が必要で、万事世話を焼く。閉じた幕あるいは屏風の中で準備が整うと、後見が幕外に出て口上をいう。芝居の口上を真似たような文句が書かれているが、本当にこんなことを言っていたのだろうか。

東西〱〱高うは御座いまするがはゞかりながら口上な以て御披露仕《つかま》つります。今回御覧に供しまする活人画外題
◎慷慨悲憤土窟《どくつ》の紅葉《もみじば》
と題しまして、恐れ多くも護良《もりよし》親王悲劇の一幕、画《が》は巨勢金岡、狩野法眼元信たゞしはいにしへ百済より渡れる河成、まつた応挙もはだしで遁げ出すといふ古今無双の画工の筆で御座いますから、さながら生きて居る様で御座います。最初は義博忍び込みの体、お眼をとめて御一覧。

元信に応挙まで引き合いに出してまったくご大層なことだが、このように前口上をのべて拍子木を打つか、鈴を鳴らし、この合図とともに開幕、あるいは屏風を開けるのである。

（大概素人と申しては失礼ですがなれない人は）幕が開くと同時に公衆の方を見る癖がります。之れは極めて悪いのでソレがために心におくれが出て来て態度がくづれますから、折角の扮装もむだになります。苟《いやしく》も己れが舞台に立ち開幕したならば、全く自己といふ観念を忘れて、有生《ゆうせい》といふことを忘れて、画中の人と同化した様、いな同化しなければなりません。だからやんやと見物が騒がうが、からだがかいからうが、咳が出たからうが鼻汁《はな》が出たからうが、笑ひたからうが、衣裳がとけかゝらうが、何《どん》なことが有てもじツとして居て決して貧棒振でもしてはなりません。もし之れを気にして身体をうごかしでもいたしますと、画ではなくなつて不規則な機械応用の活人形となるではありませんか。

とにかく動いてはならないということについて、言葉を尽くして注意を促している。動くと機械仕掛けの「活人形」になってしまうという表現が面白い。先に紹介したように、明治二〇年に在留ドイツ人による最初の活人画が行われた時、活人画の語から活人形を想像してしまう者もあったのである。

幕は三分ほどで閉め、中の者は大急ぎで次の場面の準備をする。幕と幕の間は一分くらいにするのがよいとされている。

さて次に画題である。

画題は随分あります。たとへば、歴史上の事実や、物語、小説ないしはお伽話等から画題を集めて来ますと沢山あります。〔中略〕今普通行はれて居ります画題をあげて見ますと、

◎小楠公

（一）正行、正成の首を見てなげいて居る体《てい》

（二）死を決して自殺せんとする、母刀自《はゝとじ》にて正行の短刀を払へる体

（三）母諫言の体

◎五条の月　弁慶と牛若丸

◎天の岩戸

◎想夫恋　小督局《こごうのつぼね》と仲国

◎小松の諫言　平清盛と重盛

◎不如帰＝逗子別れの一節　浪子と川島武雄

◎熱海の叢雲　間貫一と宮子＝（金色夜叉）

◎戦争余談悲劇の一幕　之れは何にてもかまひません。なさるかたの好いと思つた所をとつてお
やりなさい。

◎家庭《ホーム》の趣味　子供が集つて叔母サンごつこや、飯事をやつて居る体も、天真爛熳に画にうつし出して二三回場面をかへるのも亦面白い一法です。

ソノ外前にあげた護良親王や、太田道灌、醍醐の花見や、静御前、細川敷浪をはじめ新聞の三《つ》

面記事《やだね》や講談等の材料《たね》を仕組んで演ずるのもなか〳〵面白う御座います。最後に一言申上げたいのは活人画には美といふ観念を忘れてはなりません。

活人画の主題は、歌舞伎（五条橋、小松諫言）や新派（不如帰、金色夜叉）といった芝居ネタに時局的な戦争ネタ、そして子供が喜ぶようなものを選ぶ。歌舞伎種のものなどは、絵画が原作というよりは、芝居の一場面の活人画といった趣だったのかもしれない。なお、小楠公（三）「母諫言の体」は明治三六年の癸卯園遊会、「天の岩戸」は同年の東京美術学校紀念祭の活人画でも出されたものであることに注目しておこう。

ちなみに同書で活人画の次に紹介されている「人造蓄音機」も面白い。これは蓄音機に見えて、実は中に人間が入っており、ＳＰ盤の音を語ったり歌ったりするという余興で、ある意味活人画に通じるものである。活人画は美術という西洋の制度、人造蓄音機は蓄音機という西洋の技術を前提として、それを真似ているわけだ。

その後の活人画

本章では、明治二〇年の欧州歴史活人画と、明治三六年に行われた三つの活人画を中心に検討してきた。日本人主体による活人画元年ともいえる明治三六年の活人画の中では、特に四月の癸卯園遊会と七月の歌舞伎座の活人画が、山本芳翠が関わったことにより、明治期の歴史画の流行や、演劇における洋風舞台美術導入といった動きに棹さすかたちとなり、このジャンルの余興性を超えて、照明を含め本格的な舞台美術を目指したものになっていたことが明らかとなった。ただし、活人画が本来有する性格ゆえに、本職の役者が出演し、それを観客が喜び、結果として収益の上がる興行としては失敗に終わったのであった。巷間、活動写真が人気を博するようになったために活人画が廃れたという記述を目にすることがあるが、それは誤解であり、活人画と活動写真とでは土俵が違ったのである。

　さて明治三六年の活人画に与えられた舞台美術改良のデモンストレーション的な側面は、ある意味で実を結び、山本芳翠が川上音二郎や初代左団次と組むことにより、実際の演劇の現場に舞台を移すことになる。[79]

6－42　活人画（明治39年の「時好双六」より）

　そして活人画は上流階級の余興に加えて、女子教育の中で命脈を保っていく。演劇ほどは手のかからない出し物として、あるいは演劇の前段階として重宝され、女学校の学芸会の演目としてもてはやされるのだ。[80] 明治三九年の「時好双六」に描かれていたのはまさにこのタイプであり、活人画のコマの脇に記された文句は、「問。女学校第一の流行は何ぞや。答。活人画」とある［図0－1／図6－42］。これは第四章で紹介したような、西洋における一八世紀以来の活人画の使用法の伝統に連なるものである。前章で見た赤毛のアンが演じたものとも同様であり、要するに北米の女子教育が外国人教師とともに日本に持ち込まれ、その中に活人画も入っていたということだろう。ちなみに『赤毛のアン』を翻訳した村岡花子は東洋英和女学校を卒業しているが、東洋英和では村岡の在学中から文化祭の折などに活人画が演じられていたことが知られている。[81] 村岡は前章で紹介した『赤毛のアン』の活人画のくだりを、自らの女学校時代の経験とも重ね合わせながら翻訳したことだろう。この種の活人画は現在にいたるまで、各地の歴史ある名門女子小・中学校で行われ続けている。

思えば明治三九年の双六には、他にも明治の活人画に関わりのある様々な流行風俗が選ばれていた［図0－1］。上がりの「園遊会」から時計回りに挙げていくと、「写真」「音楽」「活人画」「慈善会」「ハイカラ」「女学校」がそれに当たる。これらの言葉を使って、明治の活人画について辞書的な説明文を作ることさえ可能だろう。試みに行ってみると……

【活人画】明治時代の「活人画」は、「慈善会」たることを目的とした「園遊会」などで余興として喜ばれた、「ハイカラ」な西洋風の風俗である。「女学校」でも教育の一環として行われた。活人画では伴奏の西洋「音楽」が演奏され、それを「写真」に収めることで記録に残された。

といったところだろうか。ともあれ、三越呉服店が本書のために発行してくれたような有り難い双六である。

第七章
新宿帝都座の額縁ショウへ

顕われたトタンに幕

明治三六年に日本人による最初の活人画が行われた後、活人画はたちまち余興としてもてはやされるようになった。そして西洋において大衆化した活人画が裸体展示の装置としても機能したように、我が国においてもその種の役割も果たすようになる。明治三九年の新聞記事を見てみよう。

この程神田橋外和強楽堂で開催された東洋演説音楽会というものがあり、諸種の演奏があった最後に裸体活人画というものを見せた。活人画は女学校や各種の会合でよく行われるものだが、裸体活人画とは一体どういうものなのか。

舞台の準備にしばらく時間がかかり、煌々たる電灯が消されてもうろうとなり、あたかも幻灯を見るような感じになった。やがて舞台をおおっていた紅白の幔幕《まんまく》が中央から引き上げられた。そこで見えたのは、一人の裸体美人が両手に樹枝をかざして立っていた。満堂の視線が之に集まった刹那、幔幕は引き下ろされた。いわゆる裸体活人画はこうして終わった。(1)

東洋演説音楽会の詳細は不明であるが、音楽の演奏や演説の会の最後に、「裸体活人画」が出された。「裸体美人が両手に樹枝をかざして立っていた」とのことだが、それが何らかの絵画を模していたか否かは不明である。記事は以下のように続く。

この瞬間、感想は何も起こらなかった。しかし来会者はほとんど年若い男女学生で、蓄音機の卑猥な俗謡は、心有る者をひんしゅくさせた。況んやたとえ瞬間とはいえ、裸体の婦人を衆人の前に顕出するにおいてをやである。かつて内務当局者は裸体画さえ厳重に取締ったことがあるではないか。〔中略〕然るに実際に生きた人間しかも婦人の裸体を見せる活人画が不都合ではないとするならば、これは大きな矛盾ではないか。

記者は、「蓄音機の卑猥な俗謡」に加えての「裸体活人画」に憤慨し、明治三四年のいわゆる「腰巻事件」を思い起こしながら、内務省の取り締まり無きことを嘆いている。「腰巻事件」というのは洋画団体である白馬会の第六回展において、黒田清輝の「裸体婦人像」等の作品が風紀を乱すとして、下半身を布で覆って展示されたものである。(2) 他にも明治三〇年代には、裸体画の複製画を載せた雑誌等が発禁処分となることも多々あった。いずれにせよこの記事を書いた記者が、裸体活人画を美術における裸体画論争とのからみで論じているところが興味深く、絵画でさえ取り締まられたのに、生身の人間の裸体が問題にならないのはおかしいではないかというのは、確かに理屈が通っている。

実態が詳らかでない明治三九年の裸体活人画に対して、一般に我が国における興行としてのヌード・ショウの嚆矢《こうし》とされるのが、昭和二二年、新宿帝都座の額縁ショウである。

新宿帝都座の額縁ショウ

終戦後間もない昭和二二年の正月、新宿三丁目にあった映画館帝都座の五階に小劇場が開場した［図7－1］。現在、新宿マルイ本館のある場所である（伊勢丹新宿店の向かい）。その開場公演で、ミュージック・ショウの一景として女性の裸体が舞台に上げられた［図7－2、4］。イタリア・ルネサンスの画家サンドロ・ボッティチェッリの名画「ヴィーナスの誕生」［図7－3］を模したこの部分は、当時の台本を見ると、「カーテン開くと中央の台の上に貝殻から生まれたヴェナスがボッティチェリの絵の様なポーズで活人画風に立つてゐる」とある。[3] 演じたのは日本劇場のダンサー中村笑子で、当時の写真を見ると、下着を着けているものの、大きく肉体を露出した彼女が、ボッティチェッリ描くヴィーナスと同じ姿勢をとって、ボッティチェッリの絵にあるような貝殻の書き割りの上に立っていたことが分かる（原画と比べると左右の手の位置が逆になっているが、実際このように演じられたのか、写真が裏焼きなのかは分からない）。場面はほんの一五秒ほど続いたに過ぎず、すぐに額縁のカーテンが閉じられ、その前でダンサーが踊った。初めて舞台上に見る女性の裸体に、当時の観客は息をのんだという。

翌月、昭和二二年二月の帝都座第二回公演でも、同様の趣向による裸体が評判を呼んだ。今回はルーベンスの「アンドロメダ」が取り上げられ、台本には、「カーテン開くと舞台中央に金の額があり、その中にルーベンスの「アンドロメダ」の絵、活人画で現はる」と記される[4]［図7－5、6］。前月のヴィーナスはブラジャーを着けていた上、原作の絵にあるように胸を押さえるポーズをしていたが、アンドロメダを演じる日劇ダンサー甲斐美和は、上半身は何も身に着けず、さらに原画同様、上の岩に鎖でつながれた手を挙げていたため、自ずと胸を張り出す形となり、形のよい胸部が強調された。この時も、裸体が見えたのはきわめて短時間で、すぐにカーテンを閉めて、その前で歌手が歌を歌った。

7－1　新宿帝都座

7－3　サンドロ・ボッティチェッリ「ヴィーナスの誕生」、フィレンツェ、ウフィツィ美術館

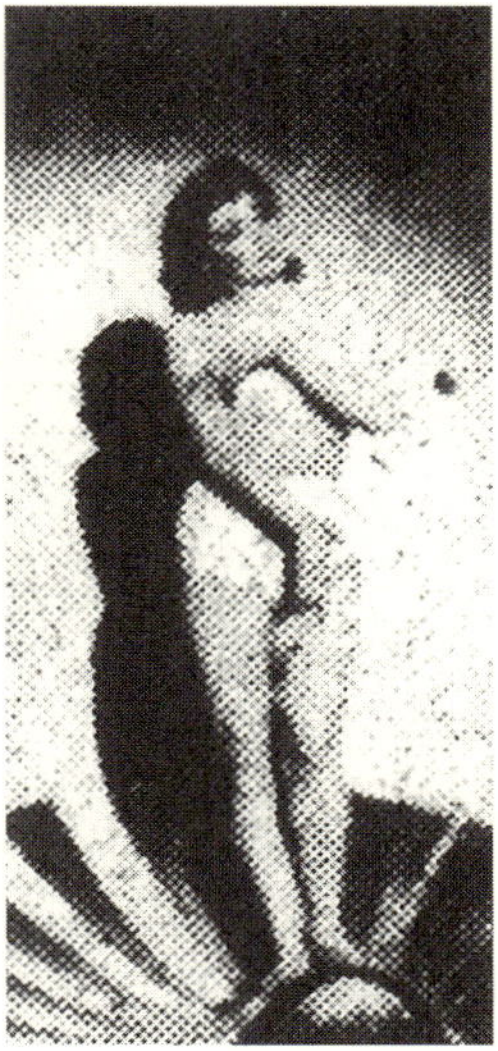

7－2　額縁ショウ「ヴィーナスの誕生」、昭和22年

7－4　額縁ショウ「ヴィーナスの誕生」のパンフレット（西条昇コレクションより）

その後も、第三回公演で腰をソンブレロで隠しただけの裸体の女性が登場し［図7－7］、第六回公演では、台本に「額縁「南風」といふつぼを持つた女の絵を書いている絵描きが意にそわずうたたねすると幻想に女が額縁より抜け出し踊る」とあるように、裸体の女性が動き出した。(5) 図7－8はこの時の写真ではないが、額縁前の階段の存在が、この後踊り子がステージに下りるであろうことを示唆している。(6) 第九回公演では、ドガの名作「踊り子」を模した裸

7－5　額縁ショウ「アンドロメダ」、昭和22年

7－6　ペーテル・パウル・ルーベンス「アンドロメダ」、ベルリン、国立美術館

体場面が出された。

　これが世に名高い「額縁ショウ」である。[7] 我が国におけるヌード・ショウの起源であるこの額縁ショウは、それが絵画の模倣という枠組みを利用して裸体を展示してみせた点において、第五章で見た西洋の裸体活人画の衣鉢《いはつ》を継ぐものであるといえる。先に引用した額縁ショウ第一回公演の台本にも、まさに「活人画」という言葉が使われていた。額縁ショウは昭和二二年から翌年にかけて、都合一四回行われ、各回は一ヵ月程度の公演だった。「額縁ショウ」といっても、それは歌や踊り、コントをつなげたミュージック・ショウの中の一景に過ぎなかったことにまずは留意しておこう。

仕掛け人秦豊吉

　額縁ショウの仕掛け人は、秦《はた》豊吉（一八九二～一九五六年）という人物である[8]［図7－9］。レマルクの小説『西部戦線異状なし』の翻訳者としても名を残すこの才人は、三菱合資会社社員として大正期に駐在したロンドン、ベルリン、そしてそこから足をのばしたパリのレヴュー劇場で、裸体のあるレ

7-8　額縁ショウ、タイトル不詳

7-7　額縁ショウ「ソンブレロを持つ女」、昭和22年

ヴュー・ショウを楽しんだ。この時代の欧州のレヴューについては、洋行した邦人の回想が様々に残っている。第五章では寺田寅彦によるものを紹介したが、ここでは秦の体験した戦間期のレヴューについて、彼自身の回想に耳を傾けてみよう。

世界のレビュウの発展史からいえば、第一次欧州大戦後が、欧州で最もレビュウの全盛時代だろう。巴里の「フオリ・ベルジエール」とか「カジノ・ド・巴里」は、無数の裸体の美女を扇の柄に収め、象牙の彫刻になぞらえ、名画にはめ込み、あらゆる方法で女の裸を舞台に咲かせた。美しい女の裸、これこそレビュウの神髄である事は、美術における裸体画や、彫刻における女身像と同じであろう。(9)

また曰く、

7-10　「長崎の幻想」（日劇「九州レビュウ」の活人画、昭和12年）

7-9　秦豊吉

「生きた大理石像」というのは、最も体の美しい女優さん達が、ギリシヤや羅馬《ローマ》や又は昔の物語の一節を、大理石の彫刻のつもりで、又は古代の大理石像を真似て、舞台で活人画になって見せるから、自然体には何も着けていないのです。〔中略〕「生きた大理石像」という活人画を、私が初めて見たのは、一九二〇年頃でしたが、その時すでに珍しいヴァラエティの出し物ではなく、それが二十数年後でもまだ舞台に出ているのですから、いつになっても美しいものは滅びません。しかもロンドンばかりでなく、巴里伯林《ベルリン》の多くのヴァラエティ劇場でも見物出来たし、観客の悦ぶこの出し物が、どうして日本では見られないのでせう。[10]

この「日本では見られない」出し物を実現したものが、ほかでもない帝都座の額縁ショウだった。帰国後の昭和八年（一九三三年）、小林一三に引き抜かれ東京宝塚劇場支配人となった秦は、日本でも同様のものを上演したいと考えたが、検閲の厳しい戦前においてそれは不可能なことだった。ところが敗戦後の昭和二一年、彼はＧＨＱ（連合国軍総司令部）によって公職追放の処分を受けてしまう。この浪人の身分を逆手にとって、秦が戦前からの夢を実現したのが、新宿帝都座の額縁ショウだったのだ。秦は公職追放中ゆえ表だった活動はできないので、彼と契約し帝都座責任者となったのは佐谷功だったが、実質的には秦が全面的にプロデュースした。(11)

ただし、戦前に引き続き舞台における裸体の前に立ちはだかったのは、警視庁による裸体規制であった。よって、日本で舞台に裸体を乗せるには何らかの工夫が必要だった。そしてそれが、かつて欧米において利用されたのと同様の活人画だったのだ。

ちなみに秦は、戦前に欧米で見た「生きた大理石像」の再現を目論んだとはいうものの、もとより舞台上の活人画的趣向が好みであって、戦前、有楽町の日本劇場においてしばしば活人画を出した。例えば日劇の昭和一二年三月公演「明治維新七〇年レビュウ」の第九場では、軍艦行進曲の伴奏で東城鉦太郎の「三笠艦橋の東郷提督」（明治神宮外苑、聖徳記念絵画館）を活人画にしてみたり、同第一三場「文展初まる」では、文展に出品された「鎧武者」「ハンモックの女」、鏑木清方の「築地明石町」等を活人画で出したりした。(12) この時「ハンモックの女」を演じた中村笑子は、後に第一回額縁ショウに登場することになる。また昭和一二年四月公演のレヴュー「孔雀と杜若」や同年の「九州レビュウ」では大規模な磔刑《たつけい》図の活人画が出たが［図7－10］、これは秦が語るように、ニューヨークのラジオシティ・ミュージックホールの出し物の模倣だったらしい。(13)

裸体規制への対応

秦が裸体規制にどのように取り組んだのかについて考えてみよう。そもそも舞台上の裸体を検閲・

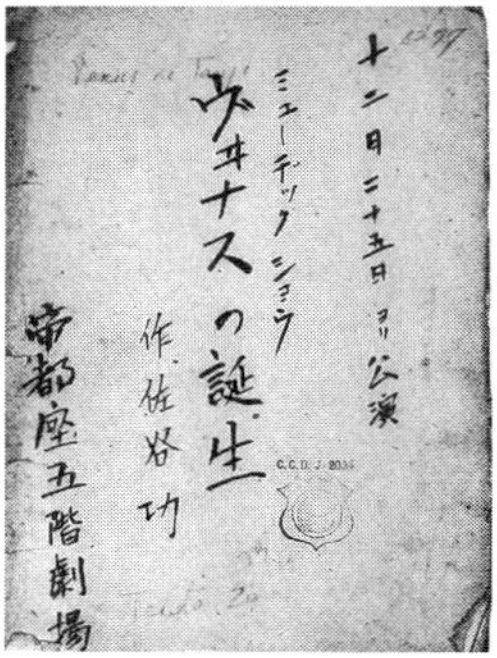

7－11　額縁ショウ「ヴィーナスの誕生」検閲台本表紙

規制する根拠は何なのだろうか。当時の刑法第一七四条（公然猥褻）には、「公然猥褻ノ行為ヲ為シタル者ハ六月以下ノ懲役若クハ五百円以下ノ罰金又ハ拘留若クハ科料ニ処ス」とあるのみで、何が公然猥褻の行為にあたるのかについての具体的な記述はない。よって戦前においては、内務省による台本の事前検閲、および臨監席の官憲による中止命令、拘引、取り調べがなされた。現場での監視・検挙の根拠は警視庁保安課の出したいわゆる「エロ取締規則」だったが[14]、実際には、それは一巡査の恣意的な判断によっていたのである。

それでは戦後、舞台上の裸体検閲について状況は変化したのか。額縁ショウが行われた昭和二〇年代前半は特殊な状況にあった。つまりこの時期は、ちょうど日本の戦後占領期にあたり、舞台検閲はGHQの下部組織であるCCD（民事検閲局 Civil Censorship Detachment）が担当した[15]。CCDは、戦前の内務省と同様に事前の台本検閲をした。CCDが検閲した第一回額縁ショウの台本が残されており、その検閲台本の表紙には、CCDの印と担当者のサイン、ローマ字によるタイトルの書き込みが見られる［図7－11］。しかし台本には、ヌードの様子が詳述されているわけではない。先に紹介したように、そこには、「中央の台の上に貝殻から生まれたヴィナスがボッティチェリの絵の様なポーズで活人画風に立つてゐる」とあるのみである。また、CCDによる検閲は思想検閲が中心であったうえ、アメリカでは戦前からストリップ・ティーズが一世を風靡したほどで、舞台上のヌードは問題にされなかっただろう。

実際に上演中の興行を現場で取り締まるのは日本の警視庁だ。しかし占領期の支配者であるGHQが規制しようとしないものを警視庁が取り締まることができるだろうか。警視庁もGHQの意向をはかる必要があり、裸体規制に関して当初は歯切れが悪かったという。

当局の発言として例えば以下のようなものがある。

近頃エロレビューが盛になって来た。我々としても昔の様な考えはもっていないが、しかしこれも限度の問題で、業者はもっと公共の利害を考え、良心的にやってもらいたいと思う。我々も国民の世論が高まれば取締るが、目下の所出演禁止というような行政的な措置は考えていない。業者と観客の反省をうながすだけである。(16)

最近のアトラクション、レビュー、ショー、演劇等は自由をはきちがえて、とかく風紀上好ましくない傾向が強く、このほどGHQ民間情報教育部演劇班から自主的に粛正するようにとの注意があったため、興行組合では各組合員に対し「今後は風俗を害するいかがわしい内容の上演は絶対に禁止するよう、また宣伝については特に注意を払うよう願いたい」旨の通達を発した。(17)

警視庁は戦前の内務省検閲のような台本検閲はできないし、臨監席ももはや存在しない。戦前からのエロ取締規則は存続していたが、戦後、民主主義・自由主義によってあらゆるものが解放されるべきだという建前もある。

秦が額縁ショウを手掛けたのはこのような時代だった。そして秦は、このような時代状況の隙につけ込んだとみることもできる。秦は戦前の検閲には相当恨みがあった様子で、「戦後に私が真先に、舞台に女の裸体を出したのは、十年に渉って骨身に泌み込んだ検閲のつらさのなくなった悦びが、幾分手伝ったようである」[18]とも述べている。

エロか、芸術か？

とはいえ、戦後全く検閲がなくなったというわけではない。占領下という特殊な状況の中、すべてが曖昧で、想定される取り締まりという見えない敵を相手にしなければならなかった時代、当時の新聞にもあるように、「乳房は出しても露出しても構わないが、動いたら取り締まりの当局が黙っていない。絶対動いてはいけないことになっている」といった説が、どこからともなくまことしやかに一般に伝わっていたという[19]。それに照らせば、活人画はまさに動かない見世物である。裸体の女性が動かないでいることが合理化されるショウである。秦はそこに目を付けたのだ。

警視庁や世間に対して、秦は活人画が芸術であることを標榜する。このショウが「名画アルバム」と名付けられていたことが、このことを明瞭に物語っていよう[20]。そして原作も、ことさらに著名な泰西名画を選ぶ。西洋のレヴューの活人画では、必ずしも原作となる絵画作品が存在していたわけではなかった。また先に秦自身の回想を紹介したように、秦が手本にした西洋の裸体ショウは、「生きた大理石」であり、台座に載った彫刻を模していた。

それに対して額縁ショウでは、多くの場合、原作となる泰西名画が存在し、特に当初はそれがはっきりしていた。額縁ショウの題材となった泰西名画は、既に見たように、第一回がボッティチェッリ「ヴィーナスの誕生」、第二回がルーベンス「アンドロメダ」で、ほかにもゴヤの「裸のマハ」やドガの「踊り子」、ロダンの「接吻」等が選ばれている。それゆえに、帝都座五階劇場のショウは、「名画ショウ」「名画アルバム」「生きた名画」と呼ばれたのである。それに、「これは芸術である」という建前から、まずは日本の絵画ではなく、よく知られた「泰西名画」でなくてはならなかった。

そして公演パンフレットの表紙に原作をあしらい、作品解説を付ける。第五回公演は第二回公演「ル・パンテオン」の再演だったが、そのパンフレットでは、ルーベンス「アンドロメダ」の図が表紙に大きく印刷され、傍らにはアンドロメダ神話の梗概と、「絵はルーベンスの筆になる鎖に繋がれたアンドロメダ」のキャプションがあった。(21) 秦は公演パンフレットという、形に残るもので芸術鑑賞の体裁を取り繕ったのだ。

ところで、秦がモデルにした西洋のレヴューの活人画的な場面では、必ずしも額縁は存在しなかった。また先に述べたように、秦が直接的なモデルとして念頭においていたのは、裸体の女性が台座に立つ活人彫刻が舞台上に配置されるというものであったから、そこには当然ながら額縁はなかった。

7-12　額縁ショウ、タイトル不詳

それに対し、秦の額縁ショウを特徴付けるのは、ほかならぬ額縁の存在である［図7－12］。台本にも額縁の存在が特記され、秦が毎回のパンフレットに寄稿した前月の舞台の感想講評でも、額縁のことがしばしば言及された。そしてなによりも、それは「額縁ショウ」と呼ばれ、「額縁ガール」という言葉まで生まれた。(22) 当時の雑誌には、「額ぶちの美人活人画」(23) と題する記事も見られる。いうまでもなく、額縁のあることが、それが絵画を模倣していること、ひいては芸術鑑賞の場であることを保証していた。また実際的な面からすると、額縁があることにより、取り締まりがあった際に臨機応変にカーテンを開閉して対応できるという利点もあったかもしれない。ちなみに、前章で紹介した明治三六年の癸卯園遊会の活人画でも、立派な額縁が準備されていた。この場合は、活人画に初めて触れる日本人たちに、それが絵画を演じていること、それも油彩による洋画を模していることを伝えるために額縁は必須であったのだ［図6－27］。

以上、官憲の取り締まりへの秦の対応について見てきたが、舞台上の裸体に対する規制は、実は当局によるものだけではなかった。出演者の側にも別の意味での規制と呼べるものがあった。秦は、他人様の前で裸になるのは恥ずかしいという踊り子を、まずは説得せねばならなかったのだ。

第一回公演の中村笑子は日劇の踊り子だったが、額縁ショウの前後には日本劇場の通常のレヴュー公演に出演しており、そのような一流のダンサーが人前で裸になるということを恥ずかしく思ったのは当然だろう。実際彼女は、胸を出すことは断固拒絶し、結局下着を身に着けたかたちでの出演に終わった。初めて上半身の裸体を見せた第二回公演の甲斐美和は、この公演のみの出演となったが、その理由は、病気の叔父に叱られたというのである。(24) 甲斐の後をついだ片岡マリも、新聞紙上で俳優座の小沢栄に叱られたといっておおいにしょげたという。(25) このような出演者に対して秦は、このショウが芸術であるということで説得をした。秦は、「額縁ショウ」が名画を模倣していることのみならず、美しい裸体を見せること自体が芸術であると縷々《るる》説いたという。

このように、動かなくともよく、芸術鑑賞との言い訳も可能な額縁ショウは、第二帝政期のパリにおいてそうであったように、敗戦後の日本においても、裸体展示のための恰好のお膳立てであった。当局には「動かない」ことで対処し、同時に「芸術である」との言い訳ができるという予防線も張っておいた。また裸体になることを渋る出演者に対しては、「芸術への貢献」という理屈で説得しやすかったのである。

さらに、額縁の中の腰布を巻いた裸体画を模していることによって、秦の考える日本女性の弱点を隠すことも可能となり、一石二鳥であった。秦は以下のように語っている（あくまでも秦の個人的見解です）。

　舞台でハダカを見せるというのは、どこまでも美しい体を見せるというのが建前のはずだが、日本の女性には民族的な致命傷があつて足が醜く、胴が長い。それだから私は、そんな見つともないものは見せないのがよいと思つて上半身だけを露出して、体を動かさぬ活人画を、お勧めした訳である。(26)

額縁ショウの口実としての泰西名画

ここで、額縁ショウに選択された泰西名画についても触れておきたい。第一回公演に選ばれたのはボッティチェッリの「ヴィーナスの誕生」だが、愛と美の女神ヴィーナスはエロティックな場面にはうってつけの主題で、欧米の活人画でもしばしば用いられた。第五章で紹介したラノの言及するテュイルリー宮殿での活人画でもこの主題は人気を博したものであったし［図7－13］、ヘッドの『家庭の気晴らし、あるいは活人画』（一八六〇年）にも「ヴィーナスの誕生」の場面の作り方が説明されていた。(27) ロンドンでも、カンタベリー・ホールでの活人画の名物の一つがティツィアーノの「波間からあがるヴィーナス」であったという。ボッティチェッリのヴィーナスが額縁ショウにふさわしい泰西名画だったことは、理解しやすいといえるだろう。

第一回の「ヴィーナスの誕生」に対して、第二回公演のルーベンスの「アンドロメダ」は、巨匠の名作とはいえ少々意外に思われるかもしれない。しかし戦前以来の好色本出版の文脈からすると、それは決して突飛な選択ではなかった。もとより豊満な女性裸体像を描いた作品の多いルーベンスは、戦前の美術書においてしばしば検閲の対象となっており、検閲により複製画集から作品数点が削除されるということもあった。(28) そしてそうであればこそ、戦前のエロ・グロ風俗雑誌そして戦後のカストリ雑誌において、その種の出版物にふさわしい図版として度々取り上げられた。例えばエロ・グロ雑誌として著名な『デカメロン』の創刊号(昭和六年)の表紙が、ほかでもないルーベンスの「レウキッポスの娘たちの略奪」である［図7－14］。戦前以来の日本では、ルーベンスの裸婦像は、芸術であるとともにエロティシズムの記号としても機能していた。額縁ショウの「アンドロメダ」は、泰西

7－13 「ヴィーナスの誕生」(ピエール・ド・ラノ『第二帝政期の仮装舞踏会と活人画』の挿図)

7－14 『デカメロン』創刊号表紙、昭和6年2月

名画の三次元化であるとともに、その受容層を考えるならば、エロ・グロ雑誌のグラビアの活人画であったとも捉えられるのだ。

　そして秦豊吉こそ、マルキ・ド・サドをもじった丸木砂土のペン・ネームで、その種の出版の流れにも深く関わっていた人物であった。[29] 彼による好色文学の翻訳書が、検閲を受け発禁となることも度々であった。例えば、シュニッツラーの『輪舞』は戦前、警視庁のブラック・リスト入りの戯曲で、秦（丸木砂土）訳（文藝春秋社、一九二九年）、高橋昌平訳（木星社書院、一九三一年）がともに発禁になった。

　ちなみに、『輪舞』の秦訳では伏字にするべき箇所はすべて珍妙な中国語に翻訳されていた。「這文胸。太過緊、我覚着很痛苦／（軽々児的）解了才好。／解了以後儞不要淘気」とされているところは、「コルセットが。しまりすぎて、わたしくるしいわ。／（あっさりと）ぬぎたまえ。／ええ、でもそうしても、わるいことしないで」と読むものらしい。[30] これなど、検閲を想定した苦肉の策であるとともに、才人秦の面目躍如たるものでもある。絵画芸術にこと寄せて裸体を舞台に乗せた、後年の情熱と通じるところがあるように思う。

7－15　岡田三郎助「海辺裸婦」、親和アートギャラリー

　このように秦は、舞台検閲、出版検閲と、戦前から検閲には辛酸をなめてきたのである。繰り返すが、彼の「額縁ショウ」の原動力の一つは、戦前に苦労した検閲取り締まりへの反発であった。

7－17　「秋色女」（明治36年、癸卯園遊会の活人画）

7－16　額縁ショウ、タイトル不詳

日本物主題への移行

額縁ショウでは泰西名画が原画として選ばれ、それは先に示したように本邦における泰西名画受容のもう一つの側面を物語っている。ただし、額縁ショウは日本人の女性が演じるのであるから、日本人の美しい裸体像を描いた作品が次第に求められていったのは想像がつくところである。事実、頃合いを見て原作絵画は日本物に移っていく。

その成功作が、洋画家岡田三郎助の「海辺裸婦」であった（残念ながら現在のところ、舞台の記録写真は発見されていない）［図7－15］。秦は、たまたまある婦人雑誌の色刷口絵にこの絵が出ていたのを見て選んだとのことだ(31)。日本女性が美しい上半身のヌードをみせ、秦が日本人女性一般として美しからずと考えた下半身は布で覆った岡田の作品は、額縁ショウには最適のものだった。実際秦は、額縁ショウの中でこれが最もうまくいったと回想している。また、写真家吉田潤による写真が残る図7－16は、原作となった作品が何であるか判明していないのが残念だが、書き割りも作り込まれ、たいへん上出来の額縁ショウである(32)。腰布を巻いた裸体の女性が桜の枝に手を伸ばしており、日本の洋画が原作かと思われる。

思えば明治三六年、日本人による初の本格的活人画であった癸卯園遊会の活人画でもっとも評判になったのは「秋色女」であったが、それは江戸時代の女流俳人秋色女が高所の桜の枝に手を伸ばして文を結びつけるところを表していた［図7－17］。かたや着物姿、かたや裸婦とはいえ、明治と昭和の日本活人画史の名作が、いずれも桜の枝に手を伸ばす美女だというのは、奇妙な符合といわねばならない。

フランス第二帝政期の活人画、二〇世紀初頭の欧米のレヴュー、敗戦後の新宿帝都座の額縁ショウと、そのいずれもが、絵画を模倣して、あるいは絵画の形式に当てはめて、舞台に裸体を展示した。既に述べたように、秦豊吉が直接参考にした欧米のレヴューの場合、その舞台は必ずしも厳密な活人画になっているというわけではなかった。彼の地では、舞台上の裸体はすでにタブーでなくなって久しかった故、ことさら活人画に仕立てる必要はなかったのだ。それに対して、舞台に裸体を出すことが戦前より禁じられていた我が国においては、官憲の取り締まりを想定し、場合によっては芸術鑑賞であるという言い訳を取り繕うためにも、それは何としても「額縁ショウ」でなくてはならなかった。[33]

明治この方、西洋人の目を気にして日常生活や興行の世界から裸体を追放してきた我が国が、絵画芸術という、これまた西洋の制度を利用しながら、舞台上の裸体の復権をはかるきっかけを作ったというのも、考えてみれば皮肉なはなしである。

芸なしハダカ・ショウVS帝劇ミュージカルの裸体活人画

額縁ショウのその後はどうなったのだろうか。秦の予防策が功を奏したのか、結局、帝都座の額縁ショウは一度も中止されることはなく、逮捕者が出るということもなかった。そして、昭和二三年九月の第一四回公演を最後に一座は解散された。この第一四回公演には、「東郷青児アルバム」等、有名になった額縁ショウの総決算が行われたという。帝都座解散の理由は、帝都座の株式が東宝から日活に売却され、新たな家主である日活が劇場を映画館に転向させたためであったが、額縁ショウの陰に秦の名前がちらつきだして、このままではいつまでたっても公職追放が解けないという懸念もあったらしい[34]。昭和二五年、ようやく公職追放が解除された秦は、直ちに帝国劇場社長に就任する。そして秦の活動の舞台も、以後帝劇に移るのである。

その一方、戦後の世相の中で、大衆はより大きな刺激を求めるようになり、裸体を見せる方もより大胆になる。その方向性は浅草のストリップ・ショウへと流れ込み、急速にエスカレートしていくだろう。そこではもはや裸体は静止してはいないし、腰布が取れるのも時間の問題だ。当然、額縁も無用の長物である。

秦豊吉は、自分の目指していたものとは異なる、このようなあけすけな裸体の見せ方には眉をひそめている。「動かない活人画から動く舞踊めいたものになり、今日のように何でも女がハダカになって、〔中略〕これがストリップ・ショウと名をつけられ、私などが空想した、パリやニューヨークで見た、小さい美しい新しいショウとは、似ても似つかぬものになってしまいました」と嘆き[35]、また、「昭和二十四年から二十五年へかけて、東京の小劇場には、西洋ならば、遊女屋の引きつけのように、ただ裸の女が続々と現れるという、バアレスクとも何とも名のつけられない、芸なしのハダカ・ショウが氾濫した。私の予想もしなかったことである」とも述べている[36]。

そして秦は、帝都座で試みた裸体展示の規模を拡大し、新たなホーム・グラウンドとなった帝国劇場で、日本人女性の美しい裸体を健全なエロティシズムを伴って見せる場面のあるミュージカルの制作に心血を注ぐのである。

新宿帝都座の「額縁ショウ」が解散してから二年半後の昭和二六年二月、帝国劇場で秦豊吉作・演出の帝劇コミック・オペラ第一回公演「モルガンお雪」が幕を開けた。古川ロッパと越路吹雪が主演するその劇中に、裸体の活人画シーンがあった。それは裸体活人浮世絵ともいうべきもので、終幕の大詰め、三段返しで浮世絵風の吉原の場になると、朱の窓の中、裸体の花魁たちが大きな髷に結って立ち、活人画になっていた。当時のパンフレットには、第二部第三〇場フィナーレの配役表末尾に「活人画　帝劇ビューティー・ガール」とある［図7－18、19］。この年の冬は厳寒に大雪で、帝劇の暖房は不完全で暖まらなかったというから、裸では寒くてさぞ困ったことだろう。[37]

新宿のヴィーナス

最後に、一枚の写真を紹介して本章を閉じたい。江戸・東京を舞台とした芝居の舞台写真と昭和二八年の現実のその場所の写真を並べた、戸板康二『芝居名所一幕見』（昭和二八年）という書物の、新宿の項の写真である[38]［図7－20］。芝居

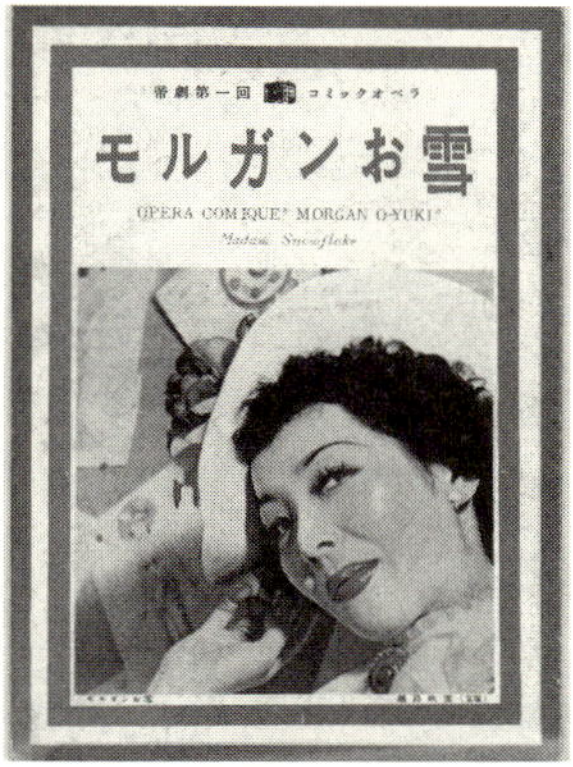

7－18　帝劇コミック・オペラ第1回公演「モルガンお雪」パンフレット

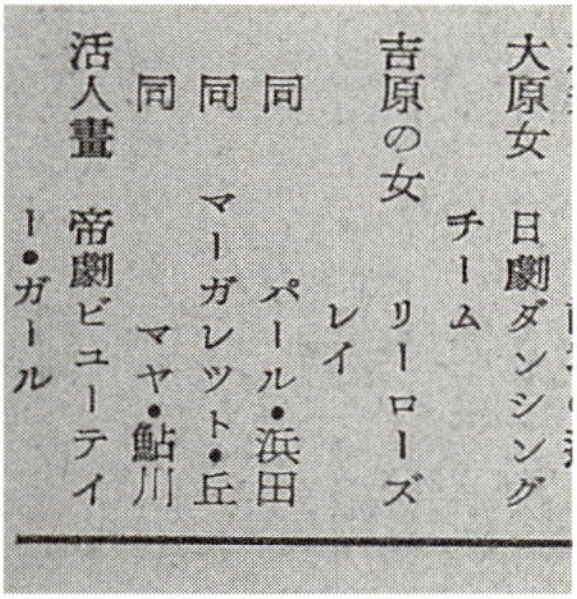
大原女　日劇ダンシングチーム
吉原の女　リーローズ
レイ
同　パール・浜田
同　マーガレット・丘
同　マヤ・鮎川
活人畫　帝劇ビューティー・ガール

7－19　同上、配役

7－20　昭和28年の新宿特飲街（戸板康二『芝居名所一幕見』より）

の写真は岡本綺堂の「新宿夜話」で、内藤新宿の廓が舞台である。対する現代の写真の方には「今の新宿特飲街」とのキャプションがある。

この写真、エプロンをつけて闊歩する女性の姿にも風情があるが、私たちの目をひくのは、画面中央の「カフェ・ヴィーナス」の外壁を、帝都座の額縁ショウ第一回公演でモデルとなったボッティチェッリのヴィーナスが飾っていることだ。写真の撮影場所は伊勢丹の先を曲がったところとあるので、額縁ショウの帝都座からは目と鼻の先ということになる。ここは赤線時代の特殊飲食街。カフェとはいいつつ、内部ではしかるべき営業がなされていたわけで、営業内容にふさわしい店名そして外壁装飾として、愛の女神ヴィーナスが選ばれたのだ。

ひょっとしたら、帝都座の額縁ショウでボッティチェッリのヴィーナスを拝んだ店主が、この妙案を思いついたのではないかと想像してみたくもなる。

おわりに

近代日本が西洋に学ぼうとしていた時期、彼の地の活人画には、上流階級のたしなみとしての高尚なものもあれば、大衆向け裸体ショウのような低俗なものもあった。それは活人画が様々な期待に応えることのできる装置であったことを示している。そして近代日本は、活人画の表裏、高きも低きもよく学んだといえる。昨今コミケ等では多くの活人画的コスプレが見られ、(1)また同様の趣向はテレビCMや、新聞、Web等の各種広告をも賑わしている。(2)アーティスト森村泰昌氏の活動を含め、(3)これら活人画ないし活人画的なものは、本書で明らかにしたような、西洋ルネサンス期にまでさかのぼることのできる豊かな前史を有するのである。

一方、ハリボテ凱旋門のその後の運命に関しては、我が国の歩んだ歴史の推移に伴い、先細りとなっていく。戦勝がなければ凱旋門も必要ないのである。現在では、小中学校の運動会の入退場門が、せいぜいその名残といえるだろう。意外に思われるかもしれないが、騎馬戦に典型的に表れているように、運動会というものがかつて、少国民による肉体鍛錬披露の場、ひいては模擬戦の場という性格も有していたことを思えば、これらの入退場門も凱旋門の末裔といって差し支えないのである。あるいは神戸ルミナリエのような電飾イベントで、光り輝く門が立ち並ぶ様も、ルネサンスの入市式の仮設凱旋門を想像させてくれるものといえるかもしれない。

また、近代日本が経験した戦争は、凱旋門とは別の、もう一つのタイプのモニュメントを生み出し

た。忠霊塔、そして戦後の戦没者慰霊碑である。ただしこちらは、仮設であってはならない性質のものであった。(4)

戦争がらみのスペクタクルはもはや勘弁願いたいところだが、平和な国家間競争の舞台としてオリンピックがある。現代のオリンピックが色々な意味でスペクタクル化していることは周知のとおり。私は二〇〇四年のアテネ・オリンピックの開会式で、古代ギリシア彫刻の大活人画シーンに目を見張ったことを覚えている。きたる東京五輪の開会式では、どのような活人画やアッパラートを見ることができるだろうか。

ここで、本書で扱わなかったいくつかの論点について落穂ひろいをしておこう。一つは映画と活人画の関係である。(5) 初期写真と活人画の関係については述べたが、初期の映画(活動写真Moving Pictureといった方がよいであろうか)と活人画Living Pictureにも同様の関係性があった。初期の映画、特にスペクタクル性が中心にあったサイレント映画の時代には、大画面の歴史画を模倣したようなものも多かった。そもそも映画の揺籃期において、活人画と活動写真は同じ見世物の番組の中に共存していたことすらあった。

そのような時代に先祖返りするかのように、多くの映画監督が活人画を扱った映画を製作している。映画監督が活人画映画の撮影に苦悩するゴダールの「パッション」(一九八二年)、カラヴァッジョの名作が活人画で再現されるデレク・ジャーマンの「カラヴァッジョ」(一九八六年)。そして何といっても、イタリアのパゾリーニこそ最大の活人画映画監督である。オムニバス映画「ロゴパグ」(一九六三年)に収められた一本「ラ・リコッタ」ではポントルモやロッソ・フィオレンティーノとい

8－1　ポントルモ「十字架降下」、フィレンツェ、サンタ・フェリチタ聖堂

8－2　ポントルモ「十字架降下」の活人画（パゾリーニ「ラ・リコッタ」より）

った画家の「十字架降下」が見事に再現され［図8－1、2］、「デカメロン」ではジョットのスクロヴェーニ礼拝堂の「最後の審判」まで活人画で復元される［図8－3、4］。それらに関してはすでにいくつも研究があるので、ご参照願いたい[6]。

また映画では、ストップ・モーションと呼ばれる技法も、動画の中に活人画的瞬間を作り出していくものだといえるかもしれない。厳密には、俳優が静止したところを撮影するのではなく、同じコマを連続して映写することにより静止映像を得るものなので、活人画とは異なるのだが[7]。

さて、もう一つは文学における活人画の問題である。ゲーテの『親和力』とゾラの『獲物の分け前』という二大活人画小説については紹介したが、ほかにも活人画が登場する小説は数多い[8]。我が国の近代文学でいえば、主人公が活人画・活人彫刻で満たされた自分だけの美の世界を作り上げる、谷崎潤一郎の『金色《こんじき》の死』（大正三年）という珍品がある。主人公岡村の広壮な邸宅には、アングルの「泉」、ジョルジョーネの「ヴィーナス」、ルーカス・クラナッハの「ヴィーナス」の活人画をはじめ、生ける

8－3　ジョット「最後の審判」、パドヴァ、スクロヴェーニ礼拝堂

8－4　ジョット「最後の審判」の活人画（パゾリーニ「デカメロン」より）

人間をもって構成されたあらゆる芸術があった。小説の大詰めでは、岡村自身が満身に金箔を塗抹して、活人彫刻のごとく如来の尊容を演じつつ、酒に酔い、踊り狂った挙句死んでしまう。この『金色の死』と関連の深い江戸川乱歩の『パノラマ島奇譚』（大正一五～昭和二年）も、活人画の観点からの分析が可能だろう。同じく乱歩の『黒蜥蜴』（昭和九年）では、女賊黒蜥蜴のアジトに剥製にされた全裸の人間が陳列されているが、舞台化、映画化の際、それは生身の人間が演じることになる。[9] 一九六八年の松竹映画「黒蜥蜴」では、三島由紀夫が活人彫刻を演じつつ、鍛えられた肉体を誇っている。思えば三島は、グイド・レーニの「聖セバスティアヌス」の活人画写真の被写体にもなっていた。

私はイタリア・ルネサンス美術を専門とする西洋美術史研究者だが、それとは別に、趣味が高じて近代芸能史研究も行っている。全く無関係なこの二つの研究分野を、活人画がつなげてくれることに気付いたのは幸せだった。ルネサンスの入市式の凱旋門や活人画を手掛けたのは宮廷美術家たちであるから、それはルネサンス美術研究の延長線上にある。

私のハリボテ凱旋門研究および活人画研究は、ルネサンスから時代を下る方向性（本書第一～三章）と、額縁ショウからさかのぼる方向性（第六、七章）で進んだ。[10] それぞれ、一〇年ほど前から論文として発表してきたのだが、両者をつなげるには本書の第四、五章に当たるヨーロッパ近代の部分を書き下ろさねばならなかった。この時代は本来私の専門ではないため苦労したが、なんとか書き上げることができた。かくして、ルネサンスの入市式と昭和の額縁ショウが同居する奇態な書物が出来上がった次第である。

私がハリボテ的なものに惹かれるようになったのは、若い頃にイタリアの映画監督フェデリコ・フェリーニによるハリボテ感溢れる映像に魅了されたことがきっかけだったように思う。フェリーニは、スタジオにあらゆるものをセットで再現してしまう。それも、リアルさを追い求めるのではなく、作り物であることを嬉しそうに誇示しながら。[11] スクリーン上に繰り広げられるそのような光景に、私は夢中になった。私はその後オペラや歌舞伎といった極めてスペクタクル的な側面の強い舞台芸能にもどっぷりと浸かるようになっていったが、例えば巨大なハリボテの鐘が吊り下げられた娘道成寺の舞台面などは、私の中ではフェリーニ作品の画面とほとんど同義である。[12] また本書に引き寄せるならば、せり上がった南禅寺山門の上で、石川五右衛門が「絶景かな絶景かな」といって見得をする錦絵のような場面は、ルネサンスの仮設凱旋門上の活人画を想像するための恰好の素材であるといえる。仮設凱旋門の立ち並ぶルネサンスの入市式は、どれほど濃密なハリボテ空間だったことだろうか。

対して、私が活人画に興味を持つようになったのはずっと遅く、二〇〇〇年に九州大学に赴任した当時、他大学の先生をお迎えして講義をしていただく折の歓迎会で、余興に学生たちによる活人画が行われていたからである。例えば、印象派の講義があった時は、ドガの「踊り子」の活人画、日本の近世風俗画の講義の時は、彦根屏風の活人画といった具合である。彦根屏風では三味線の代わりに箒をつま弾き、見立ての精神も踏まえた見事なものだった。最近では卒業生が謝恩会の余興に、自分たちが卒業論文で扱った絵の活人画を演じた写真を映写してくれることもある。

読者の皆さまにも、どしどし活人画をしていただき、美意識を涵養したり、洒落のセンスを磨いたり、情操教育に役立てたりしてもらいたい。

本書をなすにあたり、多くの方々にお力をいただいた。すべての方のお名前を挙げることは控えるが、中でも、東京大学の秋山聰先生には講談社選書メチエとの橋渡しをしていただいた。成城大学の石鍋真澄先生には、ローマの達人の視点から第三章の原稿にご意見を賜った。九州大学名誉教授の池田紘一先生には、ゲーテについて丁寧にご教示いただいた。また、講談社学芸クリエイトの林辺光慶氏には何から何までお世話になった。心より御礼を申し上げます。

ある日、いつものように林辺氏と打ち合わせをしたあと、美輪明宏氏主演の「卒塔婆小町」という芝居を見に行ったところ、幕開きも幕切れも活人画的な演出となっていた。入手した筋書の表紙は、螺鈿の額縁の中、琳派風の絵を背景に夜会服姿の美輪氏が立っていて、芝居の絵看板のような趣の活人画をなしていた。そのあと芝居をはしごして、ミュージカル「SINGIN'IN THE RAIN～雨に唄えば」を楽しんでいると、コミカルなナンバーの中で、小さな額縁の向こうで小道具を持ち替え、活人肖像画が次々と繰り出されるという演出があった(13)。一日に芝居を二つ見て、そのいずれにも活人画的な趣向が見られたというのは、なんとも嬉しく、その日の晩から執筆に勢いがついたことだった。

註

[はじめに]

1　欧米の活人画に関する通時的な論集としては、J. Ramos (ed.), *Le tableau vivant ou l'image performée*, Paris 2014. また、篠原資明「活人画探し 1〜9」『未来』三一八、三二〇、三二四、三二八、三三一、三三四、三三六、三三八、三四七号、および篠原資明「活人画の誘惑」『へるめす』三一（一九九一）、八三—九二頁も、様々な時代の活人画および活人画的なるものについて論じており有益である。

2　スペクタクルについては、『西洋美術研究』一八（三元社、二〇一四年）の「特集 スペクタクル」を参照されたい（特に、秋山聰＋木下直之＋芳賀京子＋古谷嘉章＋京谷啓徳「座談会 スペクタクルをめぐって」八—三六頁）。

[第一章]

1　京谷啓徳『ボルソ・デステとスキファノイア壁画』（中央公論美術出版、二〇〇三年）では、一五世紀の宮廷都市フェッラーラで制作された宮殿装飾壁画について、そこに込められた君主の思いを読み解いた。また、小佐野重利／京谷啓徳／水野千依『西洋美術の歴史4 ルネサンスI』（中央公論新社、二〇一六年）の担当箇所（二五七—三八九頁）では、一五世紀後半にイタリア半島各地の国家ないし権力者——フィレンツェを実質的に支配していたメディチ家、ヴェネツィア共和国という国家、フェッラーラ、マントヴァ、ウルビーノといった小国の君主、そしてカトリックの頂点に位置するとともに教皇国家の支配者でもあったローマ教皇——が、美術を用いていかなるイメージ形成を行っているかを論じた。

2　宮廷祝祭研究の基本文献としては、J. Jacquot (ed.), *Les fêtes de la Renaissance*, 3 vols., Paris 1956/ 1960/ 1975; R. Strong, *Art and Power. Renaissance Festivals 1450-1650*, Woodbridge 1984（ロイ・ストロング『ルネサンスの祝祭 王権と芸術』上・下、星和彦訳、平凡社、一九八七年）; J. R. Mulryne/ E. Goldring (eds.), *Court Festivals of the European Renaissance. Art, Politics and Performance*, Burlington 2002. 中世の入市式に関しては、G. Kipling, *Enter the King. Theatre, Liturgy, and Ritual in the Medieval Civic Triumph*, Oxford 1998.

3 「イエス・キリストのエルサレム入城」は、すでに棕櫚《しゅろ》の主日の宗教行列として儀式化されていたことから、そのイメージは円滑に君主の行列にも付与されたことと思われる。

4 アッパラートに関して日本語でよくまとまった記述としては、若桑みどり「バロックのエフェメラルと祝祭」『世界美術大全集　西洋編一六　バロック一』小学館、一九九四年、三八九―三九六頁。

5 古代ローマの凱旋門については、渡辺道治『古代ローマの記念門』中央公論美術出版、一九九七年。

6 M. M. McGowan, "The Renaissance triumph and its classical heritage", in J. R. Mulryne/ E. Goldring (eds.), *op.cit.*, pp.26-47, in part. pp.38-39.

7 ジョルジョ・ヴァザーリ『ルネサンス彫刻家建築家列伝』森田義之監訳、白水社、一九八九年、二二八―二二九頁；G. Vasari, *Le vite de' più eccellenti pittori, scultori ed architettori, VIII*, Firenze 1906, pp.517-622.

8 ロイ・ストロング、前掲書、上、一七九頁。

9 ルネサンス期における古代の凱旋式の復興に関しては、ロイ・ストロング、前掲書、上、九七―一一四頁；A. Pinelli, "Feste e trionfi: continuità e metamorfosi di un tema", in *Memoria dell'antico nell'arte italiana, II*, Torino 1985, pp.281-350; M. M. McGowan, *op.cit.*

10 M. Fagiolo/ M. L. Madonna, "Il Possesso di Leone X. Il trionfo delle prospettive", in M. Fagiolo (ed.), *La festa a Roma dal Rinascimento al 1870, I*, Roma 1997, pp.42-49.

11 ローマにおけるカール五世の凱旋門については、M. L. Madonna, "L'ingresso di Carlo V a Roma", in M. Fagiolo (ed.), *op.cit.*, pp.50-65.

12 ロイ・ストロング、前掲書、上、一八三頁。

13 A. Chastel, "Les entrées de Charles Quint en Italie", in J. Jacquot (ed.), *op.cit, II*, pp.197-206; ロイ・ストロング、前掲書、上、一六九―一九一頁。

14 小山啓子「近世初期フランスにおける国王儀礼の変遷―王位継承儀礼と入市式を中心に―」『西洋史学論集』三六(一九九八)、一九―四〇頁、特に二八頁。

15 M. M. McGowan, *op.cit.*, p.36.

16 ロイ・ストロング、前掲書、上、一九七頁。

17 M. M. McGowan, *op.cit.*, p.30.

18 A. T. Matteini, "La decorazione festiva e l'itinerario di 'rifondazione' della città negli ingressi trionfali a Firenze tra XV e XVI secolo (I)", *Mitteilungen des Kunsthistorischen Institutes in Florenz,* 32(1988), pp.323-352, in part. pp.334-340; I. Ciseri, *L'ingresso trionfale di Leone X in Firenze nel 1515,* Firenze 1990, pp.55-130.

19 J. Jacquot, "Panorama des fêtes et cérémonies du règne. Evolution des thèmes et des styles", in id. (ed.), *op.cit., II,* pp.413-491, in part. pp.457-458.

20 仮設凱旋門における古代風モニュメントの組み合わせについては、Z. Bieniecki, "Quelques remarques sur la composition architecturale des arcs de triomphe à la Renaissance", in J. Jacquot (ed.), *op.cit., III,* pp.201-215, in part. p.207.

21 橋爪紳也『大阪モダン　通天閣と新世界』NTT出版、一九九六年、九―一二頁；橋爪紳也（監修・解説）『大阪新名所　新世界・通天閣写真帖　復刻版』創元社、二〇一二年。

22 メディチ家の入市式に関しては、A. T. Matteini, "La decorazione festiva e l'itinerario di 'rifondazione' della città negli ingressi trionfali a Firenze tra XV e XVI secolo (I)(II)", *Mitteilungen des Kunsthistrischen Institutes in Florenz,* 32(1988), pp.323-352/ 34(1990), pp.165-198; および北田葉子『近世フィレンツェの政治と文化―コジモ一世の文化政策（一五三七―六〇）―』刀水書房、二〇〇三年、一六三―一九一頁。

23 ロイ・ストロング、前掲書、下、六八―七六頁；A. T. Matteini, *op.cit., II,* pp.181-194; J. M. Saslow, *The Medici Wedding of 1589. Florentine festival as Theatrum Mundi,* Yale University Press 1996.

24 ちなみに、この一五八九年の入市式における凱旋門の設置数は、一五一五年の教皇レオ一〇世のフィレンツェ入市式の際に設置された凱旋門が七つであったことを踏襲しているのかもしれない。一五一五年に沿道に設置された七つの仮設凱旋門は、教皇の七つの美徳（三対神徳および四枢要徳）を表していた（I. Ciseri, *op.cit.*）。

25 Z. Bieniecki, *op.cit.*, p.205.

26 M. Dmitrieva-Einhorn, "Ephemeral ceremonial architecture in Prague, Vienna and Cracow in the sixteenth and early seventeenth centuries", in J. R. Mulryne/ E. Goldring (eds.), *op.cit.*, pp.363-390, in part. p.381.

27 Z. Bieniecki, *op.cit.*, p.205.

28 聖遺物の展観用櫓に関しては、秋山聰「如何にしていとも気高き帝国の聖遺物が呈示されたのか――ニュルンベルクにおける帝国宝物の展観」『西洋美術研究』一〇（二〇〇四）、九―三五頁、特に二〇―二一頁。

29 ロイ・ストロング、前掲書、上、六四頁。

30 M. M. McGowan, *op.cit.*, p.29.

31 B. Mitchell, *Italian Civic Pageantry in the High Renaissance. A Descriptive Bibliography of Triumphal Entries and Selected Other Festivals for State Occasions*, Firenze 1979, p.125.

32 M. M. McGowan, *op.cit.*, p.33.

33 R・アレヴィン／K・ゼルツレ『大世界劇場　宮廷祝宴の時代』円子修平訳、法政大学出版局、一九八五年、二三頁；M. M. McGowan, *op.cit.*, p.33.

34 J. Shearman, "The florentine entrata of Leo X, 1515", in *Journal of the Warburg and Courtauld Institutes*, 38(1975), pp.136-154, in part. p.141.

35 フェスティヴァル・ブックに関しては、W. McAllister Johnson, "Essai de critique interne des livres d'entrées français au XVIe siècle", in J. Jacquot (ed.), *op.cit.*, *III*, pp.187-200; H. Watanabe-O'Kelly, "Festival books in Europe from Renaissance to Rococo", *The Seventeenth Century*, 3(1988), pp.181-201; id., "Early modern European festivals. Politics and performance, event and record", in J. R. Mulryne/ E. Goldring (eds.), *op.cit.*, pp.15-25.

36 フェスティヴァル・ブックの目録としては、H. Watanabe-O'Kelly/ A. Simon, *Festivals and Ceremonies. A Bibliography of Works Relating to Court, Civic and Religious Festivals in Europe, 1500-1800*, London 2000.

37 R. Gualterotti, *Descrizione del regale apparato per le Nozze della Serenissima Madama Cristina di Lorena Moglie del Serenissimo Don Ferdinando Medici III Gran Duca di Toscana*, Firenze 1589 (J. M. Saslow, *op.cit.*, pp.3-5).

38 M. M. McGowan, *op.cit.*, pp.27-28.

39 H. Watanabe-O'Kelly, *op.cit.*, 1988, p.193.

40 M. M. McGowan, *op.cit.*, p.31.

41 H. Watanabe-O'Kelly, *op.cit.*, 1988, p.196.

42 デューラーの凱旋門に関しては、アーウィン・パノフスキー『アルブレヒト・デューラー　生涯と芸術』中森義宗／清水忠訳、日貿出版社、一九八四年、一七七―一八一頁；前川誠郎『デューラー　人と作品』講談社、一九九〇年、一四五―一四六頁；佐藤直樹「神聖ローマ皇帝マクシミリアン一世の『凱旋門』における「エジプト象形文字の神秘」の図像学的解釈」『美術史』一三三（一九九三）、一―一四頁；『アルブレヒト・デューラー　版画・素描展―宗教・肖像・自然―』（展覧会図録）、国立西洋美術館、二〇一〇年、一五四―一六四頁。

43 J. M. Saslow, *op.cit.*, p.193.

44 ジョルジョ・ヴァザーリ『続ルネサンス画人伝』平川祐弘／仙北谷茅戸／小谷年司訳、白水社、一九九五年、四〇一頁。

45 J. M. Saslow, *op.cit.*, p.193.

【第二章】

1 ブルゴーニュ公国については、ヨハン・ホイジンガ『中世の秋』（堀越孝一訳、中央公論社、一九七一年）が古くからの名著である。他に、ジョゼフ・カルメット『ブルゴーニュ公国の大公たち』田辺保訳、国書刊行会、二〇〇〇年；『西洋中世研究』八（二〇一六）の特集「ブルゴーニュ公国と宮廷――社会文化史をめぐる位相」。

2 入市式およびその活人画について論じる基本文献として、G. R. Kernodle, "Renaissance artists in the service of the people. Political tableaux and street theaters in France, Flanders, and England", *The Art Bulletin*, 25(1943), pp.59-64; ロイ・ストロング『ルネサンスの祝祭　王権と芸術』上、星和彦訳、平凡社、一九八七年、二〇―三一頁；D. Eichberger, "The tableau vivant — an ephemeral art form in Burgundian civic festivities", *Parergon*, 6(1988), pp.37-64; G. Kipling, *Enter the King. Theater, Liturgy, and Ritual in the Medieval Civic Triumph*, Oxford 1998; W. Blockmans/ E. Donckers, "Self-representation of court and city in Flanders and Brabant in the fifteenth and early

sixteenth centuries", in W. Blockmans/ A. Janse (eds.), *Showing Status: Representation of Social Positions in the Late Middle Ages*, Turnhout 1999, pp.81-111; ジョージ・R・カーノードル『ルネサンス劇場の誕生　演劇の図像学』佐藤正紀訳、晶文社、一九九〇年、八四―一六〇頁；河原温『ヨーロッパの中世2　都市の創造力』岩波書店、二〇〇九年、一五七―一六四頁。

3　この入市式については、W. Blockmans, "La joyeuse entrée de Jeanne de Castille à Bruxelles en 1496", J. Lechner/ H. den Boer (eds.), *España y Holanda. Diálogos Hispánicos*, 16(1995), pp.27-42.

4　ちなみに、「タブロー・ヴィヴァン」という言葉は、ヨーロッパの視覚文化史における活人画的なものを広く指し示して用いられているのが現状である。中近世の祝祭の文脈においても、本章の扱う入市式におけるそれのほかに、ブルゴーニュ宮廷の祝宴の余興（アントルメ）における、無言であるが多少の動きを伴う出し物や、イタリアの祝祭の山車に乗る静止した人物像をもこの言葉で指すことが多い。ただし、それらは四方から眺められるものであり、あえて言うならば「スタテュ・ヴィヴァン（活人彫刻）」としておくのが適当だろう。

5　入市式の活人画が無言で静止していたことを当時の記録がいかに記しているかについては、D. Eichberger, *op.cit.*, pp.43-44.

6　ルネサンス期イタリアの「活人画」については、P. Helas, *Lebende Bilder in der italienischen Festkultur des 15. Jahrhunderts*, Berlin 1999 を参照。ただし扱われている事例の多くは、活人画というよりも活人彫刻の範疇に入れるべきものである。

7　G. Kipling, *op.cit.*

8　*ibid.*, pp.69, 282; G. R. Kernodle, *op.cit.*, p.60; ジョージ・R・カーノードル、前掲書、一〇七頁。

9　ジョージ・R・カーノードル、前掲書、九八頁。

10　H. van Os et al., *Netherlandish Art in the Rijksmuseum 1400-1600*, Amsterdam 2000, pp.72-73.

11　両者をエジプト女王クレオパトラとアレクサンドロス大王と考えるとおかしなことになるが、ここでのクレオパトラとはアレクサンドロス大王の実妹で、その夫となるアレクサンドロスはアレクサンドロス大王の叔父であるモロッソイ王のことである。

12 D. Eichberger, *op.cit.*, p.47; W. Blockmans, *op.cit.*, 1995, p.37.

13 *ibid.*, 1995, pp.33-34.

14 河原温「一五世紀フランドルにおける都市・宮廷・儀礼―ブルゴーニュ公のヘント「入市式」を中心に―」『宮廷と広場』刀水書房、二〇〇二年、二〇七―二二七頁、特に二一五頁；D. Eichberger, *op.cit.*, pp.41-42.

15 システィーナ礼拝堂の一五世紀の壁画については、L. D. Ettlinger, *The Sistine Chapel before Michelangelo: Religious Imagery and Papal Primacy*, Oxford 1965; 上村清雄編『フレスコ画の身体学　システィーナ礼拝堂の表象空間』ありな書房、二〇一二年、三三―一二六頁；越川倫明／松浦弘明／甲斐教行／深田麻里亜『システィーナ礼拝堂を読む』河出書房新社、二〇一三年、三一―一〇三頁；小佐野重利／京谷啓徳／水野千依『西洋美術の歴史4　ルネサンスI』中央公論新社、二〇一六年、三七三―三七八頁。

16 カールに捧げられた報告書である彩色写本と、その普及版ともいえる版本の二種類の記録が残されている。版本の方のファクシミリがアングロによって刊行され、そこには詳細な解説が付されている（S. Anglo, *La tryumphante Entrée de Charles Prince des Espagnes en Bruges 1515*, Amsterdam/ New York 1975）。写本と版本の異同については、*ibid.*, pp.7-11.

17 具体的には、順に、ブリュージュ市民による七つのページェント、アラゴン人による二つのページェント、ハンザ同盟都市の商人による三つのページェント、そしてスペイン人商人による七つのページェントないしスペクタクル、イタリア人商人による四つのページェントないしスペクタクル、ブリュージュ市民による二つのページェント、ブリュージュの周辺地域フランによるページェントが一つ、そして大詰め、ブリュージュ市民による二つのページェントという構成であった。

18 *ibid.*, pp.32-33.

19 G. R. Kernodle, *op.cit.*, p.62.

20 *ibid.*, p.46.

21 聖遺物展観のあり方に関しては、秋山聰、前掲論文、九―三五頁、および秋山聰『聖遺物崇敬の心性史　西洋中世の聖性と造形』講談社選書メチエ、二〇〇九年、一三七―一七二頁。

22 D. Eichberger, *op.cit.*, p.43, note 29; ジョージ・R・カーノードル、前掲書、九九頁。

23 ジョージ・R・カーノードル、前掲書、一五六頁。

24 S. Anglo, *op.cit.*, p.26.

25 *ibid.*, pp.31-32.

26 ジョージ・R・カーノードル、前掲書、一一〇―一五六頁。

27 D. Eichberger, *op.cit.*, pp.56-57.

28 S. Anglo, *op.cit.*, p.26.

29 D. Eichberger, *op.cit.*, pp.53-54, 57; E. Dhanens, *Hugo van der Goes*, Anvers 1998, pp.74-82.

30 J. C. Smith, "Venit nobis pacificus Dominus: Philip the Good's triumphal entry into Ghent in 1458", in B. Wisch/ S. Munshower (eds.), *Art and Pageantry in the Renaissance and Baroque I*, University Park 1990, pp.259-290, in part. p.264.

31 S. Anglo, *op.cit.*, pp.12-13.

32 D. Eichberger, *op.cit.*, p.41.

33 *ibid.* p.43.

34 G. Kipling, *op.cit.*, pp.56-58.

35 一四四〇年のフィリップ善良公のブリュージュ入市式については、河原温「一五世紀フランドルにおける都市とブルゴーニュ公権力―フィリップ善良公のブルッヘ「入市式」（一四四〇年）を中心に」『ヨーロッパ中世の権力編成と展開』東京大学出版会、二〇〇三年、三六一―三八六頁。また同様のことは一四五八年のフィリップ善良公のヘント入市式の際にも行われた（J. C. Smith, *op.cit.*, p.260）。

36 河原温、前掲論文、二〇〇三年、三七二―三七三頁。

37 グリン・ウィッカム『中世演劇の社会史』山本浩訳、筑摩書房、一九九〇年、二三四頁。

38 本章の註4とも関わるが、このような点からも、中近世の活人画に関する研究において、それを活人画と呼ぶことについて逡巡の思いを示すものが散見される。例えば、D. Eichberger, *op.cit.*, pp.43-44.

39 小山啓子「一六世紀リヨンにおけるフランス国王の入市式」『西洋史学』一九九（二〇〇〇）、二二―四三頁、特に二七頁（一五六四年のシャルル九世のリヨン入市式の際の費用内訳が紹介されている）。A. Brown/ G. Small, *Court and civic society in the Burgundian low countries c.1420-1520*, Manchester/ New York 2007, p.203（一五一五年のブリュージュ入市式の支払い記録）。グリン・ウィッカム、前掲書、二五〇―二七五頁。

40 J. C. Smith, *op.cit.*

41 G. Kipling, *op.cit.*, p.273.

42 エリザベト・ダネンス『ファン・アイク　ゲントの祭壇画』黒江光彦訳、みすず書房、一九七八年、一二八頁。

43 D. Eichberger, *op.cit.*, p.55.

44 *ibid.*, p.56.

45 *ibid.*, pp.54-56; J. C. Smith, *op.cit.*, pp.264-268; G. Kipling, *op.cit.*, pp.264-280.

46 J. C. Smith, *op.cit.*, p.266.

47 G. Kipling, *op.cit.*, pp.275-276.

48 J. C. Smith, *op.cit.*, pp.265-266.

49 *ibid.*, p.263

50 D. Eichberger, *op.cit.*, p.55; J. C. Smith, *op.cit.*, p.266.

51 J. C. Smith, *op.cit.*, p.268

52 ハンス・ペーター・デュル『裸体とはじらいの文化史　文明化の過程の神話Ⅰ』藤代幸一／三谷尚子訳、法政大学出版局、一九九〇年、三一五頁。

53 ジョージ・R・カーノードル、前掲書、一〇二、一五二頁；W.Blockmans/ E. Donckers, *op.cit.*, 1999, p.106. ただし当時の宗教劇において、例えばアダムとエヴァのような裸体の登場人物は、生成りの皮（未染色のなめし革）や白い布地の衣裳を着て裸体を表現する場合があったことが知られており、これらの活人画においても、何らかの肉襦袢のようなものを身に着けていた可能性がある（ハンス・ペーター・デュル、前掲書、三一〇―三一四頁；松田隆美編『イギリス中世・チューダー朝演劇事典』慶應義塾大学出版会、一九九八年、一六頁)。

54　ハンス・ペーター・デュル、前掲書、三一七頁。

【第三章】

1　ポッセッソの歴史に関する基本文献としては、F. Cancellieri, *Storia de' solenni possessi de' sommi pontefici detti anticamente processi o processioni dopo la loro coronazione dalla Basilica Vaticana alla Lateranense*, Roma 1802. ルネサンス以降のポッセッソに関する主要な研究として、L. Fiorani/ G. Mantovano/ P. Pecchiai/ A. Martini/ G. Orioli (eds.), *Riti Cerimonie Feste e Vita di popolo nella Roma dei Papi*, Bologna 1970, pp.134-140, 189-201; P. Torniai, "Il Possesso pontificio nel teatro della Roma barocca. il potere, l'immagine, la meraviglia", *Storia dell'arte*, 58(1986), pp.229-246; M. Fagiolo, "L'effimero di stato. Dal conclave al possesso", in id. (ed.), *La festa a Roma. dal Rinascimento al 1870, II, Atlante,* Roma 1997, pp.8-25; I. Fosi, "《PARCERE SUBIECTIS, DEBELLARE SUPERBOS》L'immagine della giustizia nelle cerimonie di possesso a Roma e nelle legazioni dello stato pontificio nel cinquecento", in M. A. Visceglia (ed.), *Cérémonial et rituel à Rome*, Roma 1997, pp.89-115; I. Fosi, "Court and city in the ceremony of the *Possesso* in the sixteenth century", in G. Signorotto/ M. A. Visceglia (eds.), *Court and Politics in Papal Rome 1492-1700*, Cambridge University Press 2002, pp.31-52. また、F. Cruciani, *Teatro nel Rinascimento, Roma 1450-1550*, Roma 1983 は、ルネサンス期の各教皇のポッセッソにまつわる一次資料を多く収載し有益である。

2　M. Fagiolo, *op.cit.*, pp.24-25; I. Fosi, *op.cit.*, p.37. 中世におけるポッセッソ儀礼の成立および変容については以下を参照。甚野尚志「ローマ教皇の即位儀礼―中世盛期における定式化―」歴史学研究会編『幻影のローマ〈伝統〉の継承とイメージの変容』青木書店、二〇〇六年、二二一―二六一頁；甚野尚志「ヨーロッパ史における「王権」の表象　教皇の即位儀礼」甚野尚志編『東大駒場連続講義　歴史をどう書くか』講談社選書メチエ、二〇〇六年、五六―七八頁。

3　F. Cancellieri, *op.cit.*, p.45; I. Fosi, *op.cit.*, p.35.

4　ヴェネツィア大使アントニオ・ジュスティニアンの証言による（F. Cruciani, *op.cit.*, p.312）。

5　名取四郎『地中海都市紀行　古代キリスト教美術を訪ねて』岩波書店、二〇〇五年、二四―二八頁。
6　M. Fagiolo, *op.cit.*
7　*ibid.*, pp.13-16.
8　M. L. Madonna, "Una operazione urbanistica di Alessandro VI: la Via Alessandrina in Borgo", in M. Calvesi (ed.), *Le arti a Roma sotto Alessandro VI*, Roma 1981.
9　「教皇の道」については、リチャード・クラウトハイマー『ローマ　ある都市の肖像　312〜1308年』中山典夫訳、中央公論美術出版、二〇一三年、三九一―三九三頁。
10　M. Fagiolo, *op.cit.*, pp.16-20.
11　*ibid.*, p.17.
12　I. Fosi, *op.cit.*, p.36.
13　L. Spezzaferro/ M. E. Tittoni (eds.), *Il Campidoglio e Sisto V*, Roma 1989.
14　M. Fagiolo, *op.cit.*, pp.20-22.
15　M. L. Madonna, "L'ingresso di Carlo V a Roma", in M. Fagiolo (ed.), *op.cit.*, *I*, pp.50-65, in part. pp.54-57.
16　M. Fagiolo, *op.cit.*, p.20.
17　I. Fosi, *op.cit.*, pp.36-37; M. Fagiolo, *op.cit.*, pp.23-25.
18　I. Fosi, *op.cit.*, p.38.
19　*ibid.*, p.38. 同時代の記録としては、P. Majetto, *Relazione del viaggio e arrive dei prencipi Giapponesi a Roma*, Roma 1585; G. Gualtieri, *Relazioni della venuta degli ambasciatori Giapponesi a Roma fino alla partita di Lisbona*, Roma 1586.
20　F. Cruciani, *op.cit.*, p.248.
21　M. Boiteux, "Parcours rituels romains à l'époque moderne", in M. A. Visceglia/ C. Brice (eds.), *op.cit.*, pp.27-87, in part. p.40.
22　パスクイーノ像に貼られた落首のことをパスクイナータと呼んだ。歴史的なパスクイナータについては、*Le*

pasquinate celebri (1447-188..), Palermo 1993.

23 F. Cruciani, *op.cit.*, pp.247-252.

24 ベルナルディーノ・コーリオ『ミラノ史』における記述（*ibid.*, pp.250-251）。

25 レオ一一世のポッセッソにおける活人画については、C. Savettieri, "Lo spettacolo del potere: I luoghi, i simboli, le feste", in A. Pinelli (ed.), *Roma del Rinascimento*, Roma 2001, pp.161-198, in part. p.185.

26 *ibid.*

27 ローマのアウレリアヌス城壁の内側は、古来リオーネと呼ばれる地区に分割されてきた。ルネサンス期は一五八六年までが一三地区、それ以降は一四地区を数えた。

28 A. Prosperi, "Incontri rituali; il papa e gli ebrei", in C. Vivanti (ed.), *Gli Ebrei in Italia*, Torino 1996, pp.495-520.

29 F. Cruciani, *op.cit.*, p.199.

30 M. Fagiolo, *op.cit.*, p.22.

31 F. Cruciani, *op.cit.*, p.195.

32 I. Fosi, *op.cit.*, p.45.

33 *ibid.*, p.50.

34 レオ一〇世のポッセッソについては、F. Cancellieri, *op.cit.*, pp.60-84; F. Cruciani, *op.cit.*, pp.386-405; M. Fagiolo/ M. L. Madonna, "Il Possesso di Leone X. Il trionfo delle prospettive", in M. Fagiolo (ed.), *op.cit.*, *I*, pp.42-49.

35 A. Gareffi, "Il Possesso di Leone X", in F. Cruciani/ D. Seragnoli (eds.), *Il teatro italiano nel Rinascimento*, Bologna 1987, pp.225-237, in part. pp.230-231; F. Cruciani, *op.cit.*, pp.403-404.

36 F. Cancellieri, *op.cit.*, pp.60-66.

37 G. J. Penni, *Chronica delle magnifiche et honorate pompe fatte in Roma per la creatione et incoronatione di Papa Leone X, Pont. Opt. Max.*, in F. Cancellieri, *op.cit.*, pp.67-84; F. Cruciani, *op.cit.*, pp.390-405.

38 M. Fagiolo/ M. L. Madonna, *op.cit.*, p.42.

39 F. Cruciani, *op.cit.*, p.396.

40 A. Gareffi, *op.cit.*, p.231. メディチ家の紋章のパッラについては、石鍋真澄『フィレンツェの世紀　ルネサンス美術とパトロンの物語』平凡社、二〇一三年、二八五—二八六頁。

41 F. Cruciani, *op.cit.*, p.395.

42 M. Fagiolo/ M. L. Madonna, *op.cit.*, p.43. グラティアヌス帝・ウァレンティニアヌス帝・テオドシウス帝の凱旋門はニコラウス五世の時代に取り壊された（クリストファー・ヒバート『ローマ　ある都市の伝記』横山徳爾訳、朝日新聞社、一九九一年、一七四頁）。

43 F. Cruciani, *op.cit.*, pp.395-396; M. Fagiolo/ M. L. Madonna, *op.cit.*, pp.44-45.

44 F. Cruciani, *op.cit.*, pp.396-397; M. Fagiolo/ M. L. Madonna, *op.cit.*, p.45.

45 F. Cruciani, *op.cit.*, p.396; M. Fagiolo/ M. L. Madonna, *op.cit.*, p.43.

46 F. Cruciani, *op.cit.*, pp.397-399; M. Fagiolo/ M. L. Madonna, *op.cit.*, pp.45-47.

47 F. Cruciani, *op.cit.*, pp.399-400; M. Fagiolo/ M. L. Madonna, *op.cit.*, pp.47-48.

48 F. Cruciani, *op.cit.*, pp.400-401.

49 *ibid.*, p.401.

50 *ibid.*, p.401.

51 *ibid.*, pp.401-402.

52 *ibid.*

53 *ibid.*, p.402.

54 M. Fagiolo/ M. L. Madonna, *op.cit.*, p.48.

55 F. Cruciani, *op.cit.*, pp.402-403.

56 *ibid.*, p.402.

57 *ibid.*, p.403.

58 ファジョーロ／マドンナは、ラファエッロ・ペトルッチの凱旋門に関して、記録から分かる建築様式およびペトルッチがシエナ人であったことより、その作者をシエナ出身のバルダッサーレ・ペルッツィと考えている。アゴステイーノ・キージの凱旋門に関しても、ペトルッチの凱旋門と同様、その建築様式とキージがシエナ出身であったという点から、同じくペルッツィの設計とする（M. Fagiolo/ M. L. Madonna, *op.cit.*, p.45)。また同研究者は、フィレンツェ人の凱旋門をアントニオ・ダ・サンガッロ・イル・ジョーヴァネに帰する（*ibid.*, pp.46-47; id., "Schede sui disegni per apparati per feste", in C. L. Frommel/ N. Adams (eds.), *The Architectural Drawings of Antonio da Sangallo the Younger and His Circle. I, Fortifications, Machines and Festival Architecture*, New York 1994)。なおレオ一〇世のポッセッソは、彼が一五一五年に執り行うことになるフィレンツェ入市式のモデルとなったことが指摘されている（M. Fagiolo, "Le feste per Leone X: il gemellaggio tra Roma e Firenze", in M. Dezzi Bardeschi (ed.), *La difficile eredità. architettura a Firenze dalla repubblica all'assedio*, Firenze 1994, pp.68-70)。

59 M. Fagiolo/ M. L. Madonna, *op.cit.*, p.42.

60 I. Fosi, *op.cit.*, pp.46-48.

61 *ibid.*, p.51; M. Fagiolo, *op.cit.*, p.17.

62 G. Lunadoro, *Della elezione coronazione e possesso de' Romani Pontefici. Trattato del Cav. Lunadoro, accresciuto e illustrato da Fr. Antonio Zaccaria*, Roma 1795, p.96.

63 R. Diez, *Il trionfo della parola. Studio sulle relazioni di feste nella Roma barocca (1623-1667)*, Roma 1986. またこれらの小冊子に収められた図版については、M. Fagiolo/ S. Carandini, *L'effimero barocco. Strutture della festa nella Roma del '600*, Roma 1977.

64 S. Tozzi, *Incisioni barocche di feste e avvenimenti. Giorni d'allegrezza*, Roma 2002.

65 *ibid.*, pp.52, 64.

66 M. Fagiolo, *op.cit.*, p.21.

67 近代におけるポッセッソの変容に関しては、M. Caffiero, "La maestà del Papa. Trasformazioni dei rituali del potere a Roma tra XVIII e XIX secolo", in M. A. Visceglia/ C. Brice (eds.), *op.cit.*, pp.281-316.

68 M. Fagiolo, *op.cit.*, p.13.

69 *ibid.*, p.15.

70 M. Caffiero, *op.cit.*, p.315.
71 M. Fagiolo, *op.cit.*, p.15.
72 F. Cancellieri, *Storia de' solenni possessi de' sommi pontefici detti anticamente processi o processioni dopo la loro coronazione dalla Basilica Vaticana alla Lateranense*, Roma 1802.

［第四章］

1 モナ・オズーフ『革命祭典 フランス革命における祭りと祭典行列』立川孝一訳、岩波書店、一九八八年。
2 一八世紀後半から一九世紀のタブロー・ヴィヴァンに関しては以下を参照。K. G. Holmström, *Monodrama, Attitudes, Tableaux Vivants. Studies on Some Trends of Theatrical Fashion 1770-1815*, Uppsala 1967, pp.209-233; B. Jooss, *Lebende Bilder. Körperliche Nachahmung von Kunstwerken in der Goethezeit*, Berlin 1999; B. Vouilloux, *Le tableau vivant. Phryné, l'orateur et le peintre*, Paris 2002.
3 B. Vouilloux, *op.cit.*, p.26.
4 B. Jooss, *op. cit.*, p.279.
5 ゲーテ『親和力』柴田翔訳、講談社文芸文庫、一九九七年。以下、本書における『親和力』からの引用はすべて柴田訳による。
6 B. Jooss, *op. cit.*, p.304.
7 ジャンリス夫人については、村田京子「国王ルイ・フィリップの養育掛ジャンリス夫人の女子教育論―『アデルとテオドール』―」『女性学研究』一七（二〇一〇）、一―二二頁。
8 K. G. Holmström, *op.cit.*, p.217.
9 *ibid.*, pp.226-227.
10 B. Jooss, *op.cit.*, pp.324-326.
11 *ibid.*, pp.326-333.
12 *ibid.*, p.327.

13 K. G. Holmström, *op.cit.*, pp.232-233.
14 *ibid.*, pp.131-132; B. Jooss, *op.cit.*, pp.314-321.
15 *ibid.*, p.317.
16 K. G. Holmström, *op.cit.*, pp.227-231.
17 *ibid.*, p.227.
18 B. Jooss, *op.cit.*, pp.339-342.
19 *ibid.*, pp.344-349.
20 ヴィジェ＝ルブランについては、石井美樹子『マリー・アントワネットの宮廷画家　ルイーズ・ヴィジェ・ルブランの生涯』河出書房新社、二〇一一年。
21 B. Jooss, *op.cit.*, p.282.
22 ちなみに英雄が女装する場面を描くもう一つの主題として、ヘラクレスが女装して女王オンファレに仕えるところを描く「ヘラクレスとオンファレ」があるが、こちらはむくつけき男性ヘラクレスが女装しているところを滑稽に描くものなので、女装とはいえ、女性が演じるには向かないものである。
23 K. G. Holmström, *op.cit.*, p.221.
24 *ibid.*, pp.217-218; B. Jooss, *op.cit.*, pp.276-277.
25 山上浩嗣「ディドロ『サロン』抄訳（1）」『大阪大学大学院文学研究科紀要』五六（二〇一六）、六一―九八頁、特に六三―六七頁。
26 B. Jooss, *op.cit.*, p.276.
27 アンジェリカ・グデン『演劇・絵画・弁論術　一八世紀フランスにおけるパフォーマンスの理論と芸術』譲原晶子訳、筑波出版会、二〇一七年、一〇八―一〇九頁。
28 K. G. Holmström, *op.cit.*, pp.218-221.「サビニの女たち」とは、女性が少なかった建国当初のローマにより一族の女性を略奪されたサビニの男たちが、後日復讐のためにローマを攻めるも、今やローマ人の妻となったサビニの女たちに和睦を求められるという内容である。一般的には前段の、ローマ人がサビニの女性たちを略奪するところを描くことが多く(例えばプッサン作品)、ために「サビニの女たちの略奪」と呼ばれる。対してダヴィッドの絵は後段を描いており、タイトルも「サビニの女たち」となっている。ダヴィッド作品では、左右の武器を持つサビニ人とローマ人の男たちの間に、歌舞伎の留め女よろしく、サビニの女が割って入っていることが分かる[図4-26]。

29 K. G. Holmström, *op.cit.*, p.38; 譲原晶子「演劇における「タブロー」の概念―ディドロの演劇論を中心に―」『千葉商大論叢』五一(二〇一三)、二一五―二二四頁;アンジェリカ・グデン、前掲書、一〇三―一三三頁。

30 譲原晶子、前掲論文、二二三頁。

31 K. G. Holmström, *op.cit.*, pp.110-208.

32 ゲーテ『イタリア紀行 中』相良守峯訳、岩波文庫、一九九六年、四四頁。

33 ゲーテ『親和力』二四三―二四六頁。ルチアーネは古代小アジアの悲しみの王妃をアティテューズとして演じる。ピアノの伴奏で演じているところはイーダ・ブラン風である。

34 K. G. Holmström, *op.cit.*, pp.40-109.

35 *ibid.*, pp.40-46; 海老沢敏『ルソーと音楽』白水社、一九八一年、九五―一〇四頁;ヴィクトル・I・ストイキツァ『ピュグマリオン効果 シミュラークルの歴史人類学』松原知生訳、ありな書房、二〇〇六年、二〇一―二〇九頁。

36 『プロゼルピーナ』の日本語訳は、『ゲーテ全集 第四巻』人文書院、一九六〇年、二八五―二九三頁。訳者は三島由紀夫である。解説も担当した三島によれば、「これはゲーテの小失楽園とも呼ぶべき名篇で、気韻生動、簡素で気品と迫力を兼ねそなえた作品である」(同書、三五五頁)。この作品については、K. G. Holmström, *op.cit.*, pp.88-109; 井戸田総一郎「ゲーテのメロドラマ『プロゼルピーナ』―言葉、音楽、活人画―」『文芸研究』一〇〇(二〇〇六)、八三―一〇四頁;譲原晶子「言表行為なき劇的作品―ゲーテのモノドラマ『プロゼルピーナ』の構造―」『演劇学論集』六一(二〇一五)、三九―五七頁。

37 風刺劇「感傷の勝利」において、架空の国の国王アンドラーゾンの王妃が感傷癖に侵され、モノドラマを演じることに夢中になっていることを揶揄するために、劇中で王妃が演じるモノドラマとして「プロゼルピーナ」が挿入された。それが一八一五年には、独立したモノドラマとして再演されたのである。このことについては、譲原晶子、

38 前掲論文（二〇一五）、四三—四五頁。

39 讓原晶子、前掲論文（二〇一五）、五三—五四頁。

40 メロドラマについては、ジャン＝マリ・トマソー『メロドラマ　フランスの大衆文化』中條忍訳、晶文社、一九九一年。

典型的であるのは、例えば「峠の茶屋」という外題で上演される芝居である。この芝居では、主人公の渡世人が峠の茶屋で、居合わせた客の荷物と自分の荷物を取り違えてしまったことから、その後の悲劇が引き起こされる。幕切れ近く、主人公が自分の（ものと思っていた）荷物の包みを刃物で裂くと、出てきたのは母の位牌ではなく、思いもよらぬ三〇両、この勘違いによる取り違えが全ての悲劇の発端であったことが明らかになる。その時、登場人物全員の科白がなくなり、以降は音楽を背景に、この事実に対するそれぞれの反応を身振り手振りで表しての大団円となるのである。歌舞伎でも義太夫狂言の幕切れで、竹本の節に乗って各々が様々な形を見せて幕が引かれることがあるが、その場合、ドラマ自体はその前で既に終結しているのであり、その場面は見せ場ではあってもドラマとしてのクライマックスではない。対して大衆演劇では、ほかにも「峠の茶屋」のタイプの、クライマックス自体を無言の演技で見せるという演目が散見されるように思う。

モノドラマからさらに遠ざかるが、多くの読者にとって未知の世界と思われるので、大衆演劇についてもう少し記しておこう。大衆演劇では定番の股旅ものや任侠もののみならず、新国劇、新派、松竹新喜劇といった劇団が上演していた（している）ような各種演目が日替わりで演じられる。番組の構成は、第一部顔見世ショウ、第二部芝居、第三部舞踊ショウとなっていることが多く、舞踊ショウではスピーカーから流れる音楽に合わせて舞い踊る。決めのポーズを次々と繰り出す舞踊ショウの有様は、本書の議論に強引に引き寄せるならば、アティテューズに近いということも可能かもしれない（踊られるのはいわゆる新舞踊だが、伝統的な日本舞踊と同様に、歌の歌詞の当て振りになっていることもある）。東京では浅草の木馬館や十条の篠原演芸場、大阪では新世界の朝日劇場、浪速クラブ、西成区のオーエス劇場あたりが代表的な劇場である。九州では福岡に博多新劇座があって、私の大衆演劇見物のホームグラウンドだ。

41 K. G. Holmström, *op.cit.*, p.238.

［第五章］

1　ゾーリナ『ボロディン　その作品と生涯』佐藤靖彦訳、新読書社、一九九四年、一九四頁。

2　F. Dahlström, “Sibelius's Karelia Music”, pp.4-7（BIS-CD-915 STEREO の解説）。

3　*ibid.* p.6.

4　BIS-CD-915 STEREO. 復元の経緯については同解説、K. Aho, “The reconstruction and completion of Sibelius's Karelia music”, pp.7-9.

5　神部智『シベリウスの交響詩とその時代　神話と音楽をめぐる作曲家の冒険』音楽之友社、二〇一五年、九九―一四三頁。

6　BIS-CD-1115 STEREO において、新聞祭典の活人画音楽をすべて聴くことができる。

7　神部智、前掲書、一〇三―一〇六頁。ちなみに註6で紹介したCDには、この「アテネ人の歌」も収められている。

8　コンスタンティン・フローロス『マーラー　交響曲のすべて』前島良雄／前島真理訳、藤原書店、二〇〇五年、四二―四三頁。

9　チェコ国民楽派の作曲家ズデニェク・フィビヒが活人画のために作曲した小品四曲がCDで聴ける（NAXOS 8.573310）。どちらかというとつまらない部類の曲であるのが残念だ。

10　千足伸行『ミュシャ　スラヴ作品集』東京美術、二〇一五年；『ミュシャ展』（展覧会図録）、国立新美術館、二〇一七年。

11　本橋弥生「世紀転換期のナショナル・アイデンティティを描く――一九〇〇年パリ万国博覧会ボスニア・ヘルツェゴヴィナ館とフィンランド館の壁画」『ミュシャ展』（前掲展覧会図録）、三二―四〇頁。

12　ミュシャと写真の関係については、千足伸行『ミュシャ作品集　パリから祖国モラヴィアへ』東京美術、二〇一二年、九八―一〇二頁。

13　小野尚子「《同胞のスラヴ》総合芸術家としてのアルフォンス・ムハ」『西洋美術研究』一八（二〇一四）、一五二

—一六五頁；『ミュシャ展』（前掲展覧会図録）一八〇—一八三頁。

14 J. H. Head, *Home Pastimes; or, Tableaux Vivants*, Boston 1860 (repr. 2007).

15 *ibid*., pp.38-40.

16 Q. Bajac, *Tableaux vivants. Fantaisies photographiques victoriennes (1840-1880)*, Paris 1999, p.48.

17 C. Harrison, *Theatricals and tableaux vivants for amateurs. Giving full directions as to stage arrangements, “making up”, costumes and acting*, London 1882.

18 マーガレット・ミッチェル『風と共に去りぬ』第二巻、荒このみ訳、岩波文庫、二〇一五年、二〇八頁。

19 マーガレット・ミッチェル、前掲書、二〇八頁。引用した訳が「自分の演技」としている箇所は、原文では「彼女の演じた愛らしい絵（the pretty picture she made）」であり、活人画を意識した言い回しとなっていたことが分かる。

20 L・M・モンゴメリ『赤毛のアン』村岡花子訳、新潮文庫、二〇〇八年、三三三頁。

21 L・M・モンゴメリ、前掲書、一九二—一九三頁の村岡花子訳に一部手を加えた。村岡が「この場面に」と訳している箇所は、原作では「at the tableau」であり、「この活人画に」とするべきである（当時の英語圏の学校教育では「tableau」のみで活人画を意味していた）。村岡自身も註20で引用した箇所では「tableau」を「活人画」と訳している。註19で記したこととつながるが、近代文学に活人画の場面が出てくる場合、活人画を知らない現代の一般読者への通じやすさを優先して、活人画への言及を控えめに翻訳する傾向があるように思われる。

22 渡辺裕『聴衆の誕生　ポスト・モダン時代の音楽文化』春秋社、一九八九年、八—一四頁。

23 P. de Lano, *Les Bals travesties et les tableaux vivants sous le Second Empire*, Paris 1893.

24 *ibid*., p.30.

25 *ibid*., p.33.

26 *ibid*., pp.31-32.

27 B. Vouilloux, *Le Tableau vivant. Phryné, l'orateur et le peintre*, Paris 2002.

28 P. de Lano, *op.cit*., p.32.

29 エミール・ゾラ『獲物の分け前』中井敦子訳、ちくま文庫、二〇〇四年、三四〇頁。

30 P. de Lano, *op.cit.*, pp.30-31.

31 エミール・ゾラ『獲物の分け前』三三〇頁。

32 *The Oxford Encyclopedia of Theatre & Performance, II*, New York 2003, p.1312.

33 R・D・オールティック『ロンドンの見世物 Ⅱ』小池滋監訳、国書刊行会、一九九〇年、四四四—四六三頁。同書は、裸体活人画のみならず、広く一九世紀のロンドンのショウ・ビジネスにおける活人画、活人彫刻を紹介している。

34 フランスでは「statue vivante（生きた彫刻）」、イギリスやアメリカでは「living statuary（生きた彫刻）」あるいは「pose plastique（造形ポーズ）」と呼ばれた。L. Nead, *The Haunted Gallery. Painting, Photography and Film around 1900*, New Haven/ London 2007, pp.70-72.

35 米田潔弘『メディチ家と音楽家たち　ルネサンス・フィレンツェの音楽と社会』音楽之友社、二〇〇二年、九九頁。

36 『ザ・インパルスの見た昭和キャバレーの世界』ベラミ山荘、二〇一七年、二二頁。ストリップ史研究会『ストリップ芸大全』データハウス、二〇〇三年、八八—八九頁も参照。同書によれば、全身を金粉で塗ってステージで踊っていると皮膚呼吸ができず苦しくなるそうだが、そもそも人間は皮膚呼吸をしているのだろうか。確かにフィクションの世界では、本書の「おわりに」でも紹介する谷崎潤一郎の小説『金色の死』の主人公が、全身に金箔を塗抹し毛孔が塞がれたことが原因で命を落としており、映画「007／ゴールドフィンガー」（一九六四年）でも、ボンドが一夜を共にしたゴールドフィンガーの女性秘書が、ベッドで全身に金粉を塗られて窒息死するという衝撃的なシーンがあるにはあったが。

37 V. Robert, "Le tableau vivant ou l'origine de l'〈art〉 cinématographique", in *Le tableau vivant ou l'image performée*, *op.cit.*, pp.262-282, in part. p.264.

38 *ibid.*, p.268.

39 L. Nead, *op.cit.*, pp.72-74. 単に活人彫刻を三六〇度から見るという使用目的だけでなく、大規模な台座になると、パーティションで分割して複数の活人画を乗せ、台座を回転することにより、幕の開閉なしに次から次へと見せることも可能になった。まさに歌舞伎の回り舞台のようなものといえる。

40 B. Vouilloux, *op.cit.*, p.30.

41 荒俣宏『万博とストリップ―知られざる二十世紀文化史』集英社新書、二〇〇〇年、一二五―一三〇頁。

42 図5－21に見るような、無数のレヴュー・ガールを用いて幾何学模様を作り出すレヴューの趣向（活人万華鏡 living kaleidoscope と呼びたい）は、一九三〇年代のハリウッドでバズビー・バークレーが演出を担当した一連のミュージカル映画において、豪華さと洗練を極めることになる。「フットライト・パレード」（一九三三年）で、次々とプールに飛び込む水着美女たちが、水上に幾何学模様を描くさまなどは、その頂点に位置するといえる。ほかにも「四二番街」（一九三三年）や二本ある「ゴールド・ディガーズ」（一九三三年版と一九三五年版）といった作品もご覧いただきたい。フレッド・アステア主演作に見るような個人芸ではなく、人海戦術レヴューの枠を楽しむことができる。

43 寺田寅彦「マーカス・ショーとレビュー式教育」『寺田寅彦全集　第七巻』岩波書店、一九九七年。

44 鹿島茂『パリ、娼婦の館』角川学芸出版、二〇一〇年、一一六頁。

45 Q. Bajac, *op.cit.*; M. Poivert, "Notes sur l'image performée. Paradigme réprouvé de l'histoire de la photographie?", in *Le tableau vivant ou l'image performée, cit.*, pp.214-231.

46 島岡将「フォトモンタージュの前史」『茨城大学人文学部紀要　コミュニケーション学科論集』一三（二〇〇三）七七―九三頁、特に八二―八五頁。

47 B. Vouilloux, "Le geste dans le tableau vivant. Des arts de la scène à la photographie", in *Le tableau vivant ou l'image performée, cit.*, pp.120-134, in part. pp.132-133.

48 Q. Bajac, *op.cit.*, p.11.

49 徳齢『西太后に侍して―紫禁城の二年―』太田七郎／田中克己訳、研文社、一九九七年、二〇七―二一七頁。西太后の写真の一部を日本人写真家山本讃七郎が撮影したという説については、日向康三郎『北京・山本照像館　西太后写真と日本人写真師』雄山閣、二〇一五年、一二五―一三五頁。

50　例えば、ルターの宿敵であったアルブレヒト・フォン・ブランデンブルク枢機卿が、クラナッハらに自らの扮装肖像を描かせた経緯については、秋山聰「「地獄の枢機卿」アルブレヒト・フォン・ブランデンブルクによる美術振興―聖遺物崇敬と扮装肖像の文脈から」『西洋美術研究』一二（二〇〇六）二四―四六頁。

51　徳齢、前掲書、二一五―二一六頁。

［第六章］

1　木下直之『ハリボテの町』朝日新聞社、一九九六年、二四五―二八二頁；橋爪紳也『祝祭の〈帝国〉　花電車・凱旋門・杉の葉アーチ』講談社選書メチエ、一九九八年、五二―八九頁。

2　日比谷凱旋門については、木下直之、前掲書、二六四―二六五頁；橋爪紳也、前掲書、六〇―六二頁；木下直之『世の途中から隠されていること――近代日本の記憶』晶文社、二〇〇二年、一三―一六頁。なお杉の葉を挿した緑門については、橋爪紳也、前掲書、一五―五〇頁に詳しい。

3　上野凱旋門については、木下直之、前掲書、一九九六年、二七六―二七九頁；橋爪紳也、前掲書、七九―八四頁。

4　橋爪紳也、前掲書、八八―八九頁。

5　この活人画に関しては、木下直之『美術という見世物　油絵茶屋の時代』ちくま学芸文庫、一九九九年、二六一頁；西本匡伸編『よみがえる明治絵画―修復された矢田一嘯「蒙古襲来絵図」』（展覧会図録）、福岡県立美術館、二〇〇五年、六八頁。

6　『東京日日新聞』明治二〇年二月二二日。

7　『東京日日新聞』明治二〇年二月二二日、二三日。

8　「画図の前面に極めて薄き白絹の如き物を下せる上に、電気灯の光線を巧みに使用し、活人をして図画と見せしむものと覚しけれ」（『東京日日新聞』明治二〇年三月一一日）。

9　『東京日日新聞』明治二〇年二月二三日。

10　『東京日日新聞』明治二〇年三月一一日。

11　木下直之、前掲書、一九九九年、二六一頁。

12 『毎日新聞』明治二〇年三月四日。
13 『毎日新聞』明治二〇年三月四日。
14 『毎日新聞』明治二〇年三月一一日。
15 『東京日日新聞』明治二〇年二月二二日。
16 『東京日日新聞』明治二〇年三月一一日。
17 『東京日日新聞』明治二〇年三月一一日。
18 東芝EMIから一一枚組のCDとして発売。「全集日本吹込み事始」(TOCF-59061/71)。録音内容は雅楽、謡曲、狂言、琵琶、義太夫、娘義太夫、常磐津、清元、長唄、俗曲、三曲、吹奏楽、演劇、声色、落語、詩吟、諸芸など、きわめて多岐にわたる。女優の山田五十鈴が「たぬき」という芝居でしばしば演じた、女流音曲芸人(女道楽)の立花家橘之助による俗曲が複数含まれているのが嬉しい。吹奏楽を演奏するのは吾妻婦人音楽連中で、要するに吉原の芸者たちのブラス・バンドである。落語家雷門助六が九代目団十郎の声色を聞かせているのも、同年に亡くなった団十郎本人による録音が残されていないことから、ある意味貴重なものだ。そして初代梅坊主の録音が江戸の大道芸の片鱗を偲ばせてくれる。
19 児島薫/原舞子「「癸卯園遊会」関連資料紹介と山本芳翠「活人画」について」『実践女子大学美学美術史学』二三(二〇〇九)、一―二二頁。
20 『萬朝報』明治三六年四月二七日。
21 巌谷小波『小波洋行土産』上巻、博文館、明治三六年、一三五―一三六頁。
22 巌谷小波、前掲書、二七八―二七九頁。
23 『萬朝報』明治三六年四月二七日。
24 『をんな』第三巻五号、明治三六年、な二六－な二八頁による。
25 冨田博之『日本演劇教育史』国土社、一九九八年、三五頁。
26 青木茂・古川秀昭編『山本芳翠の世界展』(展覧会図録)、朝日新聞社、一九九三年、一一〇―一一六頁。山本芳翠については以下も参照。隈元謙次郎「山本芳翠について」『美術研究』二三九(一九六六)、一―一九頁:佐々木鑛

之助『明治洋画の快男児山本芳翠』里文出版、一九九四年。

27 『美術新報』明治三五年六月二〇日。

28 「これはその以前に、下田さんから山本芳翠先生に相談があつて、何か変つた催をしたいといふ事だつたので、芳翠先生の考案で活人画をやることになつたのである。さういふ訳けで其頃山本先生の画塾生巧館に学んでゐた我々もその仕事を手伝ふことになり、湯浅一郎君北蓮蔵君、私などが背景は勿論舞台装置をやることになり、随分熱心に描いたものである」(白瀧幾之助「洋式舞台装置の最初」『中央美術』一五二号、昭和三年、六七—六九頁)。「その時芳翠先生が活人画の衣裳や振りつけ、書き割り一切を託され、その助手の助手として僕はそのバック制作に従事したのである。之は洋画の舞台装置が行はれた最初のもので佳なり呼び声の高かつたものであつた。その時毎日幾時間かづつを同じ処に起居して、朝晩先生に接触する機会を得たのである」(和田三造「山本芳翠先生を憶ふ」長尾一平編『山本芳翠』昭和一六年、一八—二〇頁)。

29 「其間流石に感心したのは作画の上に於て経験をもつて居られて、先生は普通のタブローとしての絵でなく、大きなこの種のものをまとめる経験熟練と、要所の引締め方には敬服に値するものがあつた」(和田三造「山本芳翠先生を憶ふ」長尾一平編『山本芳翠』昭和一六年、一八—二〇頁)。「我々は今まで泥絵具を使つたことがないので困つていると、山本先生は巴里で芝居にも入つてやつて来られた経験を持つて居られたので、万端先生の指揮に従つてやることになつたが、実際の仕事になると中々うまく行かないので、その頃浅草で写真館をやつていた下岡蓮杖氏の息子さんが、写真のバックを描き馴れてゐるのでその人に来てもらつていろ〳〵手伝つてもらつた。何しろ三間五間といふ大きいものを描かなければならないので、場所に困つた。芝の工場か何かを借りて描いたやうに記憶してゐる。下岡氏の他に和田三造君なども来て手伝つてくれたと思ふ。山本先生の指導によつて描き上げたバックの絵は出来上がりを見ると、誠にうすぎたない。こんなものを公衆の面前にさらすのかと思つて、我々が内心タジ〳〵していると、山本先生は笑つて、「これでいい、舞台に持つてゆくとビツクリする程綺麗に見えるから」と云ふ。実際舞台に飾つたのを見ると、我れながら見違へるように美しく見える」(白瀧幾之助、前掲論文、六七—六九頁)。

30 土肥春曙「泰西演劇の景幕に就て」(正・続)『美術新報』明治三五年一一月五、二〇日。

31 山本芳翠「本郷座の道具」『歌舞伎』四三号、明治三六年、三〇―三四頁、特に三二頁；坂本麻衣「山本芳翠と洋画背景の流行」『早稲田大学大学院文学研究科紀要』四六（二〇〇一）、七九―八八頁、特に七九―八二頁。

32 本章註29を参照。

33 「而も窓を閉ざし電燈を点じて演ずるものなれば、絵と人と殆ど区別すべからず」（『毎日新聞』明治三六年四月二四日）。この活人画では電気を使った以下のような仕掛けもあった。「ある武士の妻が夫に代つて陣営を見廻る場面になると、お城をバックにして薙刀を持つて立つ婦人を中心にして電気仕掛けの月が徐々にのぼるといつた具合であつたが、この電燈の月なども全くこれが始めての試みであつたらう」（白瀧幾之助、前掲論文、六七―六九頁）。

34 明治時代の劇場の照明に関しては、小川昇編『日本舞台照明史』社団法人日本照明家協会、一九七五年。

35 『毎日新聞』明治三六年四月二八日。

36 「十二支」連作については、高階絵里加『異界の海　芳翠・清輝・天心における西洋』三好企画、二〇〇〇年、一七四―二一八頁。

37 歴史画については、山梨俊夫『描かれた歴史　日本近代と「歴史画」の磁場』ブリュッケ、二〇〇五年。

38 「素と美術上より工夫し来り、夫れに電燈を働かして巧みに陰晴の度を取ることなれば、其の精妙美麗なること得も云はれず、画か人か、人か画か、更に見分けも付きがたし」（『毎日新聞』明治二〇年三月二九日）。

39 「今度の活人画は総て時代風俗を示すをもて主とし、上古より順次に徳川氏に至る歴史人物にして、之に伴ふ添景は油画家山本芳翠氏が其門人数名と共に苦心して揮毫したるもののよしゆゑ、日本芝居流の書割とは素より日を同じうして語るべからず」（『毎日新聞』明治三六年四月二四日）。

40 「（癸卯園遊会の活人画の）成績を聞いた田村成義さんや花月の主人公其の他が、活人画を歌舞伎座でやろうと計画し、水交社で使つた背景をそのまま利用し、本ものの歌舞伎役者も出演したのであつたが、宣伝が下手だつた為めか、興業《ママ》の成績は失敗であつた」（田沢田軒「芳翠先生追憶座談会記」長尾一平編『山本芳翠』昭和一六年、一四頁）。

41 「此日観客中に芝居師も来り居て、舞台の書割を撫でたりなどしつつ偏に山本画伯が舞台装飾上の手腕に驚いて居たそうだ。脳裏にアートなることのなき彼等に取りては、其の呆気に取られて居たも無理はなかろう」（『毎日新聞』明治三六年四月二八日)。

42 カーマンセラの一座の内国勧業博覧会への出演については、荒俣宏『万博とストリップ—知られざる二十世紀文化史』集英社新書、二〇〇〇年、一五一—一五九頁。またロイ・フラーについても、同書、一〇〇—一二二頁。この著作から様々な示唆を受けたが、荒俣氏はカーマンセラの歌舞伎座出演については言及していない。

43 『歌舞伎新報』三九号、明治三六年、七七頁。

44 『毎日新聞』明治三六年七月六日。

45 『毎日新聞』明治三六年七月一一、一二日。

46 『都新聞』明治三六年七月一二日。

47 『二六新報』明治三六年七月一三日。

48 『毎日新聞』明治三六年七月一四、一六日による。

49 長尾一平編『山本芳翠』昭和一六年、一八二頁。

50 以下の記事を参照。「さて其画の一面毎に講談師の説明ありて、實、貞水、小燕枝の三名交々に舞台に出でゝ得意の弁舌を揮ひしが、實は老熟、小燕林は明晰、貞水も亦た苦渋の態なく、皆な夫々に喝采を博したり。背景十四面の中にては、「秋色女」の桜花満開と「伊賀局」の吉野山雪中など最も目立ち、家台あるものは総体に見劣りし心地せり。人物にては菊五郎の秋色、吉右衛門の奥村の妻、高麗蔵の大葉子と伊賀局、八百蔵父子の楠母正行等大出来なりしが、客受の非常に宜りしは杵屋一派と北村一派との和洋合奏に菊五郎が「千手の前」の舞を見せし事なり。背景は「蓮の台」の文句に因みたる蓮華の数々美しく、幕明くと其花開くも大喝采、其中に羅綾《らりよう》を袖を翳して立ちたる菊五郎が、頓《やが》て前へ歩み出で、舞ひ終りて原形に復するは、甚五郎の京人形と云ふ趣も見ゆ。又松島社中の神楽を挟みたるは愛嬌にて、最後に菊五郎が救世の神にて雲中に現はれしは、日比谷公園より都新聞の屋根を見ると云ふ駄口も聞へぬ。是は不景気を救ふて世の中を繁昌にすると云へる延喜直しにて、興行人の配慮せし処ならん」(『毎日新聞』明治三六年七月一八日)。

51 以下の記事を参照。「築地水交社の癸卯園遊会にて喝采を得たる活人画は、此の十五日午後六時より愈々歌舞伎座にて広く世に見せる事となり。其番組は既に報ぜし如くなるが、画伯山本芳翠氏は過日来日々同座に至りて、舞台の装飾其他の苦心中なる由。水交社の舞台の其れと違ひて、同座は十二間といふ幅なれば、舞台の枠即ち水交社の舞台に用ひし古面を三ヵ所に粧ひし。白塗の枠も活人画の金縁も夫々広げて造り直したるにて、舞台の左右には松と梅まで山本氏の趣向にて見事の大木を作り出せりとぞ」（『毎日新聞』明治三六年七月一二日）。「歌舞伎座の「タブローヴィヴァン」は、流石芳翠君の丹精とて、舞台大尽柱の際を限りとせる大輪郭の意匠と云ひ、金色の小枠燦爛として、電気の光線と相映射する有様、殊に舞台左右の大盆栽は造り物の由なれど、何人も其精巧真を奪へるに驚かざるなからん。〔中略〕或は之を水交社の古物の如く誤解する人あるべきも、今回の油絵は先頃のものよりも大に面積を引延しありて、装飾万端の費用実に莫大の出資なりと云へり」（『毎日新聞』明治三六年七月一八日）。

52 白瀧幾之助、前掲論文、六九頁。

53 背景画を油絵とする新聞記事が多いが、実際には水彩であった。すなわち舞台美術における「油絵」とは、油絵風、洋画風を意味した。本章註29も参照。

54 「歌舞伎座の「歴史活人画」（原名タブローヴィヴァン）は愈々今日初日にて、舞台の装飾は洋式として大道具を用ひ、点火も仏蘭西風に依るものなりと。又、普通の演劇と違ひ正面より観ざれば充分ならぬに付き、当興行場代は一名桟敷一円、中等場五十銭、松の側四十銭、竹の側三十銭、三階二十銭と定めたり」（『毎日新聞』明治三六年七月一五日）。ただし、間口の広い舞台の中央部分に額縁が設置されたから、あるいは単純に、活人画が舞台の奥行を使用しない平面的なものであったからとも考えられる。

55 「而して、此小枠の中に続々出現する画景を照らすべき第一の光線は、周囲より来るものの外、二重舞台の下に電燈を装置しありて、是より上方へ斜めに光線を浴びせ掛くる様仕掛けあるにて」（『毎日新聞』明治三六年七月一八日）。

56 『都新聞』明治三六年七月一六日。

57 『二六新報』明治三六年一一月六日。

58 白瀧幾之助、前掲論文、六九頁。

59 『演芸世界』三〇号、明治三六年、四八頁。

60 木村錦花『近世劇壇史 歌舞伎座篇』中央公論社、昭和一一年、二一六頁。

61 本章註50を参照。

62 『二六新報』明治三六年七月一八日。

63 『萬朝報』明治三六年七月二三日。

64 新聞記事および芳翠の弟子ら制作者側の回想以外にほとんど記録のない中で、観客としてこの活人画を目撃した舞台装置家田中良の回想は貴重である。ただし彼が感心しているのがやはり菊五郎の舞踊であるのは皮肉なことである（田中良『舞台美術』西川書店、一九四四年、一七頁）。

65 この上演については、増井敬二『日本のオペラ　明治から大正へ』民音音楽資料館、一九八四年、一〇一―一一三頁。新聞には、「書割は山本芳翠氏主となる非常に意匠を凝らし幽界場など人目を驚かすものありたり」（『読売新聞』明治三六年七月二五日）とあるが、山本芳翠のデザインで岡田三郎助、藤島武二、白瀧幾之助、北蓮蔵、湯浅一郎らが描いた。ちなみに三浦環演じるエウリディーチェ（仏：ユリディース）の役名は百合姫とされた。新国劇でシラノ・ド・ベルジュラックが白野弁十郎になったようなものであろう。

66 『美術新報』明治三六年八月二〇日。

67 東京美術学校紀念美術祭については、今橋映子『異都憧憬　日本人のパリ』平凡社、二〇〇一年、二三三―二四四頁：五十殿利治「美術の「近代」と美術家の「行為」」『講座日本美術史6』東京大学出版会、二〇〇五年、四五―七七頁、特に六一―六五頁。

68 『東京美術学校校友会月報』第二巻三号、明治三六年、六八―六九頁による。

69 『東京美術学校校友会月報』に掲載された以下の記事を参照。「……第六番活人彫刻、（彫科会員）、野見宿禰、蹶速を仆したる刹那の荒事、其意気込と云ひ色の工合から、真に傑作らしうブロンズで表はしたが、瞬く隙に幕と成て、次が巴里美術学生ビヤホールの場（仏語科二年会員）となる、〔中略〕第十四番活人蒔絵、（漆工科会員）、これも上品な趣向で、猩々の舞に恍惚として見てゐた蒔絵師、坐《そぞ》ろに真似るといふ極く黒人《くろうと》筋の所作で、猩々の仕舞は大分お手のものらしく、謡は今一息であろう。〔中略〕次に鋳金活人（鋳金科会員）鋳金製作の場の有様で可なり面白く出来た。続て活人彫刻袂別（彫刻科会員）といふ題で、軍人が家族に別るゝ所の場で、石膏の積り、之は本校の専売特許なれば喝采を博した。〔中略〕第二十二番活人彫刻（彫刻科会員）、バルトロメの作、「死」と題する大理石群像であらう、げに崇高の極み、高潔の感、観者の魂を奪つて宙宇に彷徨せしむる光景、喝采暫時鳴も止まず、正にこれ我邦空前の観物である、左方壁によつて右手を延したやうな、婦人らしい形などは殊によく、到底人間の業とは見えないと評するものが多かつた。〔中略〕第二十五番大詰が活人画岩戸開き(図按科会員)、八百万神の神つどひに忽然として、宇宙闡明《せんめい》となるの光景、折しも日暮れ方の事とて、書割も幽玄に見へ、火光の応用功を奏して人目を驚かした、大詰としては恰好の場、是にて見物は満足の大喝采を残して、潮の如く門に流れ出た」(「美術祭行事評判記」『東京美術学校校友会月報』第二巻三号、明治三六年、六三—六五頁)。

70 今橋映子、前掲書、二四三頁。

71 「美術祭雑俎」『東京美術学校校友会月報』第二巻三号、明治三六年、七七頁。

72 『都新聞』明治三六年一一月七日。

73 今橋映子、前掲書、二三三—二四四頁。四大芸術舞踏会については、高階秀爾『世紀末芸術』紀伊國屋書店、一九八一年、五九—六四、一〇八頁。

74 「欧米の美術祭について」『東京美術学校校友会月報』第二巻三号、明治三六年、五〇—五二頁。

75 美術祭活人画掛役員「活人画掛　岩村透(長)、岡田三郎助、竹内久一、和田英作、関保之助、久米桂一郎、島田佳矣、長原孝太郎、河邊正夫、石島文太郎、西村喜三郎、坪田虎太郎、和田三造、熊谷基、石原確治、佐々木栄多、福田東作、木村第一郎、重田進十郎、中村勝次郎」(「美術祭役員」『東京美術学校校友会月報』第二巻三号、明治三六年、六七頁)。

76 新聞は、「歌舞伎座の歴史活人画は、一昨夜は美術家連の見物あり。尚八百蔵、女寅、吉右衛門、菊五郎、栄三郎、高麗蔵等俳優びいきの連中見物もある筈なりと」と報じている(『都新聞』明治三六年七月一九日)。

77 『文章世界』第三巻第五号、明治四一年。

78 すみれ小史『素人に出来る余興種本』大学館、明治四四年。同書は、国立国会図書館デジタルコレクションにて閲覧することが可能である。

79 坂本麻衣、前掲論文、八二—八五頁。

80 冨田博之、前掲書、二九—三七頁。また活人画は、画家たちの新年会の余興としても喜ばれた(五十殿利治、前掲論文、六六―六八頁）。それはその後の芸術家によるパフォーマンスにつながるものといえる。

81　冨田博之、前掲書、九五―九六頁。

［第七章］

1　『日本』明治三九年五月二三日（武藤直大『新聞記事に見る激動近代史』グラフ社、二〇〇八年、一七〇―一七一頁）。

2　腰巻事件をめぐっては、宮下規久朗『刺青とヌードの美術史　江戸から近代へ』NHKブックス、二〇〇八年、一〇九―一一一頁：木下直之『股間若衆　男の裸は芸術か』新潮社、二〇一二年、七四―八五頁：木下直之『せいきの大問題　新股間若衆』新潮社、二〇一七年、六五―八二頁。

3　『the座』二二号（一九九二）、こまつ座、五一頁。井上ひさしの芝居「日本人のへそ」のプログラムもかねた当号は、「特集 ヴィーナスの誕生」と題し、額縁ショウについて貴重な情報を多数収載する。特に四八―五一頁には、第一回公演「ミユーヂックショウ ヴヰナスの誕生」の台本を完全収録する。CCD（民事検閲局）に提出した検閲用台本に基づく復刻である。

4　『the座』二二号、三七頁。

5　『the座』二二号、四三頁。

6　図7‐8は、昭和二四年に片岡マリが額縁ショウを再現した際の写真である（『さよなら二〇世紀　カメラがとらえた日本の一〇〇年』展図録、東京都写真美術館、二〇〇〇年）。本章註37も参照。

7　額縁ショウに関しては以下を参照。篠原資明「活人画探し9　額縁ショー」『未来』三四七（一九九五）、三八―四一頁：橋本与志夫『ヌードさん ストリップ黄金時代』筑摩書房、一九九五年、九―二八頁：山本明『カストリ雑誌研究　シンボルにみる風俗史』中公文庫、一九九八年、九一―一〇二頁：菅野聡美「琉球レビューと額縁ショー」『現場としての政治学』日本経済評論社、二〇〇七年、四一―六四頁：中野正昭『ムーラン・ルージュ新宿座　軽演劇の昭和小史』森話社、二〇一一年、三四二―三四七頁。

8　秦豊吉については、森彰英『行動する異端　秦豊吉と丸木砂土』TBSブリタニカ、一九九八年。ちなみに秦は、明治三六年の歌舞伎座歴史活人画興行にも出演した七代目松本幸四郎の甥で、十一代目市川団十郎、八代目松本幸四郎、二代目尾上松緑の三兄弟とは従兄弟同士ということになる。秦家には豊吉の名が多く、ほかならぬ七代目幸四郎が藤間の家に養子に出される以前の名前が秦豊吉であった（尾上松緑「従兄弟同志」『日劇ショウより帝劇ミュージカルスまで』秦豊吉先生を偲ぶ会、一九五八年、一七五頁）。

9 秦豊吉『宝塚と日劇 私のレビュウ十年』いとう書房、一九四八年、一八九頁。

10 秦豊吉、前掲書、一五三頁。

11 秦は公演ごとのパンフレットに「帝都座さんへ」と題し、前回の公演の感想講評を執筆した。額縁ショウに関する秦の当時の考えが読み取れるものとしてたいへん貴重である。一〇回分の記事が、秦の『劇場二十年』（朝日新聞社、一九五五年）および遺稿集『日劇ショウより帝劇ミュージカルスまで』（秦豊吉先生を偲ぶ会、一九五八年）に収載されている。

12 秦豊吉『日劇ショウより帝劇ミュージカルスまで』九一―九二頁。

13 秦豊吉、前掲書、九四―九五頁。

14 中野正昭「レビュー検閲とエロ取締規則――一九三〇年代の浅草レヴューにみる興行取締問題――」『演劇研究センター紀要』VI（二〇〇六）、二六三―二七〇頁。

15 占領期のGHQによるメディア政策に関しては、川崎賢子「GHQメディア政策と、戦後占領期の演劇上演をめぐって」『芸術受容者の研究　観者、聴衆、観客、読者の鑑賞行動』（平成二〇～二二年度科学研究費補助金（基盤研究（B））研究成果報告書）、三八―四四頁；山本武利『GHQの検閲・諜報・宣伝工作』岩波現代全書、二〇一三年。

16 『日刊スポーツ』一九四七年七月（橋本与志夫、前掲書、四一頁に所収）。

17 『日刊スポーツ』一九四七年五月（橋本与志夫、前掲書、四一頁に所収）。

18 秦豊吉『劇場二十年』二九頁。戦前の臨監に関する秦の愚痴は、「叱られる劇場」「検閲と暴力団」（同書、二〇―三一頁）および『日劇ショウより帝劇ミュージカルスまで』九六頁など。

19 橋本与志夫、前掲書、三〇頁。

20 秦豊吉『日劇ショウより帝劇ミュージカルスまで』一四八頁。
21 『the座』二二号、三頁。
22 西岡浩「レヴュウのハンラン」『ナンバーワン』第二号、昭和二二年（山本明『カストリ雑誌研究 シンボルにみる風俗史』中公文庫、一九九八年、九六頁に所収）。
23 『スクリーン・ステージ』昭和二二年四月一日（森彰英、前掲書、一五頁に所収）。
24 秦豊吉『芸人』鱒書房、一九五三年、一二八頁。
25 秦豊吉、前掲書、一二八頁。
26 秦豊吉、前掲書、一二九頁。
27 J. H. Head, *Home Pastimes; or, Tableaux Vivants*, Boston 1860 (repr. 2007), pp.7-8.
28 古沢岩美『RUBENS 画集と評伝』（梧桐書院、一九四三年）では「挿画三枚風俗壊乱の虞あり、同月風俗禁止、削除」として、「ヴィーナスとキューピッドとバッカス」「三婦図（細部）」「土と水の結婚」が削除された（『別冊太陽 発禁本』平凡社、一九九九年、一五〇頁）。
29 森彰英、前掲書。
30 城市郎『発禁本』桃源社、一九六五年、一八二―一八四頁。
31 秦豊吉『劇場二十年』一七五頁。
32 『吉田潤写真集 戦後フォーカス二九三 夢の輝き』潮出版社、一九八三年、五六頁。
33 宮下規久朗、前掲書、九三―九六頁。明治四年、東京府知事により「裸体禁止令」が発令された。
34 秦豊吉『劇場二十年』一七三頁：橋本与志夫、前掲書、五〇頁。
35 秦豊吉『演劇スポットライト』朋文堂、一九五五年、八九頁。
36 秦豊吉『劇場二十年』一八二頁。
37 秦豊吉、前掲書、二〇二頁。ちなみに、昭和二四年三月一八日、解散した帝都座ショウは、新宿東宝五階の映画館を劇場にして、「セントラルショー」と名乗り、公演を開始した。額縁ショウのメンバーの一部（片岡マリ、東山ふさえ、真田千鶴子ほか）を中心に、東郷青児の構成による名画アルバム『誘惑』を復活したという。

38 戸板康二『芝居名所一幕見　舞台の上の東京』白水社、一九五三年、五七頁。

［おわりに］

1 絵画や彫刻を模倣する一部コスプレのみならず、マンガやアニメのキャラクターに扮する大方のコスプレも、二次元の創作物を生身の人間が三次元化するという意味において、それ自体が活人画的パフォーマンスといえるだろう。

2 近年のもので目についたのは、女優の樹木希林氏がラファエル前派の画家ジョン・エヴァレット・ミレーの「オフィーリア」の活人画を演じた、宝島社による新聞の全面広告（全国版四紙、二〇一六年一月五日）である。その見事な仕上がりを、是非インターネットで画像検索して御覧いただきたい。また二〇一四年、宝塚百周年記念の星組公演「ル・スペクタクル・ミュージカル　眠らない男ナポレオン—愛と栄光の涯《はて》に—」のチラシやポスターが、ダヴィッドの「サン・ベルナール峠を越えるナポレオン」と「ナポレオン一世と皇妃ジョセフィーヌの戴冠式」の忠実な活人画写真を組み合わせたものになっていたのも印象に残る。

3 「森村泰昌：自画像の美術史—「私」と「わたし」が出会うとき」展（国立国際美術館、二〇一六年）では、森村氏が様々な画家の自画像を演じた多くの作品が展示された。展覧会の会場では、それぞれの自画像にまつわるストーリーを映像化した七〇分という長尺の映像作品も上映された。すべて森村氏の演じる美術史上の巨匠たちが、「最後の晩餐」の食卓に勢揃いする様は壮観であった。

4 井上章一『戦時下日本の建築家　アート・キッチュ・ジャパネスク』朝日選書、一九九五年、一三六—一七八頁；木下直之『銅像時代　もうひとつの日本彫刻史』岩波書店、二〇一四年、二一八—二三四頁。

5 L. Nead, *The Haunted Gallery. Painting, Photography and Film around 1900*, New Haven/ London 2007; V. Robert, "Le tableau vivant ou l'origine de l'〈art〉 cinématographique", in *Le tableau vivant ou l'image performée, cit.*, pp.262-282; J. Koering, "Sur le seuil. Tableau vivant et cinéma", in *Le tableau vivant ou l'image performée, cit.*, pp.304-320.

6 X. Vert, "L'hypothèse du tableau vivant. Stances cinématographiques et visio obliqua", in *Le tableau vivant ou l'image performée, cit.*, pp.284-303; 篠原資明「活人画探し3　映画は活人画のために」『未来』三二四号、二四—

二七頁；篠原資明「デレク・ジャーマンのカラヴァッジョ―活人画映像をめぐって」『カラヴァッジョ鑑』人文書院、二〇〇一年、二九八―三〇三頁；石田美紀／土肥秀行「交差するふたつの眼差し―カラヴァッジョとパゾリーニ」『カラヴァッジョ鑑』、三二九―三五〇頁；岡田温司『映画は絵画のように　静止・運動・時間』岩波書店、二〇一五年、二一三―二四四頁。

7　ストップ・モーションの使用例は枚挙に暇がないが、第四章の『親和力』のくだりで言及したフランソワ・トリュフォーの「突然炎のごとく」には、女優ジャンヌ・モローの様々な表情を連続するストップ・モーションで描き出す美しいシーンがある。またフェデリコ・フェリーニの「8 1/2」（一九六三年）の冒頭で、渋滞で数珠つなぎの車から車へ、舐めるようにカメラが移動していく際、車の窓枠ごとにストップ・モーションを用いて活人画のような趣の画面が生み出されていたのも記憶に残る。

8　小説における活人画の導入には、そのシーンが小説の筋と深く関わっている場合と、単に時代や風俗を活写するモチーフとして取り入れられている場合とがある。『親和力』や『獲物の分け前』は前者であって、それを通じて登場人物の性格が炙り出されたり（親和力）、登場人物の演じる活人画が皮肉にもその人物自らの現実世界における立場や状況を暗示するものになっていたりする（獲物の分け前）。対して『風と共に去りぬ』や『赤毛のアン』における活人画の場面は後者にあたる。後者の例をもう一つだけ挙げておくと、極めて短い言及ではあるが、ドストエフスキーの『カラマーゾフの兄弟』（一八七九―一八八〇年）がある。長男ドミートリイと婚約することになるカテリーナが久しぶりに首都から地元に戻ってきた時、町中が彼女を歓迎するのだが、「いよいよその女学校出がやってくるや（といっても、すっかり帰ってきたわけじゃなく、遊びにきただけなんだが）、町全体がすっかり面目を一新したようになって、いちばんの上流夫人である、将軍夫人ふたりと、大佐夫人ひとりをはじめ、みながそれにつづいてすぐに仲間入りして、彼女をちやほやし、楽しませにかかって、舞踏会だのピクニックだのの女王に祭りあげ、お付きの家庭教師か何かのためには活人画なんぞ催してやる始末さ」（ドストエフスキー『カラマーゾフの兄弟　上』原卓也訳、新潮文庫、一九七八年、二七一頁）。このシーンの設定は一八六〇年代前半で、『風と共に去りぬ』とほぼ同じ時期ということになる。『風と共に去りぬ』はアメリカ南部、『カラマーゾフの兄弟』はロシアの田舎町、思えば活人画も遠くまで来たものである。ロシアにはウィーン会議を通じて、あるいは女流画家ヴィジェ＝ルブランを介して、活人画が伝播したことを記したが、その証左のようなドストエフスキーによる言及である。

9　京マチ子主演の大映映画（一九六二年）、丸山（美輪）明宏主演の松竹映画（一九六八年）、小川真由美主演のテレビドラマ（テレビ朝日系列土曜ワイド劇場、一九七九年）、再演を重ねている美輪明宏主演の舞台など。宝塚版（花組、二〇〇七年）は見ていないが、さすがに裸体活人画は出さなかったのだろう。一九六二年の大映作品では、人間剝製たちが設置場所から抜け出て踊り出すという幻想的なシーンも見ものである。この映画は黛敏郎作曲の音楽劇仕立てになっているが、ＯＳＫ出身の京マチ子演じる黒蜥蜴が男装してホテルを抜け出るシーンを、軽快なステップを踏むレヴュー風の演出にしたことには唸らされる。

ちなみに、二〇一七年六月に三越劇場で上演された劇団新派の「黒蜥蜴」（河合雪之丞／喜多村緑郎主演）は、私が本書執筆中に見た演劇の中で最も印象的な活人画シーンを含んでいた。通常この演目における、黒蜥蜴のアジトの恐怖美術館には、人間の剝製が単身像あるいは二体組みで台座に乗せられていることが多い。上に挙げた映画や舞台は皆そうなっている。対してこの舞台では、黒蜥蜴が自らの幸せだった少女時代の思い出を再現するべく、他人を入れることのない寝室に設置した大きな額縁の中に、人間剝製を何体も組み合わせて家族の団欒の図を作る。そしてそれが舞台上で、まさに額縁入りの活人画として実現されていたのである。美しい人体をコレクションするためではなく、幸福だった少女時代の再現のために人間剝製を用いたというのは、江戸川乱歩の原作にも三島由紀夫版の脚本にもない、今回の齋藤雅文脚色版のオリジナル設定である。芝居のラスト、三越劇場の小さなプロセニアム・アーチの奥に、活人画の額縁が繰り返される光景には感激した。明智小五郎に抱きかかえられて死にゆく黒蜥蜴――精神的に双子であると認め合ったこの二人の姿と、黒蜥蜴の過去の家族団欒を表す活人画が二重写しになる素敵な幕切れであった。

10　本書各章の初出は以下のとおりである。第一章「はりぼて凱旋門の語るもの――一六世紀の君主の入城式におけるアッパラートに関する覚書」『西洋美術研究』一二（二〇〇六）、一二三―一三八頁。第二章「タブロー・ヴィヴァン考――君主の入市式におけるその使用をめぐって」『西洋美術研究』一五（二〇〇九）、一六九―一八五頁。第三章「新教皇のスペクタクル――ポッセッソの行列をめぐって」『西洋美術研究』一八（二〇一四）、七六―九七頁。

第四、五章は書き下ろし。第六章「明治三六年の活人画――癸卯園遊会・歌舞伎座歴史活人画興行・東京美術学校紀念美術祭」『文化資源学』五（二〇〇七）、一一―二六頁。第七章「絵画を模倣する裸体展示――タブロー・ヴィヴァンから額縁ショウへ」『西洋美術研究』一六（二〇一二）、一五四―一六八頁。いずれの章も、初出時の論文に大幅な加筆訂正を施した。

11　「サテリコン」（一九六九年）における、奔放な想像力で作り出された古代ローマの世界、「ボッカチオ'70」第二話「アントニオ博士の誘惑」（一九六二年）に登場する、笑ってしまうほど嘘臭いハリボテの大女（女優アニタ・エクバーグが巨大化した姿）、「そして船は行く」（一九八三年）の愛らしいハリボテの犀、「カサノバ」（一九七六年）でヴェネツィアの運河から引き上げられる女神の頭部、そして何と言っても「フェリーニのアマルコルド」（一九七三年）のハリボテの豪華客船レックス号。そのシーンでリミニの町の人々は、沖合を通過するレックス号を一目見るためだけにボートで海にくり出し、涙を流しながら巨大なハリボテに手を振るのだ。「インテルビスタ」（一九八七年）でスタジオに立ち並ぶゾウの書き割りがバタバタと倒れていったシーンも忘れ難い。

12　ちなみに（本書は「ちなみに」が多くて恐縮である）、「鳴神《なるかみ》」「大物浦《だいもつのうら》」「俊寛《しゅんかん》」等の舞台に設置される、登場人物が苦労して登るハリボテの岩場（「俊寛」の幕切れでは盆が回って三六〇度が示されるので、この手のハリボテの岩場にとっても晴れ舞台である）は、その後、新東宝あたりの映画に出てくる秘密のアジトがある洞窟の、安手ながらも魅惑的なハリボテ感に継承されていく。

13　舞台において用いられる活人画的演出について、最後にもう少しだけ記しておくと、壁に掛けられた絵画が活人画になっていて、しゃべりだしたり歌いだしたりといった趣向は、ミュージカルの常套的な演出である。例えば、宝塚でも東宝でも上演される「ミー・アンド・マイ・ガール」（ロンドンでの初演は一九三七年）では、貴族の館の図書室に並べられた先祖代々の肖像画が、新当主になるべき若者に、歌で貴族の義務について説教をし、しまいには額縁から抜け出してご先祖様たちによるレビュー・シーンとなる。この作品は宝塚では数年おきに再演されているので是非ご覧いただきたい。同様のシーンはミュージカル「紳士のための愛と殺人の手引き」（東宝、二〇一七年／ブロードウェイでの初演は二〇一三年）でも見られた。こちらも貴族の屋敷の大広間に掛けられた名画の数々が活人画になっている。最終的に額縁ごと壁面から抜け出した絵画たちには白い足が生えていて、彼らが歌って踊るという愉快な趣向であった。

これら、先祖たちの肖像画が額縁から抜け出すという趣向のルーツは、ギルバート&サリヴァンによるオペレッタの「ラディゴア」(一八八七年)である(L. Nead, *op.cit.*, pp.76-77)。この作品の第二幕では、ラディゴア城のギャラリーに歴代城主の肖像画が掛けられているが、額縁から抜け出た先祖の亡霊たちが行列しながら歌い出し、主人公に「真面目に悪事を働け」と迫るのである。この作品が初演された当時は、未だ当たり前のように活人画が行われていたのであって、ギルバートとしては当節流行の活人画の趣向を台本に取り入れたということだったのだろう。「ラディゴア」はサヴォイ劇場でその後も定期的に上演が続けられたので、一九三七年初演の「ミー・アンド・マイ・ガール」の同シーンでは、おそらくそのパロディのようなものとして、この趣向が取り入れられたものと思われる。そして「ミー・アンド・マイ・ガール」が一九八〇年代のリヴァイヴァル以来、再演を重ねていることにより、一九世紀末に生まれたこの活人画的趣向が現代にまでもたらされる結果となっているのは、ちょっと面白い話である。

ところでギルバート&サリヴァンといえば、代表作「ミカド」の幕あきが、当時のイギリス人にとって日本美術の活人画の趣になっていたことにも触れておこう。「ミカド」はニッポンのティティプが舞台だが、開幕の貴族たちの合唱は、以下のように始まるのだ。「われわれが誰かご存じか、/われらこそ日本の紳士。/たくさんの瓶と水差しに――/たくさんの襖と扇に、/われわれは生き生きと描かれている。……」(ウィリアム・シュウェンク・ギルバート『喜歌劇ミカド――十九世紀英国人がみた日本』小谷野敦訳、中央公論新社、二〇〇二年、一九頁)。

ちなみに本年(二〇一七年)は、額縁ショウ七〇周年という節目の年であるとともに浅草オペラ一〇〇周年の年でもあるのだが、ギルバート&サリヴァンの作品としては、「軍艦ピナフォア」と「乳搾り女ペイシェンス」が大正時代の浅草でも上演されていた。国辱オペレッタ「ミカド」はさすがに戦前の日本での上演は難しかっただろう。

さて、ニッポンの貴族たちのコーラスで賑やかに「ミカド」の幕が開いたところで、この長々しい註の方は幕を引くことにしよう。

京谷啓徳（きょうたに・よしのり）

一九六九年、香港に生まれる。

東京大学大学院人文社会系研究科博士課程修了。博士（文学）。

東京大学助手を経て、現在、九州大学大学院人文科学研究院准教授。

専攻は西洋美術史。

主な著書に『ボルソ・デステとスキファノイア壁画』（中央公論美術出版、第九回地中海学会ヘレンド賞／第二六回マルコ・ポーロ賞）、『もっと知りたいボッティチェッリ』（東京美術）、『西洋美術の歴史4　ルネサンスＩ』（共著、中央公論新社）、『ステージ・ショウの時代』（共著、森話社）、『浅草オペラ　舞台芸術と娯楽の近代』（共著、同）などがある。

凱旋門《がいせんもん》と活人画《かつじんが》の風俗史《ふうぞくし》

儚《はかな》きスペクタクルの力《ちから》

二〇一七年九月一一日第一刷発行

著者　京《きょう》谷《たに》啓《よし》徳《のり》

発行者　鈴木　哲

発行所　株式会社講談社
東京都文京区音羽二丁目一二―二一　〒一一二―八〇〇一
電話（編集）〇三―三九四五―四九六三
（販売）〇三―五三九五―四四一五
（業務）〇三―五三九五―三六一五

装幀者　奥定泰之

本文データ制作　講談社デジタル製作

本文印刷　慶昌堂印刷株式会社

カバー・表紙印刷　半七写真印刷工業株式会社

製本所　大口製本印刷株式会社

ISBN978-4-06-258663-4　Printed in Japan
N.D.C.230　326p　19cm

講談社選書メチエ　刊行の辞

書物からまったく離れて生きるのはむずかしいことです。百年ばかり昔、アンドレ・ジッドは自分にむかって「すべての書物を捨てるべし」と命じながら、パリからアフリカへ旅立ちました。旅の荷は軽くなかったようです。ひそかに書物をたずさえていたからでした。ジッドのように意地を張らず、書物とともに世界を旅して、いらなくなったら捨てていけばいいのではないでしょうか。

現代は、星の数ほどにも本の書き手が見あたります。読み手と書き手がこれほど近づきあっている時代はありません。きのうの読者が、一夜あければ著者となって、あらたな読者にめぐりあう。その読者のなかから、またあらたな著者が生まれるのです。この循環の過程で読書の質も変わっていきます。人は書き手になることで熟練の読み手になるものです。

選書メチエはこのような時代にふさわしい書物の刊行をめざしています。

フランス語でメチエは、経験によって身につく技術のことをいいます。道具を駆使しておこなう仕事のことでもあります。また、生活と直接に結びついた専門的な技能を指すこともあります。

いま地球の環境はますます複雑な変化を見せ、予測困難な状況が刻々あらわれています。

そのなかで、読者それぞれの「メチエ」を活かす一助として、本選書が役立つことを願っています。

一九九四年二月　野間佐和子